上海政法學院 建校40周年系列丛书
SHANGHAI UNIVERSITY OF POLITICAL SCIENCE AND LAW

本书是2024年上海市“一带一路”安全合作与中国海外利益保护协同创新中心年度规划课题（项目编号：XC2024001）的研究成果。同时，本书也受上海政法学院中国-上合基地资助。

上合示范区
制度创新的国际法探索

殷敏◎著

法律出版社
LAW PRESS·CHINA
北京

图书在版编目（CIP）数据

上合示范区制度创新的国际法探索／殷敏著.
北京：法律出版社，2024. -- ISBN 978-7-5197-9512-2

Ⅰ. D996.1

中国国家版本馆 CIP 数据核字第 20242UY795 号

上合示范区制度创新的国际法探索
SHANGHE SHIFANQU ZHIDU CHUANGXIN DE GUOJIFA TANSUO

殷 敏 著

责任编辑 韩满春
装帧设计 李 瞻

出版发行 法律出版社
编辑统筹 学术·对外出版分社
责任校对 晁明慧
责任印制 胡晓雅 宋万春
经 销 新华书店

开本 710 毫米×1000 毫米 1/16
印张 13.25 字数 208 千
版本 2024 年 11 月第 1 版
印次 2024 年 11 月第 1 次印刷
印刷 河北虎彩印刷有限公司

地址：北京市丰台区莲花池西里 7 号(100073)
网址：www.lawpress.com.cn
投稿邮箱：info@lawpress.com.cn
举报盗版邮箱：jbwq@lawpress.com.cn

销售电话：010-83938349
客服电话：010-83938350
咨询电话：010-63939796

书号：ISBN 978-7-5197-9512-2
定价：68.00 元

凡购买本社图书，如有印装错误，我社负责退换。电话：010-83938349

上海政法学院建校四十周年系列丛书
总序

四秩芳华，似锦繁花。幸蒙改革开放的春风，上海政法学院与时代同进步，与法治同发展。如今，这所佘山北麓的高等政法学府正以稳健铿锵的步伐在新时代新征程上砥砺奋进。建校四十年来，学校始终坚持"立足政法、服务上海、面向全国、放眼世界"的办学理念，秉承"刻苦求实、开拓创新"的校训精神，走"以需育特、以特促强"的创新发展之路，努力培养德法兼修、全面发展，具有宽厚基础、实践能力、创新思维和全球视野的高素质复合型应用型人才。四十载初心如磐，奋楫笃行，上海政法学院在中国特色社会主义法治建设的征程中书写了浓墨重彩的一笔。

上政之四十载，是蓬勃发展之四十载。全体上政人同心同德，上下协力，实现了办学规模、办学层次和办学水平的飞跃。步入新时代，实现新突破，上政始终以敢于争先的勇气奋力向前，学校不仅是全国为数不多获批教育部、司法部法律硕士（涉外律师）培养项目和法律硕士（国际仲裁）培养项目的高校之一；法学学科亦在"2022 软科中国最好学科排名"中跻身全国前列（前 9%）；监狱学、社区矫正专业更是在"2023 软科中国大学专业排名"中获评 A+，位居全国第一。

上政之四十载，是立德树人之四十载。四十年春风化雨、桃李芬芳。莘莘学子在上政校园勤学苦读，修身博识，尽显青春风采。走出上政校门，他们用出色的表现展示上政形象,和千千万万普通劳动者一起,绘就了社会主义现代化国家建设新征程上的绚丽风景。须臾之间,日积月累,学校的办学成效赢得了上政学子的认同。根据2023软科中国大学生满意度调查结果,在本科生关注前20的项目上,上政9次上榜,位居全国同类高校首位。

上政之四十载,是胸怀家国之四十载。学校始终坚持以服务国家和社会需要为己任,锐意进取,勇担使命。我们不会忘记,2013年9月13日,习近平主席在上海合作组织比什凯克峰会上宣布,“中方将在上海政法学院设立中国-上海合作组织国际司法交流合作培训基地,愿意利用这一平台为其他成员国培训司法人才。”十余年间,学校依托中国-上合基地,推动上合组织国家司法、执法和人文交流,为服务国家安全和外交战略、维护地区和平稳定作出上政贡献,为推进国家治理体系和治理能力现代化提供上政智慧。

历经四十载开拓奋进,学校学科门类从单一性向多元化发展,形成了以法学为主干,多学科协调发展之学科体系,学科布局日益完善,学科交叉日趋合理。历史坚定信仰,岁月见证初心。建校四十周年系列丛书的出版,不仅是上政教师展现其学术风采、阐述其学术思想的集体亮相,更是彰显上政四十年发展历程的学术标识。

著名教育家梅贻琦先生曾言,“所谓大学者,有大师之谓也,非谓有大楼之谓也。”在过去的四十年里,一代代上政人勤学不辍、笃行不息,传递教书育人、著书立说的接力棒。讲台上,他们是传道授业解惑的师者;书桌前,他们是理论研究创新的学者。《礼记·大学》曰:“古之欲明明德于天下者,先治其国”。本系列丛书充分体现了上政学人想国家之所想的高度责任心与使命感,体现了上政学人把自己植根于国家、把事业做到人民心中、把论文写在祖国大地上的学术品格。激扬文字间,不同的观点和理论如繁星、似皓月,各自独立,又相互辉映,形成了一幅波澜壮阔的学术画卷。

吾辈之源,无悠长之水;校园之草,亦仅绿数十载。然四十载青葱岁月光阴荏苒。其间,上政人品尝过成功的甘甜,也品味过挫折的苦涩。展望未来,如何把握历史机遇,实现新的跨越,将上海政法学院建成具有鲜明政法特色的一流应用型大学,为国家的法治建设和繁荣富强作出新的贡献,是所有上政人努力的目标和方向。

四十年,上政人竖起了一方里程碑。未来的事业,依然任重道远。今天,借建校四十周年之际,将著书立说作为上政一个阶段之学术结晶,是为了激励上政学人在学术追求上续写新的篇章,亦是为了激励全体上政人为学校的发展事业共创新的辉煌。

党委书记　葛卫华教授
校　　长　刘晓红教授
2024 年 1 月 16 日

序　言

上合组织命运共同体倡议提出以来,上合组织成员国更加积极地以共同选择的方式参与全球事务与国际治理,为维护国际秩序、促进世界融合发展开辟了广阔前景。构建更加紧密的上海合作组织命运共同体是实现世界共赢之正道,也是应对解决全球危机之正确答案,更是大国担当和中国智慧的生动体现。国际法律制度是形成良好全球社会环境的重要保障。人类命运共同体的命题意味着需要以国家为主的国际行为主体的合作,而国际法作为国际治理的主要手段,是国家进行政策协商、开展深入合作的重要形式,是推动构建人类命运共同体的根本保障。在"一带一路"倡议的推动下,上合组织发展持续发力,平稳扩容,各项战略目标有序推进,正向经济"一体化"的目标稳步前进。上合示范区制度创新与全球化和区域一体化的大背景密不可分。随着全球化的进程加速,各国之间的经济联系日益紧密,而"一带一路"倡议作为一个重要的国际合作平台,为推动区域合作、共同发展提供了新的契机。上合示范区作为上合组织的一项创新举措,致力于在数字经济、智慧城市建设、绿色发展等领域探索新的合作模式和发展路径,为区域一体化和经济全球化注入新的活力。

一、上合组织是一种特殊的区域安排

从区域经济合作的角度看,上合组织成员国间的合作项目均是在上合组织所签署的经贸合作法律文件的指引下推动实施的,从某种意义上说,上合组织命运共同体在经贸合作方面实质上发挥着区域贸易协定的作用。值得一提的是,上合组织曾提出建立“上合组织自由贸易区”的设想。按照当前国际社会所承认的一体化水平层级,建立自由贸易区属于较初级的一体化进程。根据上合组织所确定的发展区域经济合作的具体战略规划,上合组织经济一体化建设将会经历从贸易投资便利化到经济技术深入合作再到自由贸易区建立的过程,建立上合组织自贸区是上合组织成员国推动贸易自由化的归宿,“上合组织自贸区若能建立,将对深化经济合作、促进贸易投资便利化、加强各国利益上的连接起到重要作用”。在构建上合组织自贸区方面,目前不论是从外部环境、政治互信、法律基础,还是区域经贸合作现状、经费保障层面、合作机制的角度来看,整体呈现出向好的态势。但自贸区合作的推进不可操之过急,目前成员国之间仍然存在国际规则认知程度不一,经济发展水平差异较大等问题,各项条件不够成熟,需要通过不断深化经贸合作消除贸易壁垒。从国际规则的角度切入,要推动上合组织自贸区的建设亟需制定上合组织自贸区的合作规则,在法律保障和规制之下,将更有利于各方在自贸区的框架下开展合作。

二、上合组织成为“一带一路”建设的重要抓手

首先,在发展理念层面,上合组织所提倡的合作共赢的“上海精神”与“一带一路”倡议所包含的共商、共建、共享原则的丝绸之路精神异曲同工,也与各成员国的发展战略高度契合,使各国能更加畅通友好地推进经贸合作。

其次,通过上合组织的政策支持,成员国对“一带一路”建设与合作更加积极,比如中国推动亚投行和金砖国家新开发银行等支持成员国的合作项目,以及成员国探索构建以中亚地区为枢纽的欧亚大陆互联互通网络,提升中欧班列运营效率和质量等。这些项目的合作无疑需要地区之间形成较统一的投资贸易规则,依赖行之有效的投资便利化机制。

最后,上合组织成员国均为“一带一路”沿线国家,丝绸之路经济带核心区在地域上与上合组织成员国相重合,这为“一带一路”提供了战略平台,并在确保参与国经贸安全的同时提供了指导作用,其中以中国同哈萨克斯坦的经济政策对接为典型代表,两国的产能合作已经在具体项目、融资机制建设等方面取得了重要的阶段性成果。由于跨区域多边合作在上合组织的有效监管之下,各国更加愿意参与“一带一路”倡议及其建设的谈判机制。更为重要的是,上合组织推动了“一带一路”建设与欧亚经济联盟建设的对接合作。

三、"一带一路"为上合组织区域经济合作增添新动力

由于上合组织中不少成员国产业结构单一,各国之间贸易投资便利化程度不够而导致上合组织内部经贸合作不足,而且受制于上合组织的多边合作机制,各方经贸合作均以协商一致为原则。为了协调各方利益,决策效率必然会受到影响,而由于"一带一路"框架下的合作主要是双边合作,这使得双方更容易找到利益交汇之处,从而降低第三方所带来的约束。"一带一路"建设致力于推动"五通发展",在软机制上恰好为上合成员国开展合作铺平道路,极大提高了交易效率。在"一带一路"倡议提出之前,上合组织成员国在多边经贸合作问题上有较大分歧,各项合作项目进展缓慢,而在"一带一路"倡议提出后,各成员国加强合作共识,许多搁置的项目重新启动。区域内经济合作的广泛开展,对成员国经济发展促进作用明显提升。上合组织成员国的经济合作从单个独立项目合作的模式提升至全方位的发展战略对接模式,有效推动了上合组织一体化的进程。此外,"一带一路"建设更加务实,许多上合组织提出的经贸提议在"一带一路"框架下均取得实质性进展,解决了上合组织融资渠道缺乏,多边执行力差的问题,助力上合组织经贸合作走向深化落实。

构建更加紧密的上合组织命运共同体是对国际法治的重要实践,国际法治也为构建更加紧密的上合组织命运共同体提供了重要的法治保障。我们既要利用现有国际规则来促进上海合作组织成员国之间更深层次的交流合作;又要引领时代进步,不断根据实际情况对适用于上海合作组织成员国的国际法规则、政府间条约、协定进行修正和改良,从而进一步推动国际秩序公正化和合理化。

以"一带一路"倡议为代表的国际合作倡议以及上海合作组织提出的示范区制度创新,都彰显了各国共同探索合作新模式、推动经济发展的努力。本书旨在深入研究上合示范区制度创新与国际法的关系,剖析其背景、实践和影响,为理解和探讨上合示范区制度创新的法律地位、合规性以及对国际法发展的启示提供理论和实践上的支持,为进一步推动上合示范区的建设和发展提供有益的借鉴和参考。

本书的框架由我负责搭建,资料的搜集、初稿由我带教的2022级硕士研究生完成。姚思齐负责第一章和第七章;雷津淞负责第二章;黄源负责第三章和第六章;雷槟菡负责第四章和第五章。本书经过两年艰辛的写作历程,最终内容由我统一修改、审核、定稿。希望本书能够成为理解和研究"一带一路"背景

下上合示范区制度创新与国际法关系的重要参考资料,为推动国际法的发展与完善贡献我们的智慧和力量。文中如有疏漏和不足之处,敬请批评指正。

殷敏

2024 年 5 月 8 日

目　录

第一章 “一带一路”倡议高质量发展背景下建设青岛上合示范区

第一节 概 述

“一带一路”倡议与上海合作组织(以下简称上合组织)是当前国际合作的两个重要平台,它们在促进区域经济发展和文化交流方面发挥着重要作用。青岛上合示范区的建设正是这两大平台协同作用的体现,旨在推动更深层次的国际合作和区域经济一体化。青岛上合示范区作为中国与上合组织成员国间经济合作、贸易发展和文化交流的平台,是“丝路精神”与“上海精神”的结合体现。该示范区不仅促进经济合作,也是文化交流的窗口,通过发展国际物流、贸易便利化、产业合作和文化教育交流,建设现代化基础设施,优化投资环境,吸引国内外企业投资。青岛上合示范区的成功发展,不仅加强了中国与上合组织成员国的联系,也为区域乃至全球经济合作提供了新动力和范例。

一、“一带一路”倡议

“丝绸之路经济带”和“21 世纪海上丝绸之路”(The Silk Road Economic Belt and the 21st - century Maritime Silk Road)简称“一带一路”(“The Belt and Road” Initiative, B&R),是习近平主席在 2013 年提出的一项重大全球发展倡议,其宗旨在于通过构建陆上和海上的交通网络来增强不同区域间的联系,从而促进经济的共同繁荣。这一倡议的灵感源于古代的丝绸之路，意图将亚洲、非洲和欧洲通过陆地和海洋路线连接起来。然而，“一带一路”倡议不仅是实体道路、铁路和海上航线的物理网络，它更是一个涉及多国合作和连通性的愿景。

在“一带一路”倡议框架下，中国通过建设基础设施、促进贸易流通、加强政策沟通和人文交流，与“一带一路”共建国家共同开发和共享经济增长的成果。该倡议强调了包容性和多边合作的重要性，以及在全球化背景下促进区域一体化的必要性。“一带一路”倡议不仅加强了中国与“一带一路”共建国家的经济联系，还为全球经济增长提供了新的动力。“一带一路”倡议的重点在于推动基础设施建设，如港口、铁路、公路和管道等，以此改善区域间的物流和运输效率。此外，它还鼓励投资、贸易和技术交流，以及文化和教育合作。“一带一路”倡议旨在通过这些措施促进“一带一路”共建国家的经济发展，提高人民的生活水平，并推动区域经济一体化。

二、上合组织

上合组织（Shanghai Cooperation Organization，SCO）成立于 2001 年 6 月 15 日，是一个跨国的政治、经济、国际安全和防务组织。其前身为 1996 年成立的“上海五国”，由中国、哈萨克斯坦、吉尔吉斯斯坦、俄罗斯和塔吉克斯坦共同组成。2001 年，这些国家联同乌兹别克斯坦在上海举行峰会，宣布成立上合组织，并在随后的时间里不断扩展成员国，包括印度、巴基斯坦和伊朗等国。①

上合组织作为一个区域性组织，覆盖了亚欧大陆约 80%的地区和全球 40%的人口。截至 2021 年，成员国的联合 GDP 约占全球 GDP 的 20%。上合组织的宗旨在于促进成员国间的互信、互利和平等，专注于政治、经济和安全领域的合作，构建一个和平、稳定和繁荣的共同体。该组织还设立了地区反恐怖机构（RATS），并且是世界上最早打出反恐旗帜的国际组织之一。在安全领域，上合组织致力于打击恐怖主义、极端主义和分裂主义，为维护地区安全稳定发挥着重要作用。据统计，2013 年至 2017 年，上合组织成员国在打击恐怖主义方面取得了显著成果，例如，阻止了 600 多起恐怖主义活动，摧毁了 500 多个武装分子训练基地，抓获了 2000 多名恐怖组织成员，并举办了多次联合反恐演习②。

---

① 参见潘光、胡键：《21 世纪的第一个新型区域合作组织——对上海合作组织的综合研究》，中共中央党校出版社 2006 年版，第 6 页。

② 参见周良：《专访上合反恐怖机构主任：上合组织反恐怖卓有成效》，载国防部网，http://www.mod.gov.cn/2018qdfh/2018-05/09/content_4814379.htm。

除了安全合作，上合组织还致力于推动成员国间的经济合作和人文交流。组织鼓励成员国之间的贸易和投资合作，通过促进自由贸易区建设和区域经济一体化加强经济联系。文化交流和教育合作也是上合组织的重点，旨在促进成员国间的相互理解和尊重，为区域的长期稳定和发展构建更加和谐的环境。上合组织在中国设有中国—上海合作组织国际司法交流合作培训基地，利用这一平台为其他成员国培养司法人才，为经贸合作提供法律支持。上合组织鼓励在文化和教育领域深入交流合作，促进成员国之间的相互理解和尊重。上合组织还在积极推动成员国间的贸易和投资领域的合作，通过促进自由贸易区建设和区域经济一体化来加强经济联系。2018 年 6 月 10 日，习近平主席在上合组织成员国元首理事会第十八次会议上宣布，中国政府支持在青岛建设中国—上海合作组织地方经贸合作示范区（以下简称上合示范区）。通过这些合作，上合组织致力于构建一个更加和谐的区域环境，促进各成员国的长期稳定和发展。

三、青岛上合示范区

青岛作为中国山东省的重要港口城市，长期以来在中国的经济和贸易活动中扮演着重要角色。设立青岛上合示范区（China－SCO Local Economic and Trade Cooperation Demonstration Area）是落实“丝路精神”和“上海精神”的关键举措，这一区域旨在成为中国与上合组织成员国之间经济合作、贸易发展和文化交流的示范平台。

青岛上合示范区的建设体现了中国政府对加强区域合作和全球化的重视。作为连接中国与上合组织成员国的重要节点，该示范区在促进区域经济一体化和文化交流方面发挥着关键作用。它不仅是经济合作的桥梁，也是文化交流的窗口，有助于加深中国与上合组织成员国之间的相互理解和信任。该示范区的建设重点包括发展国际物流、提升贸易便利化、增强产业合作和推动文化教育交流。通过建设现代化的基础设施，如港口、铁路和机场，青岛上合示范区旨在成为国际物流的重要枢纽。此外，该区域还致力于促进投资环境的优化，吸引更多国内外企业投资，加快产业升级和经济发展。同时，作为“一带一路”倡议上的关键节点和上合组织经贸合作的典范，青岛上合示范区的成功发展对于推动区域和全球经济合作具有重要意义。

第二节 青岛上合示范区与“一带一路”倡议互为推动关系

一、互为推动力的根源性分析

“一带一路”倡议为推动上合组织从安全合作转变为安全、经济、人文全方位发展提供了重要推动力。二者能够顺利对接具备基础条件，首先，“丝路精神”与“上海精神”高度契合，上合组织为共建“一带一路”提供安全屏障、制度支持与民心根基。其次，共建“一带一路”有力支持上合组织在基础设施、经贸合作、资金融通等领域开展合作。青岛上合示范区就是中国发展的上合组织在经贸领域的重要平台①。最后，青岛上合示范区和“一带一路”倡议之间的密切联系和相互推动关系，源于它们共同的目标和愿景：加强区域经济一体化、促进贸易和文化交流。

（一）具备共同目标和愿景

青岛上合示范区的建立本身就是为了推动区域内的经济合作与文化交流，这与“一带一路”倡议的核心目的高度一致。首先，“一带一路”倡议旨在加强区域互联互通，并寻求根据中国不断上升的实力和地位，在全球事务中发挥更大的引领作用。其次，该倡议具有 5 个正式目标，包括政策沟通、设施联通、贸易畅通、资金融通和民心相通。“一带一路”倡议强调通过建设基础设施网络、促进贸易便利化和加强人文交流，来连接不同的文化和经济体系。青岛上合示范区的建设符合“一带一路”倡议的核心目标，充分发挥上合示范区在青岛口岸海陆空铁综合交通网络中心的区位优势，统筹海港、陆港、空港、铁路联运功能，更好地发挥青岛市在“一带一路”新亚欧大陆桥经济走廊建设和海上合作中的作用，按照“物流先导、贸易拓展、产能合作、跨境发展、双园互动”模式运作，着力推进绿色化建设②。努力把上合示范区建成与上合组织国家相关地方间双向

---

① 参见江思羽、袁正清：《“一带一路”倡议与上海合作组织：理念嵌入与合作实践》，载《俄罗斯东欧中亚研究》2023 年第 4 期。

② 参见国际商报：《青岛打造“一带一路”国际合作新平台》，载中国服务贸易指南网，http://tradeinservices.mofcom.gov.cn/article/ydyl/yaowen/gnyw/201910/92181.html。

投资贸易制度创新的试验区、企业创业兴业的聚集区、“一带一路”地方经贸合作的先行区,打造新时代对外开放新高地①。通过基础设施建设、贸易便利化和人文交流来连接不同的文化和经济体系,强调全球化背景下的区域一体化和经济共同繁荣。最后,共建“一带一路”倡议为上合组织践行新“五观”、实现“四个共同体”目标、积极参与区域和全球治理提供了关键支撑和实践方案。青岛上合示范区作为这一倡议的重要组成部分,自然成为促进中国与上合组织成员国之间交流与合作的重要平台。

(二)互为发展基础与支撑

“一带一路”倡议下的基础设施建设为青岛上合示范区的发展打造了重要成果,作为其发展基石和未来支撑。例如,中国与俄罗斯在“一带一路”倡议下实现了重大合作,包括中俄原油管道二线工程和中俄东线天然气管道等能源项目,以及“滨海 1 号”和“滨海 2 号”陆海联运国际交通走廊等互联互通项目②。哈萨克斯坦、吉尔吉斯斯坦、塔吉克斯坦和乌兹别克斯坦等国同样积极参与“一带一路”倡议,通过基础设施建设和能源合作项目增强了互联互通和经济合作。新近加入上合组织的印度和巴基斯坦也位于“一带一路”倡议的框架内。尤其是巴基斯坦,其中巴经济走廊项目成为“一带一路”倡议高质量发展的典范。这些国家的加入不仅扩大了上合组织的规模,也增强了其资源、市场规模和经济潜力,为“一带一路”提供了更强的支撑③。

青岛上合示范区作为一个新的国际合作平台,特别是在促进多边经济和贸易合作以及维护地区工业和供应链稳定方面发挥着显著作用,赋能“一带一路”倡议高质量发展。该区域通过海、空和陆地运输网络进行连接,运营着 31 条国际货运列车路线,覆盖 23 个国家的 54 个城市,包括上合组织国家和“一带一路”共建国家,凸显了其在区域物流和交通网络中的重要角色。此外,青岛上合示范区还建立了涵盖贸易、海关通关、物流和金融等方面的“一站式”服务平台,为地区内近 5000 家企业、731 个供应商和 191 个采购商提供服务,从而加强了工业和供应链的稳定性。最后,青岛上合示范区不仅推动了中亚国家与中国之

---

① 参见上合示范区:《中国—上海合作组织地方经贸合作示范区简介》,载中国—上海合作组织地方经贸合作示范区网,https://scoda.com/index/about/shda.html。

② 参见人民日报:《中俄经贸合作稳步推进》,载国家发展和改革委员会网,https://www.ndrc.gov.cn/fggz/gjhz/zywj/202303/t20230325_1351911.html。

③ 参见刘融、蔡子畅等:《共建“一带一路”为区域合作添动力》,载《人民日报》2022 年 9 月 19 日,第 3 版。

间的物流、贸易和投资合作，还显著增加了与上合组织国家的贸易量，贸易额从2019年的8.5亿元人民币增加到2022年的81亿元人民币，展示了其在促进地区经济发展中的关键作用。青岛上合示范区不仅加强了与“一带一路”共建国家的联系，而且还通过一系列措施推动了经贸合作和技术交流，体现了其在促进区域经济一体化和文化交流方面的重要作用。青岛上合示范区在“一带一路”倡议下的成功，展示了其作为经济和文化合作平台的潜力和重要性。

（三）为多边经贸合作提供创新实践方案

青岛上合示范区还注重与上合组织成员国之间的政策对接和合作机制建设，促进了政策沟通、设施联通、贸易畅通、资金融通和民心相通，有效地推动了“一带一路”倡议与区域经济一体化的深入发展。在这个基础上，青岛上合示范区和“一带一路”倡议之间形成了一种互补和相互促进的关系。此外，青岛上合示范区利用“一带一路”倡议的网络，吸引了大量的国际投资和合作伙伴并不断提升其作为国际合作平台的吸引力。青岛上合示范区利用“一带一路”倡议的广泛国际网络，通过参与国际合作项目，引进外资企业和技术，这不仅促进了区域内的经济发展，也加强了文化和教育交流。同时，该示范区也通过积极的国际营销和品牌推广，展示其在创新发展、智能制造和绿色经济等方面的成就，吸引了更多国际合作伙伴的关注。例如，通过与“一带一路”共建国家的合作项目，青岛上合示范区能够引入先进的技术和管理经验，同时也为中国企业提供了“走出去”的机会。通过这种深度融合，不仅加强了青岛上合示范区在全球经济中的地位，也为“一带一路”倡议提供了成功的示范和实践经验。[①]

二、青岛上合示范区与“一带一路”倡议双向互动

在“一带一路”倡议高质量发展的背景下，青岛上合示范区与该倡议之间的双向互动呈现了显著的积极效应。一方面，“一带一路”倡议为青岛上合示范区的发展提供了前所未有的机遇。作为重要的海港城市和经济中心，青岛在该倡议贸易网络中发挥着核心角色。这不仅促进了青岛与上合组织成员国之间的经贸合作，也为青岛的进一步发展开辟了新的增长点。另一方面，青岛上合示范区的建设也反过来推动了“一带一路”倡议的高质量发展。青岛的战略位置和发展潜力使其成为连接中国与上合组织成员国的重要桥梁。随着青岛上合

---

① 参见卢山冰、易茗、平菲：《上海合作组织有效助力“一带一路”倡议的思考》，载《热点关注》2018年第3期。

示范区在国际物流、贸易、投资和文化交流等方面的功能不断增强,它为“一带一路”共建国家提供了一个有效的合作平台,促进了区域经济的融合和共同繁荣。

(一)“一带一路”倡议为青岛上合示范区的发展提供新机遇

“一带一路”倡议为青岛上合示范区的建设带来了前所未有的新机遇。青岛作为重要的海港城市和经济中心,在海上丝绸之路的经贸网络中扮演着关键角色。这一倡议不仅促进了青岛与上合组织成员国之间的经贸合作,还为青岛的进一步发展提供了新的增长点。“一带一路”倡议还契合上合组织经济合作的需求,经贸合作是上合组织成员国合作的重要领域。2019 年塔什干会议通过的新版《上海合作组织成员国多边经贸合作纲要》为 2020 年至 2035 年推动区域经济合作发展提供了纲领性文件。在“一带一路”倡议提出之前,上合组织区域的多边经贸合作进展缓慢,但此倡议的推进显著加快了贸易畅通。在共建“一带一路”倡议的框架下,“一带一路”共建国家间的贸易自由化和便利化稳步提升,贸易新业态新模式不断涌现,国际贸易保持快速增长。2013 年至 2022 年这 10 年间,青岛市对“一带一路”共建国家进出口额从 1140 亿元增至 3211.31 亿元,占全市进出口比重由 22.6%提升至 35.2%。8 个重点境外经贸合作区累计完成投资 14.5 亿美元,带动 39 家企业在当地投资,解决 1.1 万人就业。青岛市赴“一带一路”共建国家投资建设 324 家企业和项目,投资额 99 亿美元。开通国际集装箱航线近 200 条,开通 11 条国际全货机航线,累计开行中欧班列 2900 列,常态化开行 31 条线路。青岛借“一带一路”倡议契机,聚力打造“一带一路”国际合作新平台,以推进上合示范区、山东自贸试验区青岛片区等开放平台建设为抓手,持续拓展与“一带一路”共建国家经贸和投资合作,境外经贸产业园、“小而美”项目提质增效,贸易投资便利化水平不断提升,有效助力国内国际双循环发展。

中国对“一带一路”共建国家的直接投资增长,以及在非金融类直接投资方面的增长,均为青岛等城市提供了丰富的资本和合作机遇。青岛上合示范区作为中国与“一带一路”共建国家经贸合作的重要枢纽,从这一增长中受益匪浅。特别是在境外经贸合作园区建设方面,如中白工业园等项目的稳步推进,为青岛提供了宝贵的经验和合作机会。此外,“一带一路”资金融通对青岛示范区的发展至关重要。随着合作的不断深入,上合组织的合作项目增多,每个项目的融资需求日益增长。对青岛而言,资金和主体的瓶颈得到了有效解决。自 2013 年以来,“一带一路”倡议框架下建立的多层次金融服务体系为青岛提供了多元化的金融支持与服务，强化了金融机构的协同能力。例如，由中国、英国、俄罗斯以及印度等29个核准方①共同核准的《"一带一路"融资指导原则》促进了政府和市场机制在金融资源配置中的共同作用。多边金融合作的支持作用日益显现，如亚投行、丝路基金等机构的成立和运作，为青岛等城市的经济发展提供了坚实的资金保障。

"一带一路"倡议为青岛上合示范区建设带来了新机遇，无论是在提升贸易自由化和便利化、增强国际合作还是在金融支持方面，都为青岛的进一步发展提供了强有力的支撑，使青岛能够更有效地参与并受益于区域贸易和投资。随着"一带一路"倡议的推进，青岛的贸易自由化和便利化得到了显著提升，国际贸易保持快速增长。青岛作为重要的国际物流枢纽，其货物贸易额显著增长，从而增强了其作为区域经济中心的地位。

（二）青岛上合示范区利用"一带一路"倡议的资源网络促进经济增长

青岛上合示范区通过利用"一带一路"倡议的资源和网络来促进经济增长，主要可以从以下几个方面进行分析。首先，在资源共享和利用方面，青岛上合示范区位于中国东部的重要港口城市，地理位置优越，可利用其海陆空交通枢纽的优势，连接"一带一路"共建国家。通过共享交通、物流、信息等资源，青岛上合示范区能更有效地促进区域内外的贸易和投资流动。其次，促进区域合作是重要举措。作为上合组织成员国间合作的平台，青岛上合示范区可以通过"一带一路"网络促进成员国之间的经济合作，包括贸易、投资、能源、交通等多个领域。这种跨国合作有助于打破地缘政治限制，增强区域内部的经济联系。此外，吸引外资和技术引进也至关重要。青岛上合示范区可以依托"一带一路"倡议的国际影响力吸引更多的外资，特别是来自上合组织成员国和"一带一路"共建国家的投资。同时，青岛上合示范区也可以成为技术和知识交流的中心，吸引高科技企业和研究机构入驻，促进技术创新和知识转移②。

在发展特色产业方面，青岛上合示范区可以依托"一带一路"共建国家的产业优势和市场需求，发展与之相适应的特色产业，如海洋经济、高端制造业、信息技术等。这些产业的发展不仅能促进本地经济增长，也能为"一带一路"共建

---

① 现有中国、沙特以及阿根廷、白俄罗斯、柬埔寨、智利、捷克、埃塞俄比亚、斐济、格鲁吉亚、希腊、匈牙利、印度尼西亚、伊朗、肯尼亚、老挝、马来西亚、蒙古国、缅甸、巴基斯坦、卡塔尔、俄罗斯、塞尔维亚、新加坡、苏丹、瑞士、泰国、土耳其、英国29个核准方。

② 参见周洪林：《"一带一路"与上海合作组织协同发展》，载《国际公关》2021年第2期。

国家提供更多的产品和服务。除了经济合作,文化和教育交流也是必不可少的。青岛上合示范区可以利用“一带一路”的文化和教育资源,促进文化交流和教育合作。这些软实力方面的交流有助于加深各国之间的了解和信任,为经济合作创造良好的社会和文化环境。①

(三)青岛上合示范区为“一带一路”倡议高质量发展提供了新平台

青岛上合示范区作为促进“一带一路”倡议高质量发展的新平台,其得益于上合组织提供的坚实法律基础和完备的组织架构。上合组织成员国、观察员国和对话伙伴国都位于“一带一路”倡议的核心范围内,为促进“一带一路”倡议与上合组织的融合发展奠定了重要基础。诸如 2014 年通过的《上合组织成员国政府间国际道路运输便利化协定》和 2022 年的《上合组织成员国基础设施发展规划》等协定,为设施联通提供了有力的支持。此外,2001 年的《上海合作组织成员国政府间关于区域经济合作的基本目标和方向及启动贸易和投资便利化进程的备忘录》以及 2018 年的《上合组织成员国元首关于贸易便利化的联合声明》等协议,为建立稳定、可持续、多元化的供应链和发展区域内服务与货物贸易奠定了基础。这些成就不仅体现了上合组织在推动“一带一路”倡议合作方面的重要作用,也为青岛上合示范区提供了制度、平台和有利的地区环境。

此外,青岛上合示范区旨在成为促进国际多边合作的新平台,主要包括 4 个中心:国际物流中心、现代贸易中心、双向投资合作中心和商旅文交流发展中心。这些中心被设计来促进多边资本、技术和人才的交流,以及推动上合组织国家及“一带一路”共建国家间的经济合作与发展。这一区域的设立标志着中国在全球经济中扮演着更为积极的角色,以及对国际合作与交流的重视。其贡献不仅体现在促进贸易和商业活动上,更在于构建了一个多元化、综合性的合作体系,为“一带一路”共建国家的经济发展和互联互通提供了强有力的支撑和保障。②

首先,青岛上合示范区作为国际物流中心的建设,极大地提高了区域内物流效率和贸易流通水平。其先进的物流设施和高效的运营模式,使“一带一路”共建国家的商品能够更加快速地实现跨境运输,降低了物流成本,加速了货物

---

① 参见刘华芹、王开轩:《推进上合组织区域贸易便利化的路径选择》,载《新经济导刊》2018 年第 8 期。

② 参见高焓迅:《上合组织区域经济合作:驱动力、阻碍因素与路径选择》,载《全球化》2022 年第 3 期。

流通速度,为整个区域的经济活动注入了强劲的动力。其次,现代贸易中心的建设使区域贸易更加便捷高效。通过引入先进的贸易技术和管理理念,促进了贸易的数字化、网络化发展,为企业提供了更多元、更便捷的贸易选择和服务。这不仅推动了高附加值商品和服务的交易,也为区域内企业的国际化发展提供了重要支持。再次,双向投资合作中心的设立吸引了大量国际投资,为中国企业的海外扩张提供了更广阔的舞台。通过开展各种形式的投资合作,促进了资本的流动和经济的合作,加深了“一带一路”共建国家间的经济联系和互利合作,进一步推动了区域经济的融合发展。最后,商旅文交流发展中心的建设不仅促进了商业和旅游活动的开展,更加强了“一带一路”共建国家间的文化和教育交流。通过举办各类文化活动、教育培训等,增进了各国人民之间的相互了解和友谊,为长期的合作关系奠定了坚实的基础①。

青岛上合示范区作为“一带一路”倡议的重要组成部分,通过国际物流中心、现代贸易中心、双向投资合作中心以及商旅文交流发展中心的建设和运营,为“一带一路”共建国家间的多边资本、技术、人才深度交融提供了重要平台和机遇。这不仅有助于促进区域内经济的繁荣发展,也为构建开放型世界经济注入了新的活力和动力。

第三节　青岛上合示范区与“一带一路”倡议的协同发展,推动全球治理新实践

在如何推进青岛上合示范区建设、推动“一带一路”倡议的高质量发展,以及探讨这二者在推动全球治理新实践上的作用时,我们必须考虑到以下 3 个方面的相互关联和协同效应。这不仅是一个区域发展的问题,而且是一个涉及全球战略、国际合作和全球治理的大局问题。

一、依托青岛上合示范区推动“一带一路”倡议高质量发展

首先,依托上合组织平台,可以有效弘扬“一带一路”倡议的先进理念。这不仅涉及提升“一带一路”共建国家对“一带一路”倡议高质量发展的认知度和认可度,还包括增加这些国家的参与度。通过上合组织的会议、论坛和交流活动,

---

①　参见范晓晨:《新形势下中国特色外交之路》,载《区域治理》2019 年第 30 期。

可以更好地传播“一带一路”倡议的核心价值和目标,鼓励成员国深入参与其中。

其次,建设信息交流与共享体系是促进“一带一路”倡议高质量发展的关键。这包括促进法律、法规和标准的对接,以及分享最佳实践和经验。通过建立有效的信息交流和共享平台,可以加强成员国间的相互理解,减少合作中的误解和障碍①。

再次,促进融合发展至关重要。将中国与上合组织国家之间的“五通”(政策沟通、设施联通、贸易畅通、资金融通、民心相通)合作打造成共建“一带一路”倡议高质量发展的典范。这意味着要加强基础设施建设、优化贸易流程、增强金融支持、加深文化交流和促进政策协调。安全合作的提升也是不可忽视的一环。不断提升上合组织成员国的安全合作水平,为“一带一路”倡议高质量发展提供安全保障。这包括加强反恐、打击跨国犯罪和网络安全合作。确保区域安全稳定是促进“一带一路”倡议顺利实施的前提。②

最后,充分利用上合组织的人文合作机制,打造“一带一路”倡议高质量发展的国际合作平台和服务体系。利用上合组织的民间交流机制,包括“上海合作组织睦邻友好合作委员会”、“上海合作组织民间外交中心”和“上海合作组织友好合作中心”,举办文化、旅游、教育、卫生和环保等主题交流活动,发掘合作潜力,促进民心相通,推动“一带一路”卫生健康共同体、安全共同体和人文共同体的建设。同时,利用上合组织成员国的研究机构合作机制,建立“一带一路”共建国家国情和投资信息数据库,成立“一带一路”国际智库联盟和跨学科国际投资贸易咨询服务团队,为“一带一路”共建国家的合作提供智力支持。另外,通过上海合作组织大学、中国—上海合作组织国际司法交流合作培训基地等平台,培养和储备国际化专业人才。通过这些策略的实施,不仅可以促进“一带一路”倡议的高质量发展,而且可以加强上合组织内部的合作和交流,共同推动区域和全球治理的新实践。这些措施将有助于构建更加开放、包容、平衡和共赢的全球化格局。

二、充分利用“一带一路”倡议的时代契机建设青岛上合示范区

首先,青岛上合示范区应积极响应“一带一路”倡议中对科技创新的重视,加强科技创新与绿色发展,推动科技与产业的深度融合。这包括建设高科技产

① 参见李新:《上海合作组织:共建丝绸之路经济带的重要平台》,载《俄罗斯学刊》2016 年第 2 期。

② 参见赵会荣:《依托上合组织共建“一带一路”可行性探析》,载《开放导报》2023 年第 1 期。

业园区，吸引国内外科技企业和研发机构入驻，以及鼓励创新创业活动。同时，重视绿色发展理念，推广清洁能源、节能环保技术和绿色建筑，为“一带一路”共建国家提供可持续发展的模式和实践。其次，深化金融服务与合作，金融服务是支持“一带一路”倡议的关键环节，青岛上合示范区应在这方面发挥积极作用。通过建立多层次的金融服务体系，包括金融机构、金融市场和金融产品，以及创新金融合作方式，提高投资自由化程度，建立双向投资中心。[①] 青岛上合示范区能够为“一带一路”共建国家的项目融资和投资提供更多支持，加强金融监管合作，保障金融市场的稳定和安全。再次，发挥自身独特优势走海上丝绸之路，推动海洋经济的发展。鉴于青岛的地理位置，上合示范区有望成为海上丝绸之路的重要节点与关键枢纽。这包括发展海洋科技、深海探索、海洋资源开发等领域。同时，加强与“一带一路”共建国家在海洋领域的合作，包括海洋环境保护、海上安全、渔业资源管理等，共同维护海洋的可持续发展。最后，加强区域合作与交流示范作用，青岛上合示范区在区域合作中扮演着示范角色，在上合组织国家的基础上应加强与“一带一路”共建国家和地区的合作与交流。这包括促进政策对话、经济技术合作，以及推动文化和教育交流。通过这些合作，不仅可以促进青岛上合示范区的发展，也能加强与“一带一路”共建国家的友好关系和互信。[②]

通过上述策略的实施，青岛上合示范区能够充分利用“一带一路”倡议的契机，不仅推动自身的发展，而且为推动区域和全球治理的新实践做出贡献。这将有助于实现共赢的局面，为参与国家带来更多的发展机遇和共同的繁荣。

三、共同塑造全球治理新格局

青岛上合示范区结合“一带一路”倡议，在推动全球治理新实践中扮演了关键角色。作为全球经济一体化的促进者，青岛上合示范区通过其作为国际合作平台的优势，在贸易、投资和基础设施建设方面发挥着重要作用。这种努力不仅加深了区域经济的融合，也助力于“一带一路”共建国家的经济增长，为全球经济的稳定和繁荣做出了显著贡献。[③]

首先，青岛上合示范区与“一带一路”倡议共同推动了基于多边合作的全球

---

① 参见刘宝鲁：《“一带一路”背景下青岛上合示范区发展研究》，载《公关世界》2022 年第 11 期。

② 参见曹毅：《“一带一路”背景下上合组织 SWOT 分析》，载《合作经济与科技》2018 年第 13 期。

③ 参见《上合示范区：打造“一带一路”国际合作新平台》，载《大陆桥视野》2019 年第 8 期。

治理模式。这两个平台强化了不同国家间的对话和合作，促进了更加包容和均衡的国际关系的构建，这对全球治理体系的完善和发展具有深远影响。[①] 其次，在安全合作方面，青岛上合示范区和“一带一路”倡议通过加强区域内的安全合作，提供了全球治理的新保障。这不仅包括了打击恐怖主义和加强网络安全等领域，而且涉及预防地区冲突。这些努力不仅确保了项目的顺利实施，还为全球治理的稳定性提供了坚实支持。再次，青岛上合示范区和“一带一路”倡议在促进文化交流和民心相通方面也发挥着重要作用。通过教育、文化、艺术和旅游等领域的合作，这两个平台加强了不同文化之间的理解和尊重，促进了全球多元文化的和谐共生。最后，作为可持续发展的推动者，青岛上合示范区和“一带一路”倡议强调了绿色基础设施、清洁能源和环境保护项目的重要性。这些努力不仅有助于全球环境的可持续发展，也为应对全球气候变化提供了新的思路和实践。

总体来看，青岛上合示范区与“一带一路”倡议在推动全球治理新实践上共同作用，通过促进经济一体化、多边合作、区域安全、文化交流以及可持续发展，为构建更加公正、合理的全球治理体系做出了积极的贡献。

---

① 参见[美]E. M. 库兹米娜、农雪梅：《上海合作组织作为欧亚经济联盟与“丝绸之路经济带”对接平台的可能性》，载《欧亚经济》2016 年第 5 期。

第二章　开放与安全:开发上合组织成员国通关便利化新渠道

第一节　概　　述

对外贸易作为各国参与国际分工的重要手段之一,为保障各国的经济贸易、国家安全以及生态安全,海关是各国必不可少的、行使进出口监督管理权的国家行政机构。海关之所以重要,在于它的四大职权:监管、统计、征税、缉私。其中,监管职权在海关四大职权中尤为重要。海关的监督与管理有着一套严谨、周密的程序,其对进出关的人以及物的监管,通关过程中的征税以及之后的统计与对非法物品的缉私都是必不可少的。本章旨在研究如何在保证安全的前提下,降低上合组织成员国货物通关的复杂性,使通关程序简易化和便捷化。

一、海关相关概念界定

(一)海关与其职能

通关程序是海关根据《海关法》《海关行政处罚实施细则》和相关条例所设定的,其与海关的四大职权息息相关。监管、统计、征税、缉私在通关程序上都有所体现。《海关法》第 2 条规定:中华人民共和国海关是国家的进出关境监督管理机关。并且第 2 条对海关的任务也作出了相应的规定,海关依据《海关法》和其他有关法律、行政法规,监管进出境的运输工具、货物、行李物品、邮递物品和其他物品,征收关税和其他税、费,查缉走私,并编制海关统计和办理其他海关业务。[①] 国务院设立海关总署,统一管理全国海关,海关的隶属关系不受行政区划的限制,海关依法行使职权,向海关总署负责。国家以法律的形式确立了海关监管、统计、征税、缉私四大职能,体现了海关的规范性与严肃性。海关独立行使职权,不受行政区划的限制,体现了海关的独立性与重要性。海关四项基本职能构成了海关对进出境活动的相辅相成的监督管理体系,监管职能是基础,征税、查私、统计等职能一方面体现了监管职能的要求,另一方面也为监管职能的实现提供了有力的保障。

(二)关境与国境的区别

关境是指统一执行海关法令的领土范围。而国境是指一国行使其国家主权的领土范围。二者在一般情况下是相等的,但是也存在一些特殊情况。一是关境小于国境,这与单独关税区制度有关,单独关税区是指货物进出境的监管、关税以及其他税的征免,均按照该地区的政府制定的海关法规执行的区域。我国目前有3个单独关税区,分别是中国香港、中国澳门和中国台湾,所以我国的关境小于我国国境。二是与自由贸易区制度有关,但自由贸易区自身也有两个本质上的差异,FTA(Free Trade Are)和FTZ(Free Trade Zone)。前者是源于世界贸易组织(WTO)有关"自由贸易区"的规定。1947年的《关税与贸易总协定》第24条第8款(b)对关税同盟和自由贸易区的概念作出了规定,"自由贸易区应理解为在两个或两个以上独立关税主体之间,就贸易自由化取消关税和其他限制性贸易法规"[②]。它是由多个主权国家或者地区依照世界贸易组织,签订双方或者多方协议,在多个关税区内设定自由贸易区,贸易区成员之间贸易开放、取消关税壁垒,同时又保留各自独立的对外经贸政策。后者是由世界海关组织(WCO)制定的《关于简化和协调海关制度的国际公约》(以下简称《京都公约》)规定的,"一国的部分领土,在这部分领土内的任何货物,就进口关税及其他税而言,被认为在关境之外,并免于实施惯常的海关监管制度"[③]。它是一个主权国家依照世界海关组织的相关规定,根据本国的法律法规,在本国关税区的一个小范围区域内设定的自由贸易区,其主要是以海关保税、免税政策为

① 参见《海关法》第2条。

② The Text of the General Agreement on Tariffs and Trade, https://www.wto.org/english/docs_e/legal_e/gatt47_e.pdf.

③ 海关总署国际合作司、上海海关高等专科学校世界海关组织研究中心译:《关于简化和协调海关制度的国际公约(京都公约)》,法律出版社2001年版,第279-280页。

主,辅以税费的优惠等投资政策的国内自由贸易区。二者都是为降低国际贸易成本,促进对外贸易和国际商务的发展而设立的。

(三)通关的概念与通关程序

通关是指进出口货物和转运货物在进入或者出口一国关境或国境必须向海关申报,办理海关规定的各种手续,在履行完各项法律法规规定的义务,办理相应的手续之后,货物才能放行,货主或申报人才能提货。

通关程序依据通关货物的不同可以分为一般进出口货物通关制度、保税货物通关制度、减免税货物通关制度、加工贸易货物通关制度、暂准进口货物通关制度等。一般进出口货物通关制度是基本的通关制度,具有普遍适用性,其余通关制度在各环节因其特殊性而略有不同,但总体来说基本相似。一般进出口货物通关制度的通关程序基本上可以分为4个部分:申报、查验、征税、放行。如何加快通关便利化,核心点在于如何优化通关程序的4个部分,减少通关时间。

(四)通关程序的特点

通关程序具有国家行政性。海关是国家的进出关境监督管理机关,是由国家在法律层面设立的行政机关,其按照法律规定的权限去行使国家赋予其的监管、征税、统计、缉私职能,从而实施法律。通关程序是《海关法》以及相关的法律法规、行政法规规定的程序,是海关依照法律实行的程序,是海关行使国家权力需要遵守的程序,也是任何人在通关过程中需要遵守的程序。通关程序因其实施的主体是国家行政机关而具有国家行政性。

通关程序具有安全保障性。它直接关联到海关的监管、征税和缉私职能。海关通过通关程序有效履行职责,监管货物、打击走私犯罪,并根据相关防疫法规对进出境货物进行检查,以防止生物入侵,维护国家生态安全。对于违反通关程序和《海关法》的行为,海关拥有国家强制权,确保国家安全。

通关程序具有复杂性。虽然通关程序大致可以分为申报、查验、征税、放行4个步骤,但是在实际的操作流程中,通关程序较为复杂。通关的货物因其性质而分为不同的种类,根据不同的种类划分了不同的标准,从而实施不同的通关程序。同时因为贸易的方式不同,比如加工贸易,保税货物通关制度就与一般进出口货物通关制度不尽相同。如何在保证安全的情况下对货物进行查验放行是复杂的。首先,海关通关的相关法律法规繁多。国际贸易涉及的法律法规非常多,如海关法、进出口货物检验检疫法、关税条例等,这些法律法规的适用范围复杂，涉及的领域也非常广泛。其次，申报文件的多样性。通关程序需要提交多种申报文件，包括进出口货物申报单、商检证书、装箱单、提单等，这些文件的格式、内容、要求各不相同，需要企业对不同的文件进行准备和提交。再次，申报程序的复杂性。通关申报涉及多个环节，包括电子申报、现场查验、审批放行等，每个环节的程序和要求都不同。最后，风险控制的难度大。通关程序中存在很多风险，如货物被扣押、货物被鉴定为不合格品、申报信息不真实等，这些风险会导致企业的损失，需要企业具备丰富的专业知识和风险控制经验。

（五）通关便利化与贸易便利化的关系

通关便利化是指简化和优化海关通关程序，以加快货物和服务的进出口过程。通关便利化的目标是降低通关成本、提高通关效率，减少货物停留时间和货物流通时间，从而促进贸易的流畅进行。通关便利化涉及海关手续的简化、电子化海关申报、预审制度的实施、通关流程的透明化等措施。贸易便利化是指通过各种政策、措施和协定，降低贸易壁垒和成本，促进贸易的自由、顺畅和公平进行。贸易便利化旨在消除各种形式的贸易障碍，包括关税、非关税壁垒、贸易限制等，以提高贸易效率、扩大贸易规模，促进国际贸易的发展。通关便利化与贸易便利化的关系在于，通关便利化是贸易便利化的一个重要组成部分。世界海关组织认为贸易便利化是使用现代数字技术与海关合作的方式实现贸易程序的简化与监管质量的提升。① 简化和优化通关程序可以降低贸易成本、提高贸易效率，是贸易便利化的重要内容之一。通过通关便利化措施的实施，可以为贸易便利化提供基础性支持，进而推动贸易的增长。

二、上合示范区海关监督的价值功能

海关监督是指国家为了保证进出口商品质量和安全，对对外贸易活动进行的一种行政管理。随着我国经济体制深化改革，特别是加入世界贸易组织之后，为适应市场经济发展要求，海关必须进一步完善监管体制，提高监管水平，加强国际合作交流，以更好地为企业提供优质服务，促进国际贸易持续发展。海关监督是促进国家经济发展和实现安全稳定的重要手段，也是国家保护社会公共利益和消费者权益的重要支撑。构建现代化海关，促进贸易便利化、通关

① See Bipin Menon, *Trade Facilitation - A Boundless Opportunity for India*, 11 Trade, Law and Development 73(2019).

便利化,缩短通关流程并不意味着放弃海关监管,或者减低海关监督水平,而是在加快通关速度的同时提高海关监督水平。因此,海关监督的价值功能尤其重要。

（一）海关监督的保护作用

海关监督对于保护国家利益和社会公共利益具有重要作用。海关监督加强货物进出口检查,可以发现违规行为,阻止违法行为的发生,以减少社会的不良影响。海关监督有效地防止国家经济的流失。海关的监督措施可以确保货物的合理流动,以免受到非法活动的干扰,从而有效地保护国家的经济利益,使国家经济得以健康发展。海关监督可以有效地防止假冒伪劣产品的流入。海关的监督措施可以有效地控制货物的流动,使其在流通中满足安全标准,防止假冒伪劣产品的流入,保护消费者的合法权益。

（二）海关监督的调节功能

海关监督的调节功能是指,它通过统计国家货物、服务和人员的流通,调节国家贸易政策,以确保国家经济稳定、贸易公平。海关监督通过给予税收优惠、实施关税和限制进出口来调节国际贸易。海关监督可以引导贸易活动,防止无序的贸易活动破坏正常的市场秩序。海关监督的调节功能维护国家的财政安全,它防止不当的贸易活动,从而保护国家财政,确保正当的公共支出和税收。海关监督还可以确保国家经济增长和投资安全,防止贸易伙伴之间的欺诈行为。海关监督的调节功能促进国家的技术进步,防止进口商品的仿制和盗版,从而保护国家的技术知识产权,激发国家企业的技术创新能力,促进国家经济的发展。

（三）海关监督的监测作用

海关监督是一项重要的政府职能,其目的是通过检查、监测和查缉来确保进出口货物的安全性和合法性。海关监督的监测作用是其中最重要的一环,它包括收集、整理和分析有关进出口货物的信息,以及及时发现异常情况。海关监督的监测作用是采取有效措施的前提。因此,在对进出口货物的信息进行收集、整理和分析的过程中,海关监管人员需要熟悉国家的法律法规、进出口货物的相关税收政策,以及进出口货物的特性,这样才能够及时发现违反法律法规的行为,以便采取有效措施。

(四)海关监督的管控能力

海关监督最早的本职在于管控,[①]能够确保进出口货物的正常流通和抵御走私的威胁,是国家安全的重要保障。海关监督主要包括实施海关检查、对货物的监管和实施海关管制等方面。通过这些措施,可以有效地防止违法进口和走私行为,确保国家安全。海关监督的管控能力在于其能够迅速检测和识别货物,以及有效地进行跟踪管理。海关监督机构对出口和进口货物进行检查,确保其符合国家出口和进口的规定。此外,海关还会对货物的运输状况和报关情况进行实时监控,以确保货物能够安全、顺利送达。此外,海关应采取多种有效措施,确保进出口货物的合法性,以避免货物违法行为而造成损失。

综上所述,海关监督对维护国家经济社会发展具有重要作用,既能够保护国家和民众的利益,又能够调节市场经济,同时还能够更有效地监测和管控贸易活动,维护国家的安全与稳定。海关监督在国家经济发展中起着重要的作用,是国家经济发展中不可或缺的重要组成部分。

三、"一带一路"通关便利化的价值功能

"一带一路"倡议通过开展全球深度合作,建立互利共赢的互动关系,实现区域及世界经济互联互通,促进贸易、投资的活跃化,实现产业链条的联结,促进各国经济增长。如何加强"一带一路"共建国家的交流,提升各国的投资环境,促进经济运行的平稳和开发的良性循环,促进各国之间的交流与融合,以及提高相关国家的国际影响力,是"一带一路"倡议的目的所在。发挥好"一带一路"倡议,海关的通关便利化非常重要。无论是国际货物的贸易、国际人才的输入与输出,还是国际资本的流动,在"一带一路"倡议的大框架之下,国际交流都与海关息息相关。因此,如何提高海关业务水平是有关"一带一路"倡议得以实施的重要问题。数字技术让出口贸易和服务流通形式都发生了变化,通过线上化取代线下模式,流通效率提升,贸易服务领域的需求匹配数字化,商品和服务的供需匹配更加高效精准,是价值认定改变以及价值重构的空间增加。[②] 运用数字技术优化海关通关程序,减少海关通关时间,是加强"一带一路"共建国家

---

① 参见谢松:《近代史中海关监督的角色演化(一)——窥探近代特殊历史背景下的权力博弈与制度变迁》,载《海关与经贸研究》2019 年第 4 期。

② 参见单双双、戴昀弟:《数字经济背景下出口贸易转型发展路径与优化策略》,载《商业经济研究》2022 年第 10 期。

的多领域交流的重要方式,也是发挥"一带一路"倡议作用的有效途径。

一个开放、包容、共建共享的务实合作平台是中国提出"一带一路"倡议,为世界走向共赢带来的中国方案。以数字技术优化通关程序,加强各国的交流,增加各国的可能性,是数字技术于"一带一路"倡议的价值所在。

第二节　法律渊源

国际交往中,国际法主体之间通过国际条约、国际公约以及各国之间的协议来规范各国的行为。关于"一带一路"倡议的通关便利化的途径,国际以及国内都有相对应的法律规范作为其规则。接下来从国际公约、区域协定、国内法 3 个层次来研究通关便利化的法律依据。

一、国际公约

关于海关通关便利化的国际公约首先要提到的是国际海关公约的主要制定者——世界海关组织,其前身是 1952 年成立的海关合作理事会(Customs Co-operation Council,CCC)。1994 年海关合作理事会为了更准确地表明其组织的世界性,通过了一项为其重新命名的议案。因此该组织获得工作名称,即"世界海关组织",其与世界贸易组织相对应。世界海关组织是唯一世界范围的专门研究海关事务的政府间国际组织,它的使命是:加强各成员海关工作效益和提高海关工作效率,促进各成员在海关执法领域的合作。绝大部分关于海关相关制度的国际公约由世界海关组织制定,并由世界海关组织提出建议,确保公约的统一解释和实施。

中国已加入了其中的 6 个公约,即《建立海关合作理事会的公约》《商品名称及编码协调制度的国际公约》《关于货物凭 ATA 报关单证册暂准进口海关公约》《京都公约》《关于暂准进口的公约》《关于在展览会、交易会、会议等事项中便利展出和需用物品进口的海关公约》。

(一)《京都公约》

海关合作理事会 1973 年 5 月 18 日在日本京都召开的第 41/42 届年会上通过《京都公约》,1974 年 9 月 25 日生效。《京都公约》是世界海关组织的前身海关合作理事会在简化和协调各国海关通关程序方面较为系统和全面的一个国际条约。加强各国的贸易往来可以有利于各国的经济增长与社会福祉,但由于海关程序的复杂与各国情况的差异,其阻碍了国际贸易的发展,因此制定一份简化与协调各国海关通关的国际条约,有利于国际交流。该公约有以下几点作用:第一,为促进国际贸易便利化,提高海关管理效率,减少海关成本和风险,基于世界贸易组织《贸易便利化协定》(Trade Facilitation Agreement,TFA)建立了一套现代化海关标准。第二,为加强各国海关之间的合作与信息交流,提高海关监管能力,打击走私、偷税、洗钱等违法犯罪活动,设立了一套基于互联网技术的全球通信网络。第三,为保护环境、人类健康、知识产权、文化遗产等公共利益,规范了各种特殊商品和物品的进出口管理程序和措施。

中国于1988年5月29日交存加入书,同年8月29日正式生效。同时接受公约E.3和E.5附约,对E.3附约中第2、3、20条标准条款及第11、13、15条建议条款和E.5附约第11、35、36、37条建议条款提出保留。对于1999年《关于简化和协调海关业务制度的国际公约修正案议定书》,中国于2000年6月15日委托中国驻比利时大使签署。

(二)《商品名称及编码协调制度的国际公约》

《商品名称及编码协调制度的国际公约》(International Convention for Harmonized Commodity Description and Coding System,以下简称《协调制度公约》),是指在原海关合作理事会商品分类目录和国际贸易标准分类目录的基础上,协调国际上多种商品分类目录而制定的一部多用途的国际贸易商品分类目录。其是关于一部供海关、统计、进出口管理以及国际贸易等有关各方共同使用的商标编码体系。《协调制度公约》通过建立统一的编码体系,使货物有统一的身份编码,在货物进出口时便于海关监管、征税与统计,其对于其他的货物单证、运输计费以及货物的功能性质分类都提供了一套完整的体系。目前全球大概200多个国家、地区在使用编码系统,适用《协调制度公约》是国际贸易通关便利化的重要法律依据。

(三)《关于暂准进口的公约》

经过多年发展,国际贸易已经不仅限于国际货物贸易,国际服务贸易、国际劳务也包括在国际贸易当中。一些特定的货物贸易其目的在于短期使用,或者为了出口到东道国而在东道国进行展览等,对于其所有权的交易不符合买卖双方的当前利益,暂时使用对于双方而言更加符合双方的利益,但对于该类物品进口使用后完整地复运出口是否应该征收关税,各国立法并不一致。海关合作理事会于1990年6月26日在伊斯坦布尔制定《关于暂准进口的公约》

(Convention on Temporary Admission，又称《伊斯坦布尔公约》)为货物暂准进口提供了法律依据，其目的在于促进国际贸易和国际交往，简化和协调海关手续，便利货物暂准进口活动，促进交易领域多元化和贸易便利化。其采用标准格式的暂准进口单证作为带有国际担保的国际性海关文件可以在报关单证和担保方面为暂准进口手续提供便利。该公约签署后，将与之相关的《关于货物凭 ATA 报关单证册暂准进口的海关公约》《关于在展览会、交易会、会议等事项中便利展出和需用物品进口的海关公约》作为其附约，形成货物暂准进出口的公约体系，方便各国对公约的适用与理解。中国于 1993 年加入该公约，并分别接受了其有关附约。适用《关于暂准进口的公约》，完善相关立法是健全暂准进出口通关制度、促进通关便利化的重要法律依据和法律保障。

(四)《贸易便利化协定》

《贸易便利化协定》是我国加入世界贸易组织后参与并达成的首个多边贸易协定。《贸易便利化协定》的生效和实施可以促进我国海关监管体系、通关程序的现代化，提高我国贸易便利化水平，促进我国产品出口并营造便捷的通关环境。该协定的生效和实施对成员国海关基础设施以及通关程序、多部门的协调提出更高的要求。《贸易便利化协定》的生效与实施可以有效提高各成员国的经济水平、便利各国贸易、降低贸易成本。作为国际多边贸易协定，该协定是我国通关便利化的主要法律依据。

(五)《全球贸易安全与便利标准框架》

《全球贸易安全与便利标准框架》(以下简称《标准框架》)是世界海关组织制定的一套加强国际贸易安全与便利的措施，旨在制定全球供应链安全与便利的标准，提高海关程序的准确性和可预见性，提高供应链管理的效率和可靠性，促进各国的海关之间、海关与商界之间的合作，提高识别高风险货物的能力，促进货物在安全的国际贸易供应链中顺畅流动。

2021 年，在新冠疫情的大背景下，为进一步协调成员和利益相关方，世界海关组织对《标准框架》进行了更新。2021 版世界海关组织《标准框架》加强了海关与政府间的合作措施，推广智能设备，增加了关税方面互认的基准条款，完善了航空货物安全数据集，并制定了《AEO 实施和认证指南》。新的《标准框架》包括了 5 个核心因素与三大支柱，5 个核心分别是：第一，它协调了对入境、出境和过境货物的电子货物信息要求。第二，加入《标准框架》的每个国家都承诺采用一致的风险管理方法来应对安全威胁。第三，它要求在进口国的合理要求下，根据类似的风险定位方法，出口国的海关部门将对高风险货物进行出境检查。输送国的海关部门将对高风险货物和运输工具进行出境检查。其最好是使用非侵入性的检测设备，如大型 X 光机和辐射探测器。第四，《标准框架》提出了海关将向符合最低供应链安全标准和最佳做法的企业提供好处。第五，它促进了与代表不同监管领域的其他政府机构的密切合作，以便在促进货物流动的同时保持社会的安全和保障。

《标准框架》以描述的 5 个核心要素为基础，以海关对海关的网络安排、海关对企业的伙伴关系和海关对其他政府机构的合作这三大支柱为依托。三大支柱战略有很多优点。这些支柱涉及一套综合的标准，以保证易于理解和快速的国际实施。

《标准框架》的主要内容为 AEO 互认制度，AEO 即"Authorized Economic Operator"，其意思是"经认证的经营者"。《标准框架》将其定义为："以任何一种方式参与货物国际流通，并被海关当局认定符合世界海关组织或相应供应链安全标准的一方，包括生产商、进口商、出口商、报关行、承运商、理货人、中间商、口岸和机场、货站经营者、综合经营者、仓储业经营者和分销商。"在满足一定的条件，符合世界海关组织或相应供应链安全标准的认证，公司企业可以在互签 AEO 认证协定的国家认证 AEO 企业，公司可以在跨国贸易进行通关检验时得到很大程度的便利，海关通常对其货物进行必要的检查，无误即可通关，极大程度上缩短了通关时间。但是，AEO 互认制度在方便通关的同时，并没有降低通关的安全性，而是以更高的标准，以企业信用为基础，来保证货物贸易的安全、海关检测的安全以及海关的安全等。AEO 互认制度在方便贸易的同时，也对海关以及公司企业提出了更高的要求。《标准框架》是我国与他国签订 AEO 互认协定，实施 AEO 互认制度的主要法律依据。

（六）《关于防止、调查和惩处违犯海关法罪实行行政互助的国际公约》

《关于防止、调查和惩处违犯海关法罪实行行政互助的国际公约》(International Convention on Mutual Administrative Assistance for the Prevention, Investigation and Repression of Customs Offences)，是海关合作理事会于 1977 年 6 月 9 日在肯尼亚内罗毕召开的会议上通过的，因此又称《内罗毕公约》。该公约旨在考虑到违反海关法对于各国的经济、社会和财政利益，以及国际贸易的合法利益的危害，通过国际公约的方式加强各国海关之间的合作，更加有效地打击走私、海盗和偷税漏税等违反海关法以及与海关相关的法律。该公约规定：(1)实行该公约所必要的行政条款和附约所规定互相给予的行政协助。(2)此种互助不应扩大到要求代缔约一方逮捕人犯，或追征关税、国内税、规费、罚金或其他费用。(3)如缔约一方认为，请求给予的协助将侵犯该国的主权、安全或其他重大国家利益，或损害该国公司企业的合法商业利益，它可以拒绝提供协助，或仅在一定条件或规定下给予协助。(4)为实施公约的管理和发展，设立常设委员会，在理事会授权下进行工作。

目前，中国并没有加入该公约，但该公约在政府间、海关间打击走私以及违反海关法的相关犯罪方面起到了重要作用，对于中国与他国开展海关合作具有重要的借鉴意义。

(七)《1972年集装箱关务公约》与《国际集装箱安全公约》

《1972年集装箱关务公约》(Customs Convention on Containers 1972)是由联合国和政府间海事协商组织(现为国际海事组织，International Maritime Organization)在日内瓦共同召开的集装箱运输会议上通过的公约。其宗旨是发展和推动国际集装箱运输。《国际集装箱安全公约》(International Convention for Safe Container, CSC)与《1972年集装箱关务公约》同时在1972年12月2日在日内瓦的会议上通过。该公约的主要内容是统一规定集装箱的结构方面的技术要求，以保证集装箱在正常的装卸、堆放和运输过程中的安全，同时该公约对集装箱作出了界定，明确了其适用范围。我国加入了这两个关于加强海关对集装箱监管的国际公约，目前两公约对我国均已生效，是我国海关集装箱监管制度的重要国际法法律依据。

(八)海关公约体系述评

中国海关的国际法律渊源形成了中国海关现代化法律体系的基础，涉及海关通关、贸易监管、税收征收等多个领域。中国海关依据多项国际公约开展工作，其中最重要的是修订的《京都公约》，该公约规定了海关通关程序、货物归类、原产地规则等重要内容，对中国海关的现代化建设起到了重要作用。中国海关参与制定并贯彻执行了国际贸易归类的《协调制度公约》，并遵循世界贸易组织的原产地协定、估价协定等相关规定。这些协定为海关的货物归类、原产地认定、定价等提供了基础框架和标准，促进了国际贸易的顺畅进行。中国海关构建了以修订的《京都公约》《标准框架》为核心的现代化海关国际法律体系。在此基础上，中国引入了AEO互认制度、单一窗口制度、预裁定制度等多种补充制度，实现了海关法律体系的多元化和完善。除上述国际公约和协定外，中国还参与了其他多边和双边国际贸易合作，如自由贸易协定、双边贸易协定等。这些合作进一步拓展了中国与其他国家的贸易关系,为中国海关的国际法律渊源提供了多样化的基础。中国海关的国际法律渊源涵盖了多个层面的国际公约、协定和制度,构建了完善的法律体系,为中国海关的现代化发展提供了坚实的法律基础。

二、区域协定

与国际条约相比,区域协定的主体数量更少,但是与之相对应的优势在于其地域性更强。在一定的区域内,各国的差异性与在世界范围内的各国之间的差异性相较而言要小得多,因此该区域的人在交往过程中往往也会更加容易。在一定区域内,各国签订区域经济协定,可以更好地协调各国之间的差异,制定统一的标准,促进该地区的经济贸易,有利于该地区的经济发展。所有贸易协定均可以提升贸易规模,但对贸易价格具有不确定的影响,如何制定适应的贸易协定,需要辩证看待。①

(一)《区域全面经济伙伴关系协定》

《区域全面经济伙伴关系协定》(Regional Comprehensive Economic Partnership,RCEP)是由东盟10国发起,邀请中国、日本、韩国、澳大利亚、新西兰共同参加,通关削减关税以及非关税壁垒,建立当前世界上人口最多、经济规模最大、最具发展潜力的自由贸易区,建立15国统一市场的自由贸易协定。RCEP第四章规定了海关程序与贸易便利化的内容,确保海关法律法规具有可预测性、一致性和透明性的条款,以及促进海关的有效管理和货物快速通关的条款,打造一个促进区域供应链的环境。其还包含了高于《贸易便利化协定》水平的增强条款,是我国对其余成员国的海关通关便利化的重要法律依据。

(二)《全面与进步跨太平洋伙伴关系协定》

《全面与进步跨太平洋伙伴关系协定》(Comprehensive and Progressive Agreement for Trans-Pacific Partnership,CPTPP),是美国退出跨太平洋伙伴关系协定后的名字。其于2018年12月30日正式生效。在海关通关便利化方面,CPTPP与RCEP的规定具有高度的趋同性,对海关通关的效率要求极高,普通货物在48小时内放行,快运货物在6小时内放行。这对海关的管理水平提出了更高的要求。与RCEP相比,CPTPP在零关税领域合作范围更大、覆盖面更

---

① 参见施炳展、吴金霞:《贸易协定如何影响贸易增长方式》,载《国际商务研究》2022年第6期。

广。目前,中国还未加入 CPTPP,但面对经济全球化的大趋势,中国愿意通过相关政策,以达到 CPTPP 的规则标准并在市场准入领域作出超过中方现有缔约实践的高水平开放承诺,向各成员提供具有巨大商业利益的市场准入机会。中方正按照 CPTPP 有关加入程序,与各成员进行接触磋商。①

三、国内法

通关便利化的国内法法律渊源,主要是全国人民代表大会常务委员会制定的《海关法》以及海关总署制定的相关行政法规。《海关法》的目的在于维护国家的主权和利益,加强海关监督管理,促进对外经济贸易和科技文化交往,保障社会主义现代化建设。②《对外贸易法》于 1994 年 5 月 12 日第八届全国人民代表大会常务委员会第七次会议通过,根据 2004 年 4 月 6 日第十届全国人民代表大会常务委员会第八次会议修订,根据 2016 年 11 月 7 日第十二届全国人民代表大会常务委员会第二十四次会议《关于修改〈中华人民共和国对外贸易法〉等十二部法律的决定》第一次修正,2022 年 12 月 31 日,第十三届全国人民代表大会常务委员会第三十八次会议决定对《对外贸易法》作修改。该法规范了我国对外贸易管理机构的职责、权限和程序,加强了我国对外贸易秩序的维护和监督,是我国促进贸易便利化的重要法律渊源。③ 目前,为适应国际发展和经济需求,同时在满足法律的稳定性的基础上,我国相关组织在遵守国际条约,且不违反《海关法》的基础上,通过发布海关行政法规,促进海关便利化,营造好的营商环境,提高海关管理水平,例如《货物进出口管理条例》明确规定了货物进出口的相关制度,对货物进出口的程序进行了明确的划分。④

《海关法》也是我国海关监管的主要法律渊源,其规定了海关的监管职能与监管方式,对海关的监管工作有着重要的规范作用。我国还制定了《对外贸易法》规范对外贸易活动和知识产权的保护⑤,在《对外贸易法》的基础上制定了《货物进出口管理条例》⑥,规定了货物进出口的管理原则、程序、监督等相关内

---

① 参见赵亚芸:《商务部透露我国加入 CPTPP 进展:正和相关成员进行接触、沟通和磋商》,载央广网,http://finance.cnr.cn/txcj/20220301/t20220301_525754232.shtml。

② 参见《海关法》第 1 条。

③ 参见《对外贸易法》第 4 条。

④ 参见《货物进出口管理条例》第 3 条。

⑤ 参见《对外贸易法》第 1 条。

⑥ 参见《货物进出口管理条例》第 1 条。

容。同时为了维护国家安全和利益，履行防扩散等国际义务，加强和规范出口管制，我国制定了《出口管制法》。[①]

我国积极履行国际公约，在《1972 年集装箱关务公约》的基础上，制定了《海关对用于装载海关监管货物的集装箱和集装箱式货车车厢的监管办法》[②]《海关对用于运输海关加封货物的国际集装箱核发批准牌照的管理办法》[③]等，规范我国海关监督管理制度。这些国内法是我国海关监督管理制度的主要法律依据。

第三节　上合示范区通关便利化与监管现代化制度创新的举措

一、数字化和多方位合作的可行性

（一）海关数字化办公的优势

随着全球贸易量的增加，国际贸易的复杂程度也在不断加深，交易双方在资源、人员、技术等方面可能会面临较大差异。如何减少不同国家、不同地区之间的贸易差异，实现各国经济贸易的正常增长，促进贸易便利化，是海关面临的重大挑战。从影响机制来看，港口效率和监管环境是贸易便利化的重要途径，是对于“一带一路”共建国家的加工农产品进出口。[④] 对此，我国各贸易示范区和自由贸易区纷纷改革。为促进通关便利化，海关和商务部采取各种举措，助力多方合作伙伴在行政和业务上更好地协作。对于海关工作的模式，数字化办公是海关的重点改革方向。数字化办公的目的是让海关机构在安全的网络环境下尽快完成工作，提高办公效率、节省成本、缩短相关工作的时限。海关办公数字化可以有效提高贸易便利化，在其通关时间不变的情况下，数字化让海关的办公流程更加透明，进口商以及出口商对进出口的贸易活动预测性更强。数字化办公还可以有效避免海关腐败，减少走私行为，并且可以有效减少海关成

---

① 参见《出口管制法》第 1 条、第 2 条、第 5 条。

② 参见《海关对用于装载海关监管货物的集装箱和集装箱式货车车厢的监管办法》第 1 条。

③ 参见《海关对用于运输海关加封货物的国际集装箱核发批准牌照的管理办法》第 1 条。

④ 参见马梦燕、闵师、张晓恒：《贸易便利化对加工农产品出口质量的影响——以中国和“一带一路”沿线国家（地区）出口为例》，载《世界农业》2023 年第 1 期。

本支出。[①]

数字化办公有利于改善进出口贸易公司以及个人与海关之间的关系,减少浪费和失误,营造良好的投资环境,促进各国投资者、商人进行贸易。数字化办公有助于多方数据共享的实现,从而协调海关与防疫、公安、税务等部门之间的工作,提高海关内部的工作效率。海关和其他利益攸关方之间的数据共享和匹配是数据议程的一个关键要素。在税收方面,海关和税务部门必须共享数据,以有效评估合规风险。特别是在发展中国家,尤其是在脆弱和受冲突影响的国家,这种信息交流并不是最佳的,尽管简单的交叉核对就足以揭示同一纳税人的税务和海关申报之间的重大异常情况,以及任何一方或双方可能的不遵守或欺诈行为。[②] 目前,越来越多的海关已经开始采用数字化办公模式,以改善海关服务能力。通过搭建一套完善的政府网络平台,可以更好地实现海关审核、审批和办理业务的自动化,同时实现政府机构和企业之间的信息共享,大大提高了服务效率。此外,海关数字化办公还可以有效地提高海关安全性和可靠性,为海关服务提供安全的技术保障。通过现代技术的加入,海关可以实现更快捷、更安全、更可靠的服务,提升服务水平。

(二)多方位合作的利与弊

多方位合作是一种有效的协作模式,可以提高海关数字化办公的效率和效能。多方位合作可以有效地增加资源整合,实现跨部门的协同办公,使政府部门与企业之间的合作更加高效。多方位合作不仅是国内政府部门之间的合作、政府部门与企业之间的合作,还是国与国海关之间的合作。通过多国的海关合作,制定海关合作备忘录或者相关的多边条约有效降低国际贸易成本,提高贸易成交量,统合多国海关数据流通,避免重复的海关审查过程。

多方位合作有潜在的风险。跨部门合作存在沟通问题,甚至会影响数据共享、数据安全和数据保护等方面的实施。跨国海关合作不仅考验一国的海关作业水平,也需要考验对方的海关作业水平。不同的海关职权、海关监管模式以及海关监管现代化的水平都将影响两国甚至多国的海关合作效益。究其原因,

---

① See Rachid Laajaj, Marcela Eslava, Tidiane Kinda, *The costs of bureaucracy and corruption at customs: Evidence from the computerization of imports in Colombia*, 225 Journal of Public Economics 1(2023).

② See Gilles Montagnat Rentier and Christian Bremeersch, *The Multifaceted Role of Customs and Its Importance for the Economy and Society*, Customs Matters 5(2023).

可以看作各国海关权力运行、运行目的差异化的深层海关法律问题。[①]

（三）海关数字化办公与多方位合作可行性的思考

海关数字化办公是提高海关行政管理效率的重要手段，它为海关提供了自动化、网络化、数字化的办公环境，为实现多方位合作提供了可能性。随着信息技术的不断发展，数字化办公技术已经取得了很大进步，为多方位合作提供了更多机会。海关数字化办公的可行性研究应考虑多方面因素，包括经济可行性、技术可行性和法律可行性等。应从经济角度考虑海关数字化办公投入与收益的关系，以确定海关数字化办公的经济效益。从技术角度考虑海关数字化办公系统的设计、安全保障、应用可用性等方面的问题，以确定海关数字化办公的可行性。从法律角度考虑海关数字化办公的法律问题，以确定海关数字化办公的合规性。海关数字化办公的可行性研究应重视多方位合作，包括且不限于海关与企业、海关与其他行政部门、海关与其他国家机构之间的合作关系。

多方位合作是海关数字化办公的重要内容，它既可以改善海关机构内部的办公效率，又可以为不同组织之间的协作提供有效的方式。为了推进多方位合作的实施，首先要制定一套完善的措施和方案。实施多方位合作的方案应包括两个主要方面：一是建立合作机制，规定海关机构与其他组织之间的合作规则，建立双边或多边合作伙伴关系；二是推行分工合作，确定各机构在合作过程中的具体职责，使每个机构都能发挥出最大的效率。实施多方位合作的方案还应考虑组织间的合作激励措施，以鼓励各组织在多方位合作的各个方面中担任主导角色。此外，还应持续改进海关数字化办公的技术平台，以更好地支持多方位合作的实施。

海关数字化办公与多方位合作具有可行性，它能够提高工作效率、缩短办公时间、节省成本、提升服务水平，更有利于实现企业可持续发展，同时也有助于增强市场竞争力，满足消费者的需求。因此，在实施海关数字化办公及多方位合作时，应重视科学性与安全性，以确保业务的可持续发展。数字化、自动化是现代海关改革的必经之路。[②]

---

① 参见欧阳曦:《"一带一路"建设中的海关法律合作——基于对欧盟海关法律模式的反思与借鉴》，载《求索》2018 年第 1 期。

② See IMF, European Dept, *United Kingdom–Anguilla–British Overseas Territory: Technical Assistance Report–Modernization of the Customs Legislative Framework*, 2023 IMF country reports 4(2023).

二、上合示范区数字化与多方合作新机制

上合示范区作为开启青岛深度融入“一带一路”倡议，拓展提升与上合组织国家地方经贸合作，构建新时代全面开放新格局、新成果，其紧紧围绕中央全面深化改革委员会关于“把上合示范区建成与上合组织国家相关地方间双向投资贸易制度创新的试验区”①的要求，对标 RCEP 等国际经贸规则，目前已经推出了很多符合上合特色的改革举措。为促进贸易便利化、通关便利化，上合示范区也着重对于海关数字化办公以及多方合作机制的改革。

(一)数据交互引领“铁路快通”货物专列

快速通关模式是指根据《关于实施铁路进出境快速通关业务模式的公告》(海关总署公告〔2021〕年第5号)文件要求，由出境发站所在海关或入境到站所在海关负责查验和放行工作，实现货物在口岸站快速通关。上合示范区通过搭建快速通关平台切实提高了通关效率。传统通关模式下，边境口岸海关需要对 W 班列进行“转关单”人工逐单核验。在快速通关模式实施以后，铁路和海关通过快速通关平台可以做到数据的快速交互，口岸海关可以通过出境班列上传的相关数据了解情况，并且可以自动放行，大大提高了出口班列的通关效率。

同时，海关做到了与铁路、运营企业的三方协作，通过三方的数据互通、三方共同协作，海关对铁路舱单电子数据进行审核、放行、核销，实现对铁路列车所载进出口货物的转关运输监管，无须运营企业另行申报并办理转关手续。

(二)建立多元化电子通关平台，打造电子通关系统

山东省交通运输厅、山东省财政厅《关于开展全省多式联运“一单制”试点工程的通知》(鲁交运管〔2021〕8号)提出推进“建立多式联运单证电子化及共享互认机制，探索金融、保险等服务扶持政策”②。财政部、交通运输部《关于支持国家综合货运枢纽补链强链的通知》(财建〔2022〕219号)中实施内容指出，要开展规则标准及服务软联通，引导完善与多式联运适配的服务和规则标准，加快推动多种运输方式的信息平台互联互通，应用全程“一单制”联运服务，铁路运单、订舱托运单、场站收据、海运提单、邮政快递运单等实现单证信息交叉

---

① 《中国—上海合作组织地方经贸合作示范区建设总体方案》，http://images.mofcom.gov.cn/oys/201910/20191028180510570.pdf。

② 山东省交通厅:《山东省交通运输厅　山东省财政厅关于开展全省多式联运“一单制”试点工程的通知》，载山东省交通运输厅网，http://jtt.shandong.gov.cn/art/2021/4/1/art_15843_10289137.html。

验证与互认;促进保单等金融服务产品与联运单全程化匹配。[①]

区块链技术是信息技术发展的新方向,其为海关监管提供了新的监管模式,可以有效提高海关监管的效率。[②] 多式联运“数字一单制”跨境联盟网络提供以“区块链+互联网”技术为基础的跨境联盟网络服务平台。

如何打造一个“一带一路”国际合作新平台,加强我国与上合组织国家互联互通,促进各国的经济发展是当前国际形势下全球关注的热点问题。在分析中国参与“一带一路”倡议背景下面临问题和挑战的基础上,从政府层面提出了相应对策建议:一是应完善基础设施体系;二是要构建以贸易投资为主导,多式联运为主线,跨境物流为辅的综合运输网络;三是积极推进金融创新;四是深化人文交流。上合示范区肩负国家重要使命,与宁波国际物流发展股份有限公司打造了一个有政策、有创新的项目——“上合示范区跨境贸易服务中心”。

该服务中心从物流、通关、贸易、金融、数字经济 5 个角度共同促进贸易便利化。第一,物流新通道。根据示范区的现实情况,利用青岛物流区位优势,改善海港条件,以俄罗斯为中心节点,着力构建“跨境海铁联运新通道”,辅之跨境中欧班列、其他物流通道、跨境空铁联运,构筑海陆空立体化多式联运渠道,在中国与上合组织国家之间设立物流干线通道。利用中欧班列“齐鲁号”数字化综合服务平台,消除中欧班列“齐鲁号”运营方、监管仓库和银行之间的数据障碍。一旦货物进入仓库,即可迅速完成货物查验、资料收集、质押评估、价格核定等流程,并自动生成电子仓单。通过向银行进行质押,实现融资,并确保“货物当天入库,融资当天到账”的流程,为企业提供支持以降低成本并提高效率,创新仓单质押融资新模式。第二,通关新模式。根据海关总署发布的《跨境电商 B2B 出口监管方案》(送审稿)和中俄海关“绿色通道”,其中增列了“9710”和“9810”两个海关监管方式代码,并对中俄海关“绿色通道”合作项目进行了介绍。“9710”和“9810”两个海关监管方式代码完善了我国海关对于跨境电商出口的监管,提升了跨境电商 B2B 出口的通关便利化程度,提高了海关对 B2B 模式的监管信息化水平。[③] 跨境贸易服务中心综合运用以上通关新模式,为示

---

① 参见《关于支持国家综合货运枢纽补链强链的通知》(财建〔2022〕219 号),https://www.gov.cn/zhengce/zhengceku/2022-07/11/content_5700362.html。

② 参见匡增杰、于倜:《区块链技术视角下我国跨境电商海关监管创新研究》,载《国际经贸》2021 年第 11 期。

③ 参见田喜民:《我国海关跨境电商 B2B 出口监管模式的完善与创新——以“9710“和”9810“出口模式为例》,载《对外经贸实务》2020 年第 12 期。

范区内企业搭建"一站式"通关服务平台,包括政务与商务两个层面,做到政企数据互联,它不仅便于企业登记、备案、申报等工作,实操和其他作业也符合监管部门监管需要。通过将区块链技术引入通关程序,最大限度地提高国际铁路通关流程的效率。[①] 第三,贸易新业态。我国跨境电商出口总量与之前相比将会显著提高,主要影响因素在于贸易订单的小额化、碎片化倾向明显,而跨境电商由于其相对盈利的特点、适应小额多批生产、入行的门槛低的优点,发展异常迅猛,其中,适应一般贸易与跨境电商一体化发展的 B2B2C 模式[②],将成为今后跨境电商的主要出口途径。跨境电商的管理应遵循世界海关组织制定的《跨境电子商务基本框架》的相关规定,规范跨境电商的进出口,细化跨境电商的贸易规则。第四,结算新通路。受美国货币和经济制裁影响,俄罗斯贸易存在成交不及时和限制交易的情况。所以就中俄贸易而言,地下货币交易非常多。同时,中央也始终积极推进"一带一路"人民币结算工作。针对以上痛点,应借助金融科技的手段,以数字化的跨境贸易为背景,构建跨境贸易人民币结算平台,创建上合组织人民币跨境贸易定价结算中心。第五,产业新生态。通过建立跨境贸易服务中心,并以之作为连接贸易链条上各种资源的纽带、服务集聚之后的有机整合,增强服务能力,实现了产业互联、政企互动,推动了示范区经济的健康、强劲发展。

为了中欧跨境电子商务的长期发展,需要重视区块链技术,同时也要明白区块链自身的缺陷,只有制定统一的区块链标准,才能有效提高区块链交易效率,降低安全风险。[③]

总的来说,两个平台的打造有利于上合示范区电子通关系统的构建。一是提高信息化建设和应用水平;二是提升贸易便利化、监管现代化程度;三是增强服务能力;四是健全风险防控体系;五是显现合作共赢成效;六是有力保障安全;七是扩大国际影响;八是加快推进对外开放。

---

① See Kim Sungbeen, Kim Dohoon, *Securing the Cyber Resilience of a Blockchain-Based Railroad Non-Stop Customs Clearance System*, 23 Sesors(2023).

② B2B2C(Business-to-Business-to-Consumer)是一种商业模式,它结合了 B2B(企业对企业)和 B2C(企业对消费者)的特点。在这种模式中,一个企业(通常是制造商或批发商)将产品或服务提供给另一个企业(如分销商或零售商),然后第二个企业将产品或服务销售给最终消费者。

③ 参见张衍斌:《以区块链技术构建中欧跨境电子商务生态圈》,载《中国流通经济》2018 年第 2 期。

（三）“一单两报”——通关新模式

上合示范区创新上合组织国家相关口岸便利化通关模式，首创对俄海港口岸实现报关单跨国“一单两报”，实现了与俄贸易数据共享、报关单制单前置。依托上合示范区跨境电商服务平台，申报出口报关单时可实现中俄报关单境内发货人、境外收货人、包装种类、件数、总价、币值、品名、规格、贸易方式、运输工具名称等20余项交集报关数据自动抓取并生成俄罗斯进口报关单。货到俄罗斯口岸，俄方在进行进口申报时，只需要对其余报关单的数据进行填补，市场主体少填20多个重复申报数据。“一单两报”实现了数据流转的电子化，企业可随时跟进申报进程，贸易企业报关资料只需上传一次，即可自动解析上传单一窗口免去了重复录入的时间，还支持一键转译功能，对俄申报单据的产生，单据可随时进行转译、预览和下载。

（四）打造综合服务平台、建设多功能基地

关注上合组织国家广泛关心的促进出口、本币结算、易货贸易、监管互认等需求，新版“中国—上海合作组织地方经贸合作综合服务平台”2.0在1.0版本基础上引入了上合跨境支付结算系统、全新跨境易货贸易系统，以及二手车出口信息化管理系统等特色功能，旨在减少贸易中间环节的同时削减贸易成本。

通过建设“丝路电商”综合服务基地、上合组织国家技术贸易措施研究评议基地、国家级香辛料技术贸易性措施研究评议基地，构建“1+2+9+N”功能服务体系，致力于破解“丝路电商”快速发展中的关键难点，如跨境结算难、通关便利慢、税汇合规差等问题。政府出台了12条支持政策，包括支持“丝路电商”平台企业集聚、扩大“丝路电商”零售进口、优化跨境电商人才培养等，以推动“上合甄选”等电商产业集群和跨境电商品牌矩阵的发展，全面服务面向上合组织和“一带一路”共建国家的“丝路电商”。

为了提升上合香辛料产业的国际贸易风险应对能力，通过海关总署评审，加强其在国际市场的影响力和话语权。这一举措涉及构建实体运营基地、线上业务平台、掌上微信公众号、线下展示中心的“四位一体”综合服务模式。

三、海关监督制度创新的进展

贸易便利化是上合示范区改革的重点，但贸易便利化的前提是保障国家安全。在促进贸易便利化与通关便利化的同时，上合示范区也积极开发海关监督平台，针对不同情形开发新型平台或增加平台功能，打造上合示范区海关监督

平台数字体系，提高海关监督的水平。

(一)国际联运综合海关监管作业场所

上合示范区海关监管场所可为上合示范区内各生产销售企业、电商企业提供通关查验、货物监管、物流仓储等全方位、一体化服务，实现与海空铁各口岸的互联互通、一体化运作。海关监管作业场所在满足保障国家安全的基础上，运用数字技术多方位监管，一体化服务，满足安全的同时加快海关通关的速度，实现安全便利两不误。

(二)打造海关监督中心

在上合示范区多式联运中心内建设跨境电商监管中心，海关成立跨境电商监管科入驻监管中心开展跨境电商监管工作，针对中欧班列"齐鲁号"跨境电商货物以海关跨境电商企业对企业(9710 模式)申报出口，并设立首个"齐鲁号"中欧班列海外集结中心。上合示范区跨境电商监管中心面积 8000 平方米，配置两条 X 光机查检线，跨境电商企业可实现"家门口"便捷化通关服务。目前，区域通关一体化改革主要通过提高集约边际促进出口。[①] 上合示范区积极开发物流监管新模式，探索多式联运监管新方案，实现了区域通关一体化服务，依托多式联运海关监督系统，多式联运的海关通关便利化实现了质的飞跃，通关便利化得到了根本保障。

(三)AEO 互认制度助力提高海关监督水平

为促进贸易便利化，营造良好的外贸营商环境，上合示范区严格把控 AEO 企业认证工作，通过海关对信用状况、守法程度和安全水平较高的企业实施认证，对通过认证的企业给予优惠通关便利。上合示范区积极发挥信用管理效能，将海关企业信用管理和税务信用等级管理有机结合，并且海关对税务 A 类非海关 AEO 企业优先进行信用培育与认证，安排专人提供海关、税务业务指导与答疑。AEO 互认制度也在一定程度上促进了企业"嵌入式"海关监管创新机制，进一步促进企业参与到海关监管当中。[②] 在实际通关过程中，AEO 企业反映在互认国家通关手续依然繁杂，无法享受到低查验率的优惠待遇，这与 AEO 认证信息的一国对企业相关数据收集有关，仅凭一国数据信息无法对 AEO 企

---

① 参见孙天阳：《通关成本下降对出口贸易的影响——来自区域通关一体化改革的证据》，载《中南财经政法大学学报》2021 年第 5 期。

② 参见艾德洲、李宇：《监管的企业嵌入式创新机制——基于自贸试验区双案例演化分析》，载《科研管理》2021 年第 9 期。

业的信用完全了解,同时海关在执法过程中也发现存在虚假单证的问题。如何利用区域链技术实现真正的 AEO 互认,加强 AEO 企业的合法性,是提高海关监督水平的重点。① 虽然 AEO 互认制度目前在实践中存在问题,但可以预见 AEO 互认制度将会极大提高上合示范区海关作业水平。

四、海关监督平台的特点与运行成效

近年来,海关监督平台作为一种新型的跨境贸易检查手段,得到了广泛应用。海关监督平台以其先进的技术和安全有效的管理机制,使企业在海关报关时能够更加便捷、安全、准确地完成相关程序。本书将对海关监督平台的定位特点、功能运行、质量成效以及管理机制及发展前景等进行研究,以期为企业在跨境贸易检查中提供有效的参考。

(一)海关监督平台的定位特点

海关监督平台的定位特点是将监管活动和贸易活动紧密结合,实现综合监管的有效管理。它结合了海关的多个职能,包括进出口管理、货物监管、税收管理、风险控制和数据分析。它的核心是在海关管理模式下实施多维度管理,确保贸易活动的安全性和高效性。海关监督应加强政府监管,让企业可以更好地满足政府监管要求,帮助企业更好地掌握政策变化,从而减少管理风险,并确保管理过程的有效性。海关监督平台应强化经济贸易监管,推进贸易便利化,帮助企业更好地管理进出口贸易,提高贸易效率,促进经济发展。加大海关监督有利于跨境电商生态系统的发展,提升信息化水平,对支付安全水平与认证管理制度有着促进作用。② 它还可以帮助企业提高管理效率,提高企业效益,确保贸易安全,增加贸易便利性。

(二)海关监督平台的功能运行

海关监督平台是一种用于国家监督进出口商品贸易和海关管理的信息技术系统,其功能主要包括收集、整合、共享和分析海关相关信息,帮助海关管理者进行有效的决策。海关监督平台的主要功能包括海关信息共享,实时监测和评估,数据分析和可视化,支持智能系统管理等。

---

① 参见周阳:《区块链技术在政府监管中的定位及法律规制——基于海关监管的视角》,载《法学评论》2020 年第 1 期。

② 参见薛朝改、周马玲、曹武军:《基于系统动力学的跨境电商生态系统动力机制研究》,载《工业工程》2020 年第 4 期。

海关监督平台的运行效果显著,它有助于改善海关的监管能力,能够更好地检测、报告、分析和解决海关违规行为;有助于提高海关的管理效率,使管理者更加方便快捷地处理案件,减少人力资源的浪费;有助于提高企业的便利性,企业可以通过线上平台进行报关,节省时间成本;有助于增强国家经济安全,海关监管得到加强,有助于保护国内市场和消费者利益。

随着科技的不断发展,海关监督平台还将不断完善。未来,海关监督平台可以通过人工智能、大数据分析、区块链等技术手段,进一步提高监管精确性和实时性。例如,利用人工智能识别违规行为模式,有针对性地开展监管;运用大数据分析,为政策制定者提供有价值的数据支持,帮助完善政策;采用区块链技术,实现全球范围内的海关数据共享,提高国际合作效率。

大数据技术对于隐私的保护目前仍存在困境,[①]海关监督平台应关注保护企业和个人隐私,确保数据安全。这意味着平台需加强信息安全防护措施,如加密存储、访问授权等,并对平台操作人员进行严格审查,防止内部泄露。

海关监督平台在改善海关监管能力、提高管理效率、促进企业便利性以及保障国家经济安全方面发挥着重要作用。今后,海关监督平台将进一步利用先进科技提高监管水平,同时关注数据安全和隐私保护,为国家经济发展做出更大贡献。

(三)海关监督平台的质量成效

海关监督平台的质量与成效是评估其功效的核心指标,其所提供的精确且实用的信息能够为海关部门带来更加高效的监管与管理体系。此外,海关监督平台的优异表现对于促进经济增长和维护社会稳定具有显著意义。

一个高质量的海关监督平台应具备可靠性、完整性、安全性和易操作性等特征,这些特性能为海关部门的决策过程和监管工作提供有力支持。在此基础上,及时性、准确性和可扩展性同样是保障平台顺利运行的重要因素。此外,可用性、可维护性、可移植性和可升级性在海关监督平台不断发展的过程中,对于满足日益变化的需求具有关键作用。海关监督平台应具备实用性强的数据收集系统,实时监控海关监管运行状况,以确保平台在整个监管过程中发挥最大潜能。在未来研究中,进一步探讨海关监督平台如何适应不断变化的全球贸易环境以及如何与相关部门加强合作,将对于提升海关监督平台的综合效能具有重要意义。

---

① 参见严炜、邹盼:《面向大数据技术的隐私困境思考》,载《江汉论坛》2016年第8期。

(四)海关监督平台的管理机制

海关监督平台的管理机制作为一种系统化的管理方法,主要通过对海关管理状况的监控与分析来实现高效监督。该机制涵盖了海关多个层面的运作,包括监督政策的制定、管理制度的建立、海关管理程序的执行以及监督检查的实施。

海关监督平台的管理机制对于提升海关监管工作的有效性具有重要作用。它能够优化海关管理的组织结构,构建一套高效的海关管理体系,从而提高海关管理工作的质量,实现管理效率与经济性的双重提升。海关监督平台的管理机制有助于更有效地开展海关监督检查工作。通过加强海关监督检查的规则与制度,以及建立和完善海关监督检查的组织架构,有效地遏制了海关违规行为的发生。

(五)海关监督平台的发展前景

海关监督平台的发展趋势与不断增长的需求紧密相连。全球经济发展和贸易额的增加使海关监督平台具有广阔的发展前景。为实现跨境贸易的高效管理及加强跨境流动商品的安全监管,海关部门将致力于发展海关监督平台,从而提高跨境贸易效率。未来,海关监督平台将进一步整合人工智能、大数据分析、区块链等前沿技术,以提高监管精度和实时性。

海关监督平台的发展将以信息化建设为基础,以技术支撑为核心,以服务质量提升为目标。信息化建设将实现对跨境贸易的更精准监管,技术支撑将更好地支持数据获取,服务质量提升将更好地满足贸易双方的安全需求。在技术创新的同时,海关监督平台将更加注重数据安全和隐私保护。通过加强信息安全防护措施、加密存储、访问授权等方法,确保企业和个人隐私不受侵犯。海关监督平台将逐步实现监管过程的智能化与自动化。借助先进技术,提高海关工作人员的工作效率,减轻人力负担,进一步提高监管效果。

在经济全球化的发展过程中,海关监督平台将在未来几年发挥更大的作用。因此,各国海关部门都将加大投入,积极推进海关监督平台的发展,更好地促进跨境贸易的活跃,提高贸易效率。海关监督平台将加强对可持续发展和绿色海关理念的贯彻,通过监管和管理手段,推动绿色贸易,保护生态环境,助力实现全球可持续发展目标。

经过多年发展,海关监督平台已经形成了以稽查为核心的定位特点,具有高效的功能运行和良好的质量成效。同时,政府部门也积极推动海关监督平台的管理机制完善，以促进其可持续发展。海关监督平台将成为我国海关监管体系的重要组成部分，为我国的经济发展和贸易便利化做出重要贡献。

五、通关便利化的困境与应对

通关便利化对任何一个对外开放的国家都极其重要。通关便利化有助于推动全球贸易的发展。实施通关便利化能够在提高海关效率的基础上提升政府管理效率，改善企业与政府部门的关系，减少政府的运营成本，同时也提高了国际贸易的便捷性。通关便利化还有助于加强政府的监管，有助于提升国家的国际形象，从而吸引更多的国外投资者。沿海地区要充分发挥区位优势和产业优势，尽量吸引高质量的外资进驻园区，同时避免区内企业过度聚集，引导保税区内产业向高端产业延伸，促进区内加工贸易企业转型升级，从而改善地区生态效率。① 实施通关便利化，有助于提高对外贸易水平和国际竞争力，提升国家经济发展水平。

然而，随着通关便利化的实施，出现了一些新的困境。随着通关便利化的推广，不法分子利用数字技术实施跨国犯罪行为，以获取更多的非法利益，造成社会治安和经济安全的损害。过于便利的通关程序，也可能导致政府审查不足，不能及时发现和阻止有害物质的进入。通关便利化也将加大国家间的安全差距，使得某些国家的边界安全受到更大的威胁。因此，政府在推进通关便利化的同时，应该采取有效的应对措施，以确保边界安全，有效防范和打击跨国犯罪行为。政府应当加强对边界的监控，增强安全检查，采取可行的技术手段，提高安全检查的准确性和有效性，使得边界安全得以有效维护。

在应对困境的过程中，应明确自己的目标，结合现实情况，制定出科学的应对策略。要积极收集各方面的资源，形成有效的防御系统，以期解决现存的困境。此外，应该利用现有的技术手段，加强对数据的管理，防止信息泄露。同时，应建立一套规范的管理制度，确保运行流程的顺利进行。除此之外，还要加强与行业内的交流与合作，获取更多的有效信息，便于更好地把握困境的态势，作出有效的应对措施。

为了落实通关便利化的措施，首先应该提升安全管控的能力，充分发挥海关职能，强化旅客安检和货物检查，以确保安全稳定。同时，应加强技术研发，

---

① 参见滕玉华、邓慧、叶修群等：《保税区、出口加工区与地区生态效率》，载《西安交通大学学报(社会科学版)》2022 年第 3 期。

采用先进的检测技术和装备,提高检测效率,减少不必要的检查时间。应当加强海关系统的建设,完善系统的信息化管理,加强货物查验和客户服务,以便更好地满足海关审查的需求。同时,要积极推行海关运营协同,实现跨境贸易便捷化,提升放行效率。此外,还要完善海关的管理模式,采用精细化管理模式,实施精准稽查,加大动态监控和实时监管力度,保障贸易便捷化的推进过程。要加大对贸易便捷化政策的宣传力度,积极向涉及的企业和个人进行指导和培训,以促进政策的落实。

提高通关便利化,不仅是我国对外经贸改革的重中之重,也是各国发展经济、促进贸易的根本举措。单一国家提高通关便利化水平对其外贸水平以及外贸营商环境有着显著的提升,但是对于其他未提高通关便利化水平的国家,该国的贸易水平没有大幅度提升。因为对其而言,通关便利化的水平决定了其对外贸易的总量,贸易总量的限制是指其进出口货物贸易都受到限制。只有各国之间都提高通关便利化水平,促进贸易便利化,才能显著提高各国的经济水平,促进经济发展。只有提高海关工作效率,减少通关时间,营造良好的经济环境,改善基础设施条件提高"一带一路"共建国家贸易水平,才能促进国家的经济与贸易发展。[①] 这也是为什么在多边贸易协定中,各国都规定了通关程序的透明性和一致性的原因。研究表明,在"一带一路"共建国家的贸易往来中,通关便利化的程度总体呈现"U"形曲线。[②] 这表明从东到西各国的通关便利化程度是高—低—高的分布。这与各国的经济发展水平以及基础设施的建设水平有着很大的关系。促进贸易便利化的重要举措是以数字技术为基础,以数字技术服务海关系统,达到无纸化办公的海关办公水平,提高海关办公的效率。但从目前来看,从东到西"一带一路"共建国家的发展水平是不同的,以东亚以及中亚各国来说,大部分国家都是发展中国家,其基础设施建设是不够完善的,且大部分国家的海关离电子化办公还有相当大的差距。中国对"一带一路"共建国家出口也更倾向于选择政府高效、政治稳定、监管严格的东道国。[③] 因此如何提高这些国家的基础设施建设,以促进贸易便利化、促进"一带一路"共建国家的经

---

① 参见唐宜红、顾丽华:《贸易便利化与制造业企业出口——基于"一带一路"沿线国家企业调查数据的实证研究》,载《国际经贸探索》2019 年第 2 期。

② 参见陈甬军、王诗婷:《贸易便利化如何促进中国与"丝绸之路经济带"沿线国家双边贸易》,载《社会科学战线》2022 年第 11 期。

③ 参见姚辉斌、彭新宇:《"一带一路"沿线国家制度环境对中国农产品出口贸易的影响研究》,载《农业经济技术》2021 年第 4 期。

济发展水平，需要认真思考，以下提出几点设想。

发展中国家的基础设施需求分析应包括对当前的基础设施建设状况的全面评估，并确定其未来发展方向。对此应该考虑基础设施建设对于改善经济结构、提高生活质量和改善社会福利的重要作用。此外，应该探讨基础设施建设的资金来源，确定投资的可行性。为了更好地了解发展中国家基础设施建设的状况，应当进行社会经济和环境调查，了解本国的社会经济和环境发展水平，以便分析不同地区的基础设施需求。另外，应结合本国的政策和规划，完善发展中国家基础设施建设投资规划。还应考虑发展中国家基础设施建设的长期发展和维护需求，研究可行的技术和管理模式，以保证基础设施的长期可持续发展。同时，应研究新技术，以实现经济高效、资源可持续利用的基础设施建设。

制定基础设施建设投资方案需要完善的法律和政策框架。政府需要制定完善的投资法律和法规，明确项目投资者的权利和义务，提供投资者参与建设基础设施的规则和流程，确保投资的安全性、合法性和透明性。政府应建立完善的税收优惠政策，统一税制、整合税收政策、简明税收规则、强化与海关的信息共享降低税收成本。[①] 制定基础设施建设投资方案还需要政府提供充分的资金支持。政府应为基础设施建设项目提供贷款、投资补贴和其他资金支持，以缩短建设项目融资周期，减轻投资者的融资压力，并确保项目的顺利实施。政府还应考虑引入投资保险机构，为投资者提供风险补偿，以更好地保障投资者的利益。制定基础设施建设投资方案还需要制定有效的投资审批机制。政府应通过建立投融资平台、组建 PPP 基金等方式来吸引社会资本参与基础设施建设；同时，政府也应积极完善相关配套制度，以保证项目资金的落实和使用效率。

投资方案的落实与执行必须从政府部门开始，政府是基础设施建设的主要投资者。政府应采取多种政策措施来加强基础设施建设，如增加投资和税收优惠、减少运输成本、改善劳动力市场、建立财政和货币政策等。政府应建立新的机构和机制，以加强投资方案的落实与执行。公司企业可以根据国家官方透明度水平调整有效投资，提高技术水平和产品质量，降低成本，提高投资回报率，获得更多的经济收益。另外，公司企业应利用其资源优势，提供更有效的服务，并开发出更多有效的投资策略。此外，投资方案的落实与执行还应当包括国际金融机构的参与。这些机构可以提供投资者资金，以及有助于基础设施建设项

---

① 参见郭朝晖：《基于制度型开放的跨境电子商务零售进出口税收规则探析》，载《国际税收》2023年第3期。

目的技术支撑和管理服务等。在项目实施过程中,投资者还应注意以下问题:第一,应对提出的风险控制要求有足够的了解;第二,应根据自己所在地区、行业特点、企业经营状况及自身能力制订合理可行的风险管理计划;第三,必须充分做好投资决策前的准备工作,以应对可能发生的各种情况。

基础设施建设投资方案的绩效考核应该是一项系统性的过程,以确保投资项目能够实现预期的收益。为此,要确定投资项目的目标,并确定如何衡量它们是否达到目标。要采取有效的措施,识别投资项目的成功因素,以及识别可能的风险因素。绩效考核应该包括对投资项目的社会和环境影响的评估,以及对投资项目的经济影响的评估。具体而言,应该根据投资项目的实际情况,从政策性、经济性、社会性和环境性等方面评估其收益和影响,以确定其投资效益。此外,绩效考核还应该考虑到长期效益,确保项目能够在未来几年内继续带来积极的影响。为此,应该采取一些有效的措施,例如采用可持续发展的方式,使投资项目能够在未来继续产生积极的影响,并有效减少可能带来的负面影响。

通关便利化的困境是解决现实问题的必经之路,它能有效提升社会经济的效率和实施进程的简易性。为了落实通关便利化,需要进行全面的安全检查、完善相关制度、建立安全保障系统、优化经济环境、强化法律法规、提高通关便利化服务水平、落实便捷通关机制。只有这样,才能够真正实现便捷通关,推动社会经济发展。

六、海关监督平台面临的挑战及应对

海关监督平台的发展不仅为海关管理和监督提供了更加高效的工具,还为涉及海关监督的行业提供了更加便捷的服务。然而,该平台同时也面临着多重挑战,亟须采取相应的应对措施。海关监管政策分歧是阻碍海关合作的原因之一,其提高贸易成本和扩大数字鸿沟显著妨碍了双边数字服务出口。通过签署涵盖数字贸易规则的双边自由贸易协定,可以显著减轻监管政策分歧对负面贸易的影响。[①] 对国内规制不完善或监管能力薄弱的国家而言,提高其在自由贸易协定网络中的地位能够倒逼其规制融合,加速推动服务开放。[②]

目前,欧洲联盟(以下简称欧盟)海关与跨境电商制度经历了重大变革,形

① 参见齐俊妍、强华俊:《监管政策分歧、区域贸易协定与数字服务出口》,载《财贸研究》2023 年第 9 期。

② 参见孟夏、张俊东:《自由贸易协定网络地位、服务开放与价值链服务化》,载《世界经济研究》2023 年第 7 期。

成了诸多市场壁垒。该次改革涵盖了海关实施的“环境、社会和公司治理”立法、非关税壁垒的转变、关税政策的调整。出口产品供应链成为欧盟海关监管的关键焦点，欲进入欧盟市场的中国企业的人权保障、绿色治理等透明度将会大大提高，这要求我国的进出口监管不仅要从货物品质方面入手，更要从对企业的监管入手。因此，与发展中国家建立与经济发展相适宜的“环境保护规则”较为关键。①

海关监督平台需要应对信息技术的快速发展，探讨如何运用最新技术优化监督系统。海关监督平台需要应对国际贸易的增长，加强货物安全检查，确保货物安全。海关监督平台需在社会发展的背景下，与政府和其他机构合作，改善监督系统，防止走私犯罪。为应对上述挑战，海关监督平台需采取多方面的有效措施，包括加强技术培训，运用最新技术改善监督系统；加强货物安全检查；加强与政府和其他机构的合作，共同改善监督系统，打击走私犯罪。海关监督平台的发展挑战需要积极应对，内容主要包括监管能力建设和管理技术与手段建设。

信息技术的发展为海关监督平台提供了巨大的潜力。借助数字技术，海关可以实现跨境贸易的便捷性，提高货物检查和检验的效率，降低税收风险，缩短审批时间，确保贸易秩序，提高海关监管能力。数字技术支持海关监督平台的实时审批系统，有助于提高贸易安全性。数字技术还可以帮助海关监督平台更好地管理货物和数据，实现货物溯源，加强检验和审核能力，提供可靠的数据支持，帮助相关部门更好地识别和管理可疑货物，保证海关监管系统的安全性和可靠性。

加强海关监督平台的安全性具有重要意义，有助于维护社会稳定并有效抑制违法活动。为加强平台安全，需建立完善的安全防护机制，采取积极措施提升平台安全性。具体措施包括：完善技术方面的措施，对系统进行安全审计，检查系统的安全漏洞，并采用加密技术保护数据的安全性；管理方面的改进，例如完善海关监督平台的权限管理，确保只有拥有相应访问权限的用户能够访问系统，同时定期对账号和密码进行安全性检查；引入先进技术，如人工智能技术和大数据分析技术，用于海关监督平台的数据分析，及时发现安全隐患，从而及时采取相应措施防止安全事件的发生。

---

①　参见王俊、张钰洁、叶林伟：《FTA 环境保护规则如何影响出口贸易？——基于环境监管与环境标准分异视角的分析》，载《浙江学刊》2023 年第 1 期。

加强供应链管理,对企业采取信用等级系统分级管理,提高市场的抗风险能力,为不同信用等级的企业提供相应的贸易变量,提高企业的竞争力,促进经济发展。[①] 推进企业信用体系建设,提高海关与企业的透明度,建立企业诚信档案,实行信息公开;同时加大对事后监管的力度,将事前监管转变为事中事后监管,提高海关效率以及抗风险能力。[②]

加强国际合作也是应对海关监督平台挑战的一个重要方面。与其他国家的海关部门建立紧密合作关系,分享经验和实践,共同制定国际标准和规范,可以促进全球贸易的便利化和安全化。此外,加强国际合作还有助于打击跨国犯罪,提高全球供应链的安全性和可靠性。同时,海关监督平台还需要根据国际法不断完善国内法,以适应国际贸易环境的变化和新的技术应用。

除此之外,加强企业和社会的宣传教育,提高公众对海关监督平台的认识和支持,也是应对挑战的有效途径。通过举办各类宣传活动、培训课程和论坛,可以增强社会各界对海关监督工作的理解和支持,从而为海关监督平台的发展创造良好的外部环境。

第四节　上合示范区“一站式”通关制度与新加坡“一站式”电子通关制度的比较分析

新加坡是世界上众多经济发达国家中科技发展最快的国家之一。其在传统通关工作上发挥着其独特的优势,推出了“一站式”电子通关模式,在改善通关服务等方面发挥着重要作用。作为一项国际性的综合技术,“一站式”电子通关模式的成功为全球其他国家提供了最好的借鉴经验。本节内容详细地介绍了新加坡“一站式”电子通关模式的设计和应用情况,分析了该模式在提高海关服务质量、提高企业现金流水等方面的实际效果以及相应的发展方向,并将其与上合示范区通关制度比较,以发现上合示范区“一站式”通关制度的不足与优势。

一、上合示范区“一站式”通关制度概述

在上合示范区贸易便利化改革中,通关便利化是改革重点。打造“一站式”

---

① 参见徐磊:《后政策红利时代海关监管制度对跨境进口电商的影响及建议》,载《中国流通经济》2018 年第 3 期。

② 参见潘辉:《上海自贸区国际转口贸易功能提升研究》,载《国际商务研究》2022 年第 2 期。

服务平台是通关便利化的重要举措,新加坡的"一站式"电子通关模式自1989年开始运行以来已经完善了许多,具有很强的借鉴作用。目前上合示范区依托中国国际贸易单一窗口建立了一系列的"一站式"服务平台,包括"一站式"海铁联运业务平台、"一站式"通关服务平台、"一站式"物流平台等,很大程度上促进了通关便利化,与之前相比缩短了国际货物贸易的通关时间。

"一站式"通关系统在上合组织示范区的实施,取得了令人满意的效果。清关人员节省了在海关缴纳税费的时间,申报通关和出境的时间大大缩短。在"一站式"通关系统的加持下,我国同时为企业采取多种有效的方式提供了便利,包括且不限于在《贸易便利化协定》的框架下允许采取担保的方式对货物放行,允许企业采取汇总征税模式。[①] 进出口活动的业务效率和成本得到了有效提高。

在报关过程中,智能识别设备与海关机构的数据库相连,实现了申报信息的自动识别和申报处理。因此,数据基本能做到100%匹配,进一步缩短了申报、查询、查验的时间。有源税前扫描功能还帮助完成了实时风险监控、早期税务报警、快速识别进出口困难的危险货物等功能。同样,高精度的RFID仓库管理系统也大大提高了后续检验和征税过程的效率。在"一站式"通关系统的帮助下,可以进一步节省时间,提高进出口业务的增值服务。

二、新加坡"一站式"电子通关制度概述

新加坡政府早在1989年即开始推行全球首个"一站式"通关服务平台——贸易管理电子平台TradeNet。该系统开发经过了7次更新升级,已经能够实现从接收、处理到审单、批准全程电子化24小时运行。该系统连接了海关、检验检疫、税务、卫生部、企业发展局等部门。对企业来说,"单一窗口"提供了集约化、"一站式"的服务功能。企业足不出户,就可向海关、外汇、税务等部门一次性提交相关申请资料,一窗通办相关部门业务。对政府部门来说,"单一窗口"实现了口岸各部门间的信息共享和业务协同。TradeNet的优势在于它能够实现全流程电子化24小时运行的同时协调了各政府部门。

"一站式"清关模式是一种综合模式,有助于减少海关审批的数量,消除国际贸易中不必要的程序。"一站式"电子通关模式旨在优化货物通关,简化其通关程序,提高其通关速度,降低其通关成本。货物的所有相关文件都可以通过

---

① 参见党英杰、朱振、掌孝恩等:《RCEP框架下成员国通关便利化比较及对我国的启示》,载《国际贸易》2023年第1期。

电子方式提交，节省时间，降低纸张成本；电子支付税款可以节省大量的时间和成本；电子审查增强了海关检测和控制风险的能力。这些措施对于保证"一站式"电子通关模式的高效运行至关重要。自新加坡建立"一站式"电子通关模式以来，新加坡的通关效率有了很大的提高。① 目前，新加坡海关对进口货物的平均通关时间从原先的14天以上降至3天以内，加工货物的平均通关时间从5天以上降至1天。"一站式"电子通关模式在很大程度上提高了海关的服务质量，降低了企业的交易成本。同时，使用"一站式"电子通关模式对参与企业的现金流有很大影响，包括减少银行工作人员和海关工作人员的成本，以及减少库存的周转资金。

新加坡"一站式"电子通关模式的成功实践，不仅给企业带来了实实在在的经济效益，并且对促进全球经济和贸易的繁荣有着更为广泛的意义。"一站式"电子通关模式在新加坡的成功推广，有助于在一定程度上提高海关的整体服务质量，促进全球贸易的发展，有效提高国际贸易的效率。与人工通关程序相比，"一站式"电子通关模式使各国企业加快国际贸易的步伐，实现利润最大化。

新加坡的"一站式"电子通关模式在贸易便利化和流程优化方面为全球经济发展做出了重要贡献。作为全球经济增长的重要贡献者，贸易便利化是经济中工业和服务业的重要引擎，简化了其进出口流程。贸易便利化管理和清关过程中的新技术为不同国家的货物和服务提供更有效和安全的流动，使清关更快、更安全。

新加坡的"一站式"电子清关模式的成功实施，为世界各地的海关现代化提供了一个良好的模式。新加坡在海关改革和现代化方面具有重要的经验和继承性。通过技术改革清关程序，新加坡为其他需要优化其清关程序的国家提供了实践经验。

三、搭建"一站式"通关平台建议

新加坡"一站式"通关平台在安全保障、服务质量和技术支持方面具有较强的能力，受到国际社会的一致好评。在完善单一窗口通关制度的基础上，进一步与"信息高速公路"相结合，构建新一代系统平台，采用线上与线下相结合的手段，使线下工作真正在线上进行。同时，将新加坡整个"一站式"通关系统更新为

---

①　参见匡增杰：《贸易安全与便利视角下提升我国海关估价水平的对策建议》，载《世界贸易组织动态与研究》2013年第5期。

由增强现实技术实现的"一站式服务",使各项功能充分对接,实现更好的协同。

上合示范区"一站式"通关模式主要是依靠上合组织成员国在海关和物流行业的技术协调和支持,实现有效、便捷、安全、高效的通关服务。从通关的角度看,上合示范区采用最小查验、最大申报的原则,建立单一窗口预登记和信息采集系统,并充分运用大数据等一系列现代管理和现代核心技术,加快海关查验、通关流程,提高管理效率。

我国目前的单一窗口的运行模式仍处于区域"单一窗口"的阶段,即以地方作为单位推行,将市级或省级地方贸易社区和管理机构融合在一起,建立一个贸易社区系统。将"单一窗口"转变为以美国为标杆的"单一系统"模式,似乎更加方便我国对于海关各部门的垂直化管理。①

二者之间相比,上合示范区的"一站式"通关系统具有系统冗杂、没有充分融合的劣势。虽然与之前相比,"一站式"电子通关系统与"一站式"服务平台目前确实给通关货物以及申报人员带来了很多便利,但是以国际发达国家的通关水平来说,上合示范区通关系统仍不够完善。申报员面对不同的业务,需要前往不同的"一站式"服务平台办理不同的程序。虽然"一站式"服务平台整合了相同业务的服务,但是不同业务之间,以及通关过程中所需要面临的检疫、缉查等业务之间分配不及时的问题,是海关部门内部合作还需要进一步加强的。因此在这个背景下,如果想要将"一带一路"共建国家和地区作为一个整体来看的话,对于上合示范区而言就必须要有一套能够适应该区域发展情况的综合配套政策体系来支撑其发展。而从国内其他地方来讲,也应该尽快建立起相应的基础设施,从而为"一带一路"倡议提供有力的支持。

为了进一步促进上合示范区的贸易便利化,加强通关便利化改革,提升上合示范区整体形象和国际竞争力;为企业提供更多便利条件,更好地服务于中国与"一带一路"共建国家、地区开展合作交流。面对目前上合示范区与新加坡"一站式"电子通关模式之间的差距,提出以下几点建议。

(一)进一步深化通关中心环节技术的现代化建设

为了提高通关数据处理的及时性、准确性、便捷性和效率,提高风险评估的准确性,有必要进一步深化通关中心环节技术的现代化建设。在分析当前我国通关数据现状和存在问题基础上,从系统设计与实现两个方面入手,构建了一

① 参见匡增杰、孙浩:《上海自贸试验区国际贸易"单一窗口"建设研究》,载《经济体制改革》2018年第5期。

套完整且高效的信息化海关业务处理流程体系，包括业务流程管理平台、电子口岸管理系统及信息共享平台三大部分；通过对各子系统功能进行整合优化，建立起一个较为完善的通关工作机制，以适应不断变化发展的社会环境。

（二）加强系统的信息共享和整合能力

要进一步推动系统内各种数据资源和信息资源的交换和整合，为企业开展边境贸易提供更好的环境。促进口岸管理信息化建设，完善口岸管理系统、检验检疫监管信息系统和海关通关一体化信息管理系统等基础平台建设，实现与国际接轨的功能，提高口岸管理水平，增强口岸竞争力。加强对边境小额支付业务和边民互认资金结算的监督检查，规范边贸结算秩序。

（三）积极应对通关行业的科技发展

要进一步提高通关的数字化和信息化水平，为企业提供更好的国际进出口贸易服务。加强贸易便利化措施建设，推进"一带一路"共建国家间多式联运通道、跨境物流监管模式及信息共享机制的创新与应用；支持有条件的地区开展电子商务综合改革试点，完善电子口岸相关政策体系；推动建立区域内商品互认制度，提升国际市场对我国产品的需求能力，促进产业升级。跨境电子商务具有虚拟性，对海关的监管工作造成很大的阻碍，只有不断升级数字技术、加强对跨境电子商务的监督管理，才能建立好的跨境电子商务营商环境。①

（四）加强外贸人员管理

要进一步加强对外贸人员的管理，应建立健全培训制度，增加外贸人员的知识，以提高外贸人员的操作水平。积极发展对外经济技术合作和交流，扩大对外贸易规模。我国是一个大国，但目前在国际市场上仍然处于弱势地位。因此，海关必须大力发展进出口贸易，不断扩大对外开放。同时也应该充分利用国内资源和国外资金，加大利用外资力度，增强自己的实力。这对于促进国民经济持续、快速、健康地发展有着重要意义。

要稳定引入"一站式"通关模式，国家和地区必须达到一定的改革水平和法律要求，落实国际技术标准的要求，有效制定和应用相关协议，减少司法解释的问题，建立企业间的合作关系。同时，要注意进一步完善信息平台，更加注重商业秘密和商业机密的保护，加强合理的商业风险控制措施。在此过程中，海关应明确上合示范区定位，整合海关特殊监管区，推动部分海关特殊监管区域制

---

① 参见李强：《试论我国跨境电子商务海关监管模式》，载《价格月刊》2019年第10期。

度创新向自贸试验区其他区域辐射，提升政策创新协同性。①

四、上合示范区海关制度创新评析

在上合示范区海关制度创新的案例中，可以观察到海关制度改革是在国际海关公约框架下进行的，尤其是《京都公约》和《标准框架》提供了法律和标准基础。这种制度创新是在国际贸易规则的指导下，以适应全球化贸易的发展趋势和贸易便利化的要求。同时，这种创新不仅是从法律层面上进行的，还依靠信息技术的应用，如电子申报和通用数据模型等，加强了海关监管和管理的效率。在这一过程中，单一窗口制度是海关制度创新的核心，其作用是通过整合各种监督平台和制度，实现信息共享和一体化管理。单一窗口制度的建立有助于简化通关程序，提高通关效率，为贸易便利化提供了基础和保障。此外，值得注意的是，海关制度创新的最终目标是实现通关便利化和贸易便利化。通过海关制度的改革和创新，能够促进通关程序的简化和标准化，加速货物的通关速度，降低贸易成本，提高贸易效率，为国际贸易的顺利进行提供支持和保障。总的来说，上合示范区海关制度创新的案例展示了在国际法律框架和信息技术支持下，通过单一窗口制度为核心的海关制度改革，实现通关便利化和贸易便利化的目标。这种制度创新模式对于促进跨境贸易、提高贸易效率以及推动经济发展具有重要意义。

第五节　加快构建海关监督现代化体系

近年来，国家政策的推行以及社会的发展使海关监督现代化体系后见的必要性愈发明显。推广海关监督现代化体系不仅能够增强海关监管能力，还可以有效推动市场开放，促进国内外贸易繁荣。本节从必要性、推广方式、预期效果、可行性等几个方面展开论述，以期加快海关监督现代化体系的推广进程。

一、构建海关监督现代化体系的必要性

海关监督现代化体系对于社会具有重要意义。它能有效提升海关的管理

① 参见季剑军、李大伟：《自贸试验区与海关特殊监管区域统筹发展思路研究》，载《国际经济合作》2022年第2期。

效率,为政府提供更为高效的执法手段。企业能更加便捷地进行贸易活动,有效控制成本,提高经济效率。海关监督现代化体系推广不仅能提升管理效率,还能有效遏制海关滥用职权的现象,确保企业合法权益得到充分保障。它还可以减少贸易活动中的不必要浪费,进而提高企业效率。推广该制度将有利于提高国家经济实力,增强国际贸易竞争力,为国家经济发展创造更多机遇,同时减轻国家财政负担,为经济发展提供更多资金投入。

(一)提升海关管理效率

海关监督现代化体系的推广充分利用现代信息技术手段,包括大数据、云计算、物联网等,以提高海关监管能力,实现数据共享和实时监控。这一制度将有助于提高海关工作效率,减少人力资源浪费,为政府提供更为高效的执法手段。

现代信息技术手段的运用使海关监管过程更加智能化和自动化。通过物联网技术,海关可以实时追踪货物流动情况,减少人工巡查,提高监管效率。此外,大数据技术可以帮助海关对海量进出口数据进行快速分析和处理,从而更好地发现潜在的风险和违规行为,保障财产和生命安全。

数据共享和实时监控的实现有助于优化海关业务流程。海关部门可以通过数据共享平台与其他政府部门、企业和国际组织进行信息交流,提高信息传递的速度和准确性。实时监控则能够确保监管部门快速发现和应对违规行为,减少不必要的耗时审查,缩短通关时间。

海关监督现代化体系的推广将有助于提高政府的执法效率和公信力。实时监控和信息共享可以有效防止海关滥用职权的现象,确保企业合法权益得到充分保障。同时,高效的监管手段可以提高政府部门在社会中的形象,增强公众对政府执法能力的信任。

(二)便捷企业贸易活动

通过海关监督现代化体系的推广,企业能够更加便捷地进行跨境贸易活动。简化的通关流程、降低的关税和非关税壁垒以及高效的监管手段,有助于降低企业运营成本,提高经济效率。推广海关监督现代化体系有助于简化通关流程。通过运用现代信息技术手段,海关部门可以实现在线办理通关手续,提高通关速度,减少企业在通关过程中所需的时间和人力成本。此外,实时数据共享可以加快海关与其他相关部门之间的信息交流,进一步简化通关流程。

降低关税和非关税壁垒是推广海关监督现代化体系的另一个显著优势。

随着国际贸易自由化程度的不断提高,关税减免和非关税壁垒降低将有助于减轻企业的贸易成本负担,提高企业的竞争力。这将对国际贸易格局产生积极影响,推动全球贸易合作和经济一体化。

高效的监管手段可以有效减少企业的物流和仓储成本。海关监督现代化体系通过实时监控货物流动情况,提高了货物安全性和减少了货物滞留时间。这将有助于企业更好地管理物流过程,降低运输损失,提高物流效率。推广海关监督现代化体系还有助于提高贸易透明度。平台制度可以为企业提供实时的市场信息和政策动态,帮助企业更好地了解国际市场环境,制定相应的经营策略。这将有助于企业更好地应对市场变化,抓住商机,提高经济效益。

(三)保障企业合法权益

海关监督现代化体系的推广不仅能提升管理效率,还能有效遏制海关滥用职权的现象。通过制定严格的法规和制度,确保企业合法权益得到充分保障,为企业创造一个公平、公正的市场环境。

海关监督现代化体系能够实现对海关工作的规范化和标准化。推广该制度意味着制定一套完善的法规和操作规程,确保海关执法过程中的合规性和透明度。海关工作人员严格遵循相关法律法规,从而降低滥用职权的可能性。海关监督现代化体系有利于加强对海关工作人员的监督。通过实时数据共享和互联网技术,相关监管部门可以更加方便地对海关工作进行监控,及时发现并纠正违规行为。这将进一步确保企业在通关过程中的合法权益得到充分保障。

推广海关监督现代化体系有助于提高企业与海关之间的互动效率。海关监督平台制度可以为企业提供在线申报、查询及申诉渠道,简化企业与海关之间的沟通流程。在这种情况下,企业可以更加便捷地反映自己的诉求,进一步确保合法权益得到保障。海关监督现代化体系还有利于维护国际贸易秩序。通过加强国际合作和信息共享,各国海关可以共同打击非法贸易活动,如走私、偷税漏税等。这将有助于维护全球市场的公平竞争环境,为各国企业提供一个公平、公正的市场环境。

(四)提高企业效率

海关监督现代化体系的推广有助于减少贸易活动中的不必要浪费。通过优化通关流程、提高市场透明度和共享关键信息,企业可以更加灵活地应对市场变化,提高自身效率。优化通关流程有利于减少企业在进出口环节中的时间成本和人力资源浪费。海关监督现代化体系能够简化通关手续,加快货物通关速度,从而降低企业在通关过程中的等待时间和人力投入。此外,通过实时数据共享,企业可以更快地获取关于通关状态的信息,更好地安排物流和运输计划,进一步提高整体效率。

提高市场透明度有助于降低企业在市场信息获取和分析方面的成本。海关监督现代化体系可以提供实时的贸易政策、关税税率、市场需求等信息,帮助企业更好地了解国际市场环境,制定有针对性的市场策略。这将使企业在贸易活动中更具竞争力,降低市场信息不对称导致的决策失误。

共享关键信息有助于企业及时应对市场变化。通过海关监督现代化体系,企业可以实时获取供应链上的关键信息,如原材料价格、库存状况等。这将使企业能够更加敏捷地调整生产和销售计划,避免市场波动导致的库存积压和损失。海关监督现代化体系还有助于提高企业间的合作效率。通过海关监督平台,企业可以更方便地与其他企业进行信息交流和资源共享,促进产业链上的协同合作。这将有助于降低企业之间的沟通成本,提高产业链整体效率。

(五)增强国际贸易竞争力和国家经济实力

推广海关监督现代化体系将有利于提高国家经济实力,增强国际贸易竞争力。优化的海关监管体系和便利化的贸易环境吸引更多国内外投资者,为国家经济发展创造更多机遇。同时,提高海关收入和减轻国家财政负担,为经济发展提供更多资金投入。

优化的海关监管体系有助于提高国家的贸易效率。海关监督现代化体系简化通关流程、加强信息共享和提高执法效率,使进出口商品得以更快速、更安全地进行流通。这将有助于提高国家在国际贸易中的地位和竞争力,进而增强整体经济实力。便利化的贸易环境吸引更多国内外投资者。通过降低贸易壁垒、提高市场透明度和优化监管机制,海关监督现代化体系能够为投资者创造一个更加有利的商业环境。这将促使更多国内外企业投资国内市场,进一步促进经济增长和就业。

推广海关监督现代化体系有助于为国家经济发展创造更多机遇。通过提高贸易和投资效率,推动产业结构优化和技术创新,海关监督现代化体系将有助于实现经济转型升级。这将使国家在全球价值链中占据更高地位,为经济发展注入新的活力。提高海关收入和减轻国家财政负担是推广海关监督现代化体系的另一重要意义。通过加强对走私和非法贸易活动的打击,海关监督现代化体系有助于提高海关收入,为国家财政提供更多支持。与此同时,有效的监管体系能降低监管成本,减轻国家财政负担,为经济发展提供更多资金投入。

二、构建海关监督现代化体系的预期效果

海关监督现代化体系的构建将对全球贸易和投资产生积极影响。它有助于降低贸易和投资成本,提高贸易和投资效率,加快贸易和投资流动,从而促进国际经济与社会的发展。推广海关监督现代化可以减少贸易活动中不必要的审查和程序,提高贸易效率,优化海关监管机制,加强各国之间的贸易投资关系。此外,海关监督现代化体系的推广还有助于改善贸易结构,提高市场竞争力,促进国家和行业间的合作,进一步加快贸易和投资的发展。

(一)降低贸易和投资成本

海关监督现代化体系通过简化通关流程、减少审查和程序,有助于降低贸易和投资成本。这将使企业更容易参与国际贸易和投资活动,进而提高贸易和投资的整体效率。

海关监督现代化体系通过优化通关流程,使企业在进出口环节可以更加迅速地完成所需手续,实现货物报关、查验、放行等环节的电子化处理,缩短企业在通关环节所需的时间。这种简化通关流程的做法有助于降低企业在进出口环节的时间成本,提高整体运营效率。减少审查和程序意味着企业在进行国际贸易和投资活动时,所需面对的政策和行政壁垒会相对较少。这将有助于减轻企业在跨境贸易中所承担的法律和行政负担,降低企业的合规成本,使企业能够更专注于市场和业务发展。

海关监督现代化体系通过提高市场透明度和信息共享,使企业能够更加准确地了解国际贸易和投资的相关法规、标准和政策。这有助于企业更好地遵循国际市场规则,避免违规操作而造成经济损失,进一步降低企业的贸易和投资风险。海关监督现代化体系的实施还有助于提高国际贸易和投资的整体效率。在全球贸易日益紧密的背景下,简化的通关流程和减少的审查和程序将为企业带来更高的市场敏感度,使企业能够更快速地应对市场变化,把握商机,实现可持续发展。

(二)提高贸易和投资效率

推广海关监督现代化体系可以优化海关监管机制,减少不必要的审查和程序,从而提高贸易效率。这将有助于加快贸易和投资流动,进而促进国际经济与社会的发展。通过海关监督现代化体系集成现代信息技术手段,海关可以实现数据共享和实时监控。这一做法有助于提高通关流程的自动化程度,缩短货

物在通关环节的等待时间，从而提升贸易效率。同时，这种技术手段的应用还有助于提高海关对非法走私、质量安全等问题的监控能力，进一步维护国家利益和市场秩序。

通过简化审查和程序，海关监督现代化体系有助于减少企业在通关环节所面临的行政负担。这种做法不仅降低了企业在国际贸易中的成本，还有助于提高企业对市场变化的应对能力。在全球贸易竞争日益激烈的背景下，这种优化的海关监管机制将有助于各国提高贸易投资的吸引力，进而增强国际经济交流与合作。

推广海关监督现代化体系还有助于提高贸易透明度。通过平台上的信息共享和数据分析，企业可以更准确地了解到国际市场的需求和趋势，从而制定更合理的经营策略。这种信息传递的高效性将进一步提高企业在国际贸易中的竞争力，推动全球贸易合作更加紧密。加快贸易和投资流动有助于国际经济与社会的发展。优化的海关监管机制将为国际贸易和投资创造更多机遇，吸引更多国内外投资者参与其中。在全球经济一体化进程中，推广海关监督现代化体系将为各国创造更多的经济增长点，带动就业增长，提高人民生活水平，从而促进国际经济与社会的共同繁荣。

（三）改善贸易结构和提高市场竞争力

优化贸易环境，各国可以加强贸易合作，促进贸易结构的优化，从而提高各国在全球市场中的竞争力。简化通关流程、加强信息共享以及提高透明度，企业可以更迅速地完成跨境贸易，从而降低交易成本。这将有助于吸引更多企业参与国际贸易活动，加大对外贸易的投入，提升各国在全球市场中的竞争地位。提高海关监管效率，各国可以更好地调整进出口政策，引导产业转型升级。这将有助于实现资源的合理配置，推动高质量、高附加值产业的发展，进而提升各国在全球市场中的竞争力。

在海关监督平台上，各国可以就贸易政策、法规和标准进行沟通和协商，共同应对全球贸易挑战。这将为国际贸易合作创造有利条件，进一步推动全球产业链的整合，优化贸易结构，提高市场竞争力。优化的通关流程和监管手段将激发企业的创新活力，推动企业开拓新的国际市场和业务领域。这将有助于创造更多经济增长机会，促进各国经济持续、稳定地发展。推广海关监督现代化体系将有助于提升全球贸易治理水平。通过各国在海关监督平台上的合作，可以共同应对全球贸易摩擦、保护主义等挑战，推动贸易自由化和经济一体化进程。这将有利于提高全球贸易治理体系的有效性，促进各国共同繁荣。

(四)促进国家和行业间的合作

海关监督现代化体系将有助于促进国家和行业间的合作。在海关监管方面的改进将为各国企业提供更多合作机会,激发创新活力,进一步加快贸易和投资的发展。各国在平台上可以分享相关法律法规、标准规范和最佳实践,推动政策协调与互认。这将有助于简化跨境贸易流程,减少政策壁垒,促进国家和行业间的交流与合作。

优化的海关监管手段可以降低企业的运营成本,为企业在全球范围内寻找优质供应商和合作伙伴提供便利。这将有利于构建更紧密、高效的国际产业链和供应链,提升全球贸易和投资水平。在海关监督平台上,企业可以与国际伙伴共享关键技术信息,共同研发新产品和新技术。这将有助于激发企业的创新活力,推动行业转型升级,增强各国在全球市场中的竞争力。

优化的通关流程和监管机制将为电子商务和服务贸易发展提供更多便利,推动企业开拓国际市场,拓宽业务范围。这将有助于提升国家和行业间的贸易合作水平,促进经济全球化进程。

第六节 通关便利化与海关监督现代化新渠道全国推行的可行性方案

通关便利化的实施对于我国的发展有着重要意义,尤其是贸易便利化对中国出口的作用更为明显①。它为社会经济发展提供有效的支持,促进全国各地的经济联系和社会交往,促进经济和社会的全面持续发展。同时,它也有效地改善社会治安环境,提高政府的公信力,增强国家的竞争力。此外,实施通关便利化还可以有效减少货物检查和流程审批时间,提高交通运输效率,从而有效推动企业及社会发展。同时,它也可以有效地降低政府管理费用,改善政府服务效率,为政府和社会提供更多的资源。实施通关便利化还可以有效推进企业的发展,为企业提供更多的发展机会。它可以帮助企业加快投资及经营流程,更加有效地发挥企业的效率和创新能力,从而有效地推动企业发展和社会经济发展。

---

① 参见廖佳、尚宇红:《"一带一路"国家贸易便利化水平对中国出口的影响》,载《上海对外经贸大学学报》2021 年第 2 期。

一、探索实施通关便利化的措施

必须完善法律法规体系,确保通关便利化政策的合法性和合规性。这包括在通关便利化全面推行之前,政府部门需制定相应法规,并修改现有法规以满足实际需求。政府需加强基础设施建设,提高海关通关设施的质量和效率。这包括对口岸硬件设施的改善、通关服务场所的设立和维护等方面的资源投入。应借鉴国际成功案例和先进技术,推广先进的通关技术和管理经验。其中,利用信息化技术、实施无纸化通关、推广智能化监管等方法是可行的。为了有效实施通关便利化政策,政府需要进行培训,提高海关人员的专业水平和服务意识。通过各种渠道宣传通关便利化政策,提高企业和社会对其的认知和支持。政府需关注风险防范和应对,加强对通关安全和风险的评估与防范,制定相应的应对措施,提高海关在风险防范和应急处理方面的能力。为确保通关便利化的顺利实施,需要建立健全跨部门协同机制,促进信息共享,提高工作效率。这样的协同机制能够确保各部门共同参与,推动通关便利化政策的全面实施。

二、完善预裁定制度相关立法

2015 年 9 月 4 日,我国完成《贸易便利化协定》国内核准程序,其大部分条款与海关的相关制度有关,旨在简化、现代化和标准化国际贸易程序,降低贸易成本,增加贸易透明度。预裁定制度是《贸易便利化协定》中的一项重要内容,涉及对关税分类、原产地和其他事项的预先决定。预裁定制度在海关方面主要应用于对进出口货物的通关审查。在货物运输途中,出口国的海关与目的国的海关进行信息交换、提前审查以加速通关。

预裁定的程序包括提前申报、预审查、预决定、预检验和检疫、快速通关。在预裁定制度下,海关的重点是提前审查和评估货物申报信息,而实际的检验和检疫工作仍然是在货物到达目的国后进行的。预裁定制度有助于加快通关流程,但并不影响海关对进出口货物的实际检查和监管。

我国应加快完善海关预裁定制度的相关立法,确保预裁定制度的正确实施,促进海关贸易,积极履行国际法义务。①

---

① 参见杨欣、王淑敏:《〈贸易便利化协定〉中的预裁定制度与我国相关立法的完善》,载《国际商务研究》2017 年第 5 期。

三、构建通关便利化体系

在构建通关便利化的方案中,技术和人员的配置是最重要的一环。应当建立科学的技术指导体系,对现有的技术设备进行优化改造,以提高其安全性和稳定性。另外,还要根据实际情况,合理配置人员,确保检查流程能够顺利进行。构建通关便利化的方案还应该考虑到建立完善的信息化系统。要建立集数据采集、办理手续、检查流程为一体的信息化平台,实现信息共享和资源共享,减轻政府的工作负担。要加强与社会的沟通,推行社会参与式管理。

推行全国性的通关便利化是一个具有挑战性的任务。首先,我国政府应积极探索和构建通关便利化的方案,使不同地区有不同的实施措施,以满足不同地区的特殊需求;其次,在落实全国推行通关便利化的可行性时,要重视信息技术的应用,强化技术支撑,以便加快推进通关便利化的进程;最后,要加强监督和考核,有效保障政策落实。实施通关便利化,将极大地改善海关管理效率,实现经济贸易便捷化,促进国家经济社会发展。

四、海关监督现代化体系构建方式

海关监督现代化体系构建需要从宣传着手,利用报纸、网络、电视等多种媒体渠道发布宣传广告,介绍海关监督现代化体系的宗旨、优势、推广方法及受益人群。此外,应注重开展实践活动,针对不同行业和地区,派遣专业人员进行实地考察,提出改进建议,以更好地满足当地企业需求。构建过程中还需建立良好的合作伙伴关系,加强与政府部门、企业、学术机构等相关行业的合作,共同努力推广海关监督现代化体系,从而更有效地推动海关监管工作的发展。

(一)加强多单位合作

构建海关监督现代化体系过程中,建立良好的合作伙伴关系至关重要。加强与政府部门、企业、学术机构等相关行业的合作,有助于实现资源整合和优势互补。通过合作,可以充分利用各方面的资源和专业知识,共同推动海关监督现代化体系的推广工作。此外,合作还可以提高监管效果,为企业提供更为便捷的通关服务。

政府部门在推广过程中扮演着关键角色。政府需要出台支持海关监督现代化体系推广的政策措施,为其顺利实施提供政策和法律依据。此外,政府还应提供资金和技术支持,协助企业提升通关服务水平,降低成本。

企业作为平台制度的直接受益者和参与者,对于推广工作具有重要意义。

企业应积极参与制度的设计、实施和优化,提出建设性意见和建议。同时,企业还应加强与政府部门、学术机构等合作伙伴之间的沟通与协作,共同探讨如何更好地应用和完善海关监督现代化体系。

学术机构和专家在推广过程中具有独特优势。他们可以为海关监督现代化体系提供理论支持和技术指导,帮助解决推广过程中遇到的问题。此外,学术机构还可以开展研究,评估制度实施效果,为进一步优化海关监督现代化体系提供依据。

(二)持续改进海关监督平台

推广海关监督现代化体系是一个持续的过程,要求海关不断总结经验、调整方案,以满足不断变化的市场需求。在这一过程中,海关应关注以下几个方面,以确保监管工作的持续优化和提高。推广海关监督现代化体系需要一个长期的视角,关注各阶段的实际效果,并在总结经验的基础上进行调整。建立一个反馈机制,定期收集企业、政府部门和相关行业的意见和建议,以便针对市场需求和痛点进行改进。为了确保海关监督现代化体系的有效推广,海关需要开展定期的评估工作,评估内容包括平台运行状况、企业满意度、推广效果等方面。通过评估,可以发现问题并及时调整,以进一步提高海关监管工作的效果。

(1)加强国际合作与交流。海关应与其他国家和地区的海关部门保持密切联系,学习借鉴先进的海关监督现代化体系经验和成功案例,以便在国内推广过程中实现优化。国际合作不仅有助于提高海关的监管水平,还可以推动全球贸易的发展。

(2)注重人才培养和技术更新。在推广海关监督现代化体系的过程中,海关需要培养一支具备专业知识和技能的队伍,以应对不断变化的市场需求。同时,关注新兴技术的发展,将先进技术应用于监管工作,提高监管效率。

综上所述,海关监督现代化的推广是十分必要且可行的,它能提升海关监管效率,促进海关监管服务质量与效果的提升,进而提高整体海关监管水平。因此,应尽快加大海关监督现代化的推广力度,实现有效监管,提升服务质量,促进海关监管工作的持续发展。面对全球环境中日益增多的挑战,改革海关并为其确立明确的权力,扩大海关合作,以及在海关管制和结关期间建立一个机构和组织风险管理制度,将有助于根据以风险为导向的海关空间形成模式中规定的办法,平衡一个国家的海关空间。①

---

① See Olha Borysenko et al., *Modeling the Risks of the Global Customs Space*, 15 Journal of Risk and Financial Management 1(2022).

第三章 上合示范区多式联运中心化建设

多式联运作为运输结构优化所形成的一种高级运输组织形式，适应了“一带一路”倡议下发展海陆运输对革新运输方式以提升运输效益的要求。① 上合示范区是中国唯一一个致力于推动与上合组织成员国及“一带一路”共建国家和地区的地方经贸合作的示范区，它提供了优越的软硬件基础来推动多式联运中心化建设。自成立以来，上合示范区已经开通多条多式联运线路，包括日韩陆海快线连接中国、日本和韩国，以及多条欧亚班列线路，覆盖“一带一路”共建国家，其中最远可直达伦敦。同时，上合示范区多方面采取创新性举措，如线路多样性、多式联运海关监管和多式联运物流仲裁，致力于推进多式联运中心化的建设。本章基于多式联运中心化建设的研究，结合上合示范区现有的多式联运发展状况，分析上合示范区多式联运中心的创新案例，从而促进上合示范区的多式联运中心化建设。

第一节 概 述

人们常言“先修路，后富裕”，这句朴素的格言流传至今，说明交通运输作为国家基础性和战略性行业，能够推动国民

① 参见李志文、吕琪：《“一带一路”战略下对我国多式联运立法建构的思考》，载《法学杂志》2016 年第 4 期。

收入的增长,对国家经济发展起到不可替代的作用。随着社会和科技的发展,中国的交通基础设施从古代的牛马道和水路不断发展壮大,如今涵盖公路、铁路、海路等多种形式。运输基础设施的变化不断推动运输方式和规则的改变,公路、铁路、航空、公铁联运、多式联运等多种复杂的运输模式也随之出现。这些多样复杂的运输模式也引发了国际社会对新的运输模式规则建设的思考,完善多式联运的国际公约和规则成为现代国际社会在运输领域的新挑战。

自工业革命以来,交通运输领域经历了巨大的变革。运输方式逐渐从单一式向多式联运转变,地域范围也从国内向国际扩展,运输管理形式也从分散式逐渐升级为中心化管理。交通运输领域的变革发展为国际经济和贸易的兴盛做出了贡献。中国的高质量发展与交通运输密不可分。上合示范区地理位置优越,商通四海,交通便利。作为中国唯一一个面向上合组织国家及"一带一路"共建国家和地区开展地方经贸合作的示范区,它在促进国际经贸发展方面起着举足轻重的作用。上合示范区不仅在多式联运领域开展了许多创新制度试点,而且在班列运行开发、设施建设、海关监管、通关便利化、科技自动化等方面进行了洗削更革。通过学习国际上的优秀经验和最新科技成果,上合示范区加强了与其他国家在运输领域的合作和交流,为我国在国际多式联运领域的长足发展提供了动力,并为未来的优秀创新案例的全国化推广做好了充分的准备。

一、国际多式联运的基础理论

(一)国际多式联运的概念

国际多式联运指的是在国际领域内,采用多式联运运输合同,并规定托运人与多式联运经营人的运输权利与义务,采用两个及以上的运输方式进行货物运输的形式。其有广义和狭义之分,狭义上的国际多式联运是指使用连续的运输方式进行且在运输方式转换时不对货物本身进行单独处理的货物移动。[①] 而从广义上理解,根据1980年《联合国国际货物多式联运公约》的定义,国际多式联运是指"按照多式联运合同,以至少两种不同的运输方式,由多式联运经营人将货物从一国境内接管货物的地点运至另一国境内指定交付货物的地点"。而在我国《海商法》中特意强调国际多式联运中必须有一种是海运,对多式联运的定义有一定的限制。本章所采取的是广义的多式联运概念。在国际贸易发展

---

① 参见李敏:《"一带一路"下的国际多式联运SWOT分析》,现代教育出版社2016年版,第2页。

的实践中，对国际多式联运通常是依托集装箱，采用内河、海路、公路、铁路、航空等两个及以上的运输方式有机地加以组合形成的连续不断、门对门的国际货物运输。从运输主体上分，多式联运还可分为客运联运和货物联运，本书主要讨论的是货物联运。

（二）国际多式联运的特征

从字面上的概念可知，国际多式联运具有国际性以及组合性的特征，而风险往往伴随货物运输，所以在多式联运的运输中必然还存在风险性的特点。国际多式联运作为一种社会与科技发展的新产物，使此种运输模式提高了国际贸易运输的效率，因此国际多式联运还具有优化便捷性的特点。

1. 国际性

国际多式联运之所以能从运输变革中取得最新的发展并被多国采用推进，最重要的原因是其具有“国际性”的特点。利益是贸易往来的驱动力，自工业革命以来，蒸汽机以及新的交通工具的发明使交通运输业有了质的发展，远距离贸易有了运输上的可能，跨国性贸易往来频繁，也使国际多式联运有了发展的基础。此处的“国际性”并非局限在国与国之间的贸易往来，这使贸易方的主体限定在国家层面，具有政治属性，而实际上国际多式联运服务的跨国贸易往来主体更加宽泛，不同国家的自然人或者营业地在不同国家的商事主体都可以参与到国际多式联运当中。

国际多式联运因具有“国际性”的特点，因此其规则、技术等要求比传统国内运输领域更高。不同国家的政治、法律、文化、习俗等以及国际上的商事惯例都会影响国际多式联运统一规则的制定，从而影响整个国际多式联运在世界范围内的发展。尽管目前世界上还没有统一的、生效的专门针对国际多式联运的国际公约，但由于其自身国际性的特点，各国的差异可能会影响贸易，因此建立统一的商事制度规则对国际多式联运的发展以及经贸往来有至关重要的作用。

2. 风险性

国际多式联运的发展使经济蓬勃发展的同时也增加许多“单一运输”方式没有的风险。在国际多式联运中，当事人主体主要是承运人以及买卖双方，他们是最关注其中风险的人群，对于承运人来说，承运国际多式联运的货物风险是比在国内运输更高的，由于国际货物运输路途远，途径国家多、国际形势瞬息万变，战争、自然灾害、社会政治原因等都有可能使承运人无法完成承运的工作，就如 2022 年俄乌冲突爆发后，许多承运人的货物无法及时送达，从而面临违约的困境。

对于买卖双方当事人来说，除了货物本身的运输风险，还要面临运输合规的风险。在国内运输中，买卖双方只需要遵守其最熟悉的国内法，并按商业合同履行义务和行使权利，但在国际贸易中，买卖双方当事人还得熟知国际上有关多式联运的规则，学习运输途中途径国家关于多式联运的相关规定，以规避商业风险。例如，在全球互联网发展的今天，为了促进运输的便利，提高运输效率，有些国家会运用电子通信认证制度，虽然在《2010 年国际贸易术语解释通则》中早已规定电子方式的通信与纸质通信效力相同，但各国对于电子信息通信的方式效力并没有达成一致的看法与规定，电子信息认证本身也具有技术性，而《2010 年国际贸易术语解释通则》并没有进行更进一步的解释说明，而把空白留给国内填补。因此在规则运用上如何规避电子认证风险是当事人需要正视的问题。

为了促进国际多式联运的发展，我国考虑到当事人对风险的担忧，于 2021 年在《海关行政许可管理办法》第 51 条中明确规定，符合法定要求的电子凭证与纸质凭证具有同等法律效力。同时，上合示范区于 2020 年 6 月 12 日推出了中国青岛至乌兹别克斯坦喀什干的 TIR 定班专线，这标志着上合国际道路运输 TIR 正式测试运行。该专线的首发简化了通关程序，提高了通关效率，并便利了政府间的数据核实，加快了电子认证的速度和效率。

3. 组合性

对比国际多式联运和传统运输方式，最大的区别在于前者具有“多式”的特点。因为不同的运输工具适用于不同的路段和货物类型，以及出于成本考虑，贸易往来的当事人通常会选择不同的交通方式。由于国际多式联运适用范围广泛，因此单一运输方式已经不能满足贸易需求，必须采用两种或两种以上的运输方式的组合。多式联运经营人负责组合不同的运输方式，并承担多式联运合同中运输货物并保证货物安全的责任。整个流程需要多式联运经营人寻找分承运人进行协调安排，以实现整个货物运输流程的有序进行和最小化风险。因此，多式联运的组合特点也是其成为当今最为复杂的运输模式的原因之一。

4. 优化便捷性

国际多式联运是“一份合同、一份票据、一个责任人、一种运费费率、一票到底”的跨国联运。[①] 不同于传统的运输组合方式，多式联运采用集装箱作为运输

---

① 参见李敏：《“一带一路”下的国际多式联运 SWOT 分析》，现代教育出版社 2016 年版，第 2 页。

载体,并由多式联运负责人负责连接各个运输环节,实现货物运输。集装箱具有标准化、转运灵活、损失率低等优点,是“门到门”运输的主要模式,也是国际联运和铁水联运的基本模式。因此,多式联运减少了货物中途转运的时间,降低了货物损害的风险,并且由负责统筹规划的多式联运承运人负责整个运输过程,实现最优的成本效益。多式联运还实现了全过程一体化的运作,实现各种运输方式的无缝衔接,并降低整个系统的成本。货物到达目的地后,直接由铁路、公路或水路进行配送,以降低物流成本,提高企业竞争力和经济效益,达到物流总费用与货物周转量相适应的经济发展目标。

二、国际多式联运的发展沿革

国际多式联运的产生是基于集装箱运输的发展,集装箱运输是现代化运输的重要标志。[①] 1801 年詹姆斯 · 安德森最先提出了集装箱运输的想法。18 世纪至 19 世纪,英国开始在实践中尝试将货物装箱,并主要采用全封闭的铁木结构货运车厢在铁路中运输。直到 19 世纪下半叶,现代集装箱的雏形才得以显露,这种带有活动框架的铁路托盘被应用在货物底部,并因其在英国兰开夏郡的使用而被称为“兰开夏托盘”。

“兰开夏托盘”运输的尝试使英国逐渐摸索出集装箱运输法,并将其应用于铁路运输。美国随后效仿并扩大了集装箱运输的范围,不仅在铁路进行集装箱运输,在美国内陆河也逐渐采用集装箱运输。此段时期,虽然已经有了使用集装箱的迹象,但只适用于部分线路,且集装箱装备较为简陋,并没有进行广泛的推广。

20 世纪初期,工业革命催生新的交通运输方式,加上世界经济的蓬勃发展,贸易往来增加,运输数量大幅增加,英国铁路公司尝试把家具装在木制集装箱里,用铁路平板车运输,到站后用起重机把箱子转移到马车上,马车再将货物运至目的地,这就是早期多式联运的雏形。但由于各国集装箱结构不同,对各国间货物运输的影响很大,因此必须制定国际通行的集装箱标准,以促进不同运输方式的转换,提高集装箱运输的安全性和便捷性,从而促进国际多式联运的发展。于是在 1933 年,巴黎成立了一个由民间自发组成的集装箱协会,负责制定集装箱统一标准,集装箱的发展迎来了一个急速发展期。

第二次世界大战时期,全球经济低迷,国际多式联运的发展处于停滞阶段。

---

① 参见方友熙:《国际货物多式联运法律制度研究》,中国商务出版社 2013 年版,第 4 页。

第二次世界大战结束后,世界经济逐渐恢复,集装箱的运输量逐渐增大,英美等国家逐渐对集装箱的结构和规格进行升级,使其更加稳固安全,但由于材质的原因,也使自重增加,集装箱到港后工人还需等待吊钩转运集装箱再搬运至目的地,运输流程也显得非常复杂烦琐。此外,当时国际对货物和集装箱分别征税,使贸易成本增加,再加上不同运输方式的承运人利益交叉,使铁路、公路、航运之间不能很好地衔接。此时期,国际多式联运虽有发展,但发展较为缓慢。

20 世纪 80 年代末至今,国际集装箱运输进入成熟期。以集装箱运输为依托的多式联运获得迅速发展,发达国家的集装箱运输已经基本实现多式联运现代化,发展中国家对多式联运也日益重视。中国的集装箱运输行业是从 20 世纪 50 年代开始起步的。随着"一带一路"倡议的提出以及中欧班列的开行,多式联运得到迅猛发展,主要体现在运输线路数量呈现快速增长,多式联运各运输方式全面发展、中欧班列开行成为多式联运新增长点。[①] 经过多年的努力和实践后,我国的国际集装箱多式联运体系逐渐完善。目前,中国已经建立了包括陆运、水运、空运和管道运输在内的多种运输方式的联合运输体系。这些运输方式之间的协作和合作已经得到了显著提高,使货物的运输更加高效、低成本、快速和安全。

三、国际多式联运的优势

(一)提高运输效率

货物在途时间是衡量运输效率的重要指标,也是评价运输服务质量的主要指标。国际多式联运提高运输效率主要体现在以下几个方面。

首先,国际多式联运由多式联运经营人负责统筹全程,可以优化运输计划,结合不同的运输方式和路线,减少空载率和重复路线,提高运输效率;其次,在物流运输中,装卸环节是非常重要的一环,提高运输装卸效率可以减少货物等待的时间,而集装箱的天然优势使货物直接转运下一种运输方式,从时间上提升了运输的效率;最后,国际多式联运是当代最先进的运输模式,物流设备和设施先进,能够提升物流的智能化程度,优化物流流程,提升运输效率。据集装箱运输初期统计,集装箱装卸效率为传统杂货方式的 4 倍,为托盘的 1.7 倍,同时,随着大型集装箱装卸和桥式起重机的使用和不断改进,装卸速度有了进一

---

① 参见王晓莹、张正伟:《"一带一路"倡议对我国国际多式联运的发展研究》,载《环球市场》2018 年第 34 期。

步的提高。[①]

(二)降低运输成本

国际货运成本对贸易的影响相当于关税或汇率,就像汇率的上升会提高出口的竞争力、国家关税的降低会降低进口的成本一样,运输成本的降低将直接刺激进出口。例如,就拉丁美洲和加勒比对美国的出口而言,关税平均达到其价值的1.86%,而国际运输费用所占的比例为4.45%。[②]

通过国际多式联运,不同的运输方式之间得以衔接配合,充分利用各种运输方式的特点和优势,提高组织作业效率。同时,各部门的职能作用和整体协调配合能力得以发挥,中间环节的换装、中转等作业得到减少。这种方式可以有效实现物流系统中各环节的无缝衔接和功能互补。据中国物流与采购联合会统计,通过国际多式联运运输方式组织出口的货物,在没有进口环节关税和增值税的情况下,可节省3/5的物流费用。例如,把国际集装箱从青岛运到西安,如果采用铁水联运方式,可比公路长途运输方式节约物流成本20%—40%。以5万个标准箱计算,如果全部采用铁水联运则可比公路货运节省燃油约2.9万吨,相当于2.7万辆私家车一年的燃油消耗,减少碳排放8.6万吨。[③]

因此,选择国际多式联运运输,能够简化贸易手续,大大节约了贸易成本。

(三)缩短货物周转时间,减少库存损失

根据国际贸易的统计资料表明,各种运输方式的货物在流通过程中,在物流上所需时间差别很大。由于铁路运输存在速度慢、周期长的缺点,一般只能运输大宗、贵重物品等高附加值产品,而许多产品和原材料的贸易是不能用铁路进行运送的。同时由于公路和水路在运输方式上具有灵活性,可供选择的线路也较多,因而一般可使用公路和水路进行多式联运。但由于公路和水路运输是利用汽车进行周转和运送货物,往往需要办理车辆通行证,这在一定程度上阻碍了多式联运的发展。多式联运可实现集装箱的无缝对接,使货物周转时间大大缩短。例如,通过铁路把不同规格、型号、产地的集装箱运到港口后,即可由集装箱接驳车将各集装箱装船,然后通过水路运送到目的地港口,从而实现

① 参见江明光主编:《集装箱运输实务》(第2版),北京理工大学出版社2019年版,第2页。

② See A. Micco & N. Pérez, *Maritime Transport Costs and Port Efficiency*, Interamerican Development Bank, Washington, 2001.

③ 参见章轲:《成本平均降低约30%,"十四五"多式联运将获更多政策支持》,载第一财经网2022年1月11日,https://www.yicai.com/news/101285385.html。

了集装箱“门到门”式运输服务。按国际惯例计算联运比例时有这样一种公式：“一次报关+全程门到门”=100%。采用这种多式联运方式，从发货人发出货物到达收货人手中仅需要一次报关和一次船期即可完成整个运输过程。这不仅大大节省了货方、船方的费用，而且大大缩短了货物在途时间，减少货物所占库存损失。

（四）结算速率高，提高资金利用率

传统的贸易方式中，商品需要通过多个中间商进行交易，因此在层层的贸易链条中，商品无法充分体现其真实价值，只能处于中间位置。此外，各个运输公司需要分别承担不同环节的运输，货物需要经过多次转手后才能最终到达客户手中。货物在运输过程中通过国际多式联运能够保持连贯和完整，使商品在流通中始终保持动态。由于单据都是多式联运经营人完成的，而非单个货主或代理人，因此可以避免承运人、托运人或其代理人对单证的不规范和不负责而引起的损失。同时，多式联运能够将不同运输公司的责任和义务联系起来，为客户提供全方位和可靠的服务。例如，“一票通”业务中，不同航运公司承运的货物一旦损坏，通过国际多式联运可以在一张单证上说明各自承担的责任和义务以及费用分摊，提高企业结算速率、加快资金周转期，有利于贸易的长足发展。

（五）发展新型运输模式，促进国际运输的发展

国际多式联运的出现及发展离不开集装箱的技术革命，作为一种新的运输方式，国际多式联运为世界贸易运输提供了新思路，采用此种方法是运输业技术上、制度上的革新，集装箱的优势使整个运输环节高效便捷、成本最优化、风险最小化，也能促进国际运输中标准的统一化，有助于国际运输以及对外贸易的发展。随着社会和技术的发展，物流运输也逐渐在多式联运的基础上发展出新模式，例如上合示范区首班“上合数字化双循环冷链专列”开行[①]使得多式联运有了新的发展，使物流运输模式有了新的突破，促进了国际运输的发展。

四、国际多式联运的局限性

（一）国际范围上国际多式联运的局限性

1. 集装箱技术标准不一阻碍多式联运发展

随着世界经济贸易的迅猛发展，国际标准化组织（ISO）制定的国际集装箱

---

① 参见锡复春：《再添物流运输新模式！上合示范区首班“上合数字化双循环冷链专列”开行》，载网易网2022年7月15日，https://www.163.com/dy/article/HCB5MTFT0550BD8K.html。

通用标准已不符合实际,具有一定的局限性,主要体现在容积与载重有限、与国际标准托盘体系不兼容、不能充分运用铁路运输能力等①。为了适应这种新趋势,欧美等国开始对集装箱进行扩大化改革,但国际通用的集装箱标准并未与时俱进,对跨国间贸易发展有很大的影响。

2. 各国法律和标准不同

各国法律和多式联运技术标准的差异可能会阻碍国际多式联运的发展。在一些国家,可能有特别的规定,例如禁止或限制使用某些运输方式;不同国家和地区的包装标识也可能有不同要求,又如,要求标注进出口贸易的相关信息、危险品标志等。此外,各个国家和地区的运输合同条款也可能存在差异,例如运输责任、赔偿标准、运输保险、仲裁方式等。这些差异需要在国际多式联运中根据当地的法律和规则进行适当调整。

3. 各国国际多式联运发展水平参差不一

集装箱的发展最先由欧美国家开始,因此欧美国家多式联运发展水平较高,比如,迄今为止,美国发展了多种形式的箱驮运输(以集装箱为标准运载单元,包括国际标准箱和53英尺国内标准箱)、驮背运输(主要以53英尺厢式半挂车为运载单元)、滚装运输。最典型也是应用最广泛的是箱驮运输COFC(Container on Flatcar)和驮背运输TOFC(Trailer on Flatcar)两大多式联运体系。而我国虽然在"一带一路"倡议的积极推动下,中欧班列的运行已覆盖了亚欧大陆的主要区域,但相比较发达国家而言,我国的多式联运总量还达不到全世界总货运量之和的3%,与发达国家间仍存在着较大差距。② 其他发展中国家与发达国家的差距只会更大,各国国际多式联运发展的水平不一造成在国际运输中不利于国家间货物的衔接,从而影响全球范围内多式联运的发展。因此发展中国家需要在基础设施建设、信息化水平提升、政策引导等方面加大投入和努力,逐步提高国际多式联运的实施和发展水平。

(二)我国国际多式联运发展的局限性

1. 相关基础配套设施设备不配套

目前我国的集装箱种类单一,配套设施尚未完善。国际多式联运的复合特性并非简单的叠加,因此对于集装箱装卸设备、专用车辆等基础配备有更高的要求。然而,我国在国际多式联运方面的资金投入不足,基础设施配套不足。

---

① 参见李凡:《铁路通用集装箱箱型发展趋势的探讨》,载《铁道货运》2017年第6期。

② 参见郭健:《铁路集装箱多式联运发展路径探讨》,载《大陆桥视野》第2019年12期。

我国的水运内河航道基本处于自然状态，高等级深水航道比重小，目前只有12.3%的五级航道能够通过300吨级以上船舶，大多数内河港口的装卸设备和工艺效率都落后于国际水平。此外，我国的铁路网密度仅为美国的1/3、日本的1/5、俄罗斯的1/3。

与港口衔接的缺乏是制约铁水集装箱联运发展的关键，这使铁水联运间存在较高的公路短驳成本。① 公路总体技术等级偏低，混合交通严重、通行能力较差、抗灾能力薄弱，三级及以下标准的公路达90%，其中等外公路高达20%，而且我国公路网密度也较小。对多式联运的重视程度不高、配套设施的不完善都会影响我国多式联运新模式的发展。

2. 中间环节衔接难，专业管理部门缺失

多式联运是一种新型的运输方式，具有国际性和组合性的特点。它分为外部关系和内部关系两种，前者是指货主和多式联运经营人之间的关系，后者是指国际多式联运经营人与分段运输人之间的关系。由于牵涉多个部门且跨国界，国内对多式联运的管理部门较少、专业性不足，出色的多式联运经营人也很少，各部门之间的协调也需要进一步加强。

3. 货物监管难，没有健全的集装箱管理体系

国际多式联运涉及贸易、运输、信息等多个部门，而我国国际多式联运运输方式起步较晚，还未打破部分行业分割化的现状，甚至存在信息不能及时同步的情况，出现我国多式联运建设资源产生不必要的浪费、各部门间责任分配不明晰的情形，目前我国大量的箱流是通过“海运—公路”的组合进行续运的，除上海、浙江、江苏和京津塘等地区有少量的“海运—公路”联运，其联运单证的签发也是掌握在船公司或其代理人手中，没有形成统一的多式联运经营人网络，联运体系不完善，亟待建立健全统一的集装箱管理体系。

4. 信息化水平低

国际多式联运业务涉及的业务角色比较多，港口、机场、口岸、铁路及物流园区、货运站场等，只有各环节的信息交互共享，承运人才能对客户提供“一站式”服务。然而，我国的信息化水平并不高，区域发展也极不平衡。

在我国大多数地区，目前尚未建立统一的多式联运公共信息服务平台，导

---

① Xu, Q. ,Ho, T. -K. ,Mao, B. -H, “The Development and Current Status of Railway Container Intermodal Transport in China”, *Journal of Transportation Systems Engineering and Information Technology*, Vol. 18:6,2018, p. 194-200.

致多式联运企业的整体信息化水平较低，信息共享渠道不畅。企业获取信息的成本高、时效性差、综合利用率低，从而无法实现运输资源高效合理配置。由于信息不对称，货主往往放弃多式联运而选择单一运输方式。针对此问题，国际多式联运企业需要开发适用于自身业务的信息管理系统，然而这些系统在软硬件架构、数据库、交换接口等方面存在差异，使信息难以共享。为了实现数据交换共享，需要一个专门的数据交换平台，相当于"翻译"不同语言之间的信息，否则各个运输企业就会成为"信息孤岛"。在我国，虽然有现代信息技术，如电子数据交换（EDI）、全球卫星定位系统（GPS）、地理信息系统（GIS）等，但由于经济和技术原因，除了全球卫星定位系统在航运中有一定作用外，其他信息技术运用较少。技术水平的落后也限制了我国国际多式联运的发展。

5.综合物流运输理念淡薄

物流是一个相对比较宽泛和综合的概念，涉及许多行业和部门。就多式联运而言，物流是多式联运发展过程中必不可少的环节之一。从国际多式联运发展过程来看，现代物流理念普及不足是一个非常突出的问题。我国传统企业受历史原因的影响，其对现代物流理念了解较少，缺乏现代物流理念是我国多式联运发展较慢的重要原因之一。虽然国际多式联运作为一种新型运输方式，对贸易往来双方都是极为有利的，但长期的计划经济形成了重运费、重计划的观念，与市场经济相适应的市场观念、竞争观念、效益观念尚未真正确立，制约着自身的发展。某些发展多式联运的单位仍采用旧的经营模式，经营不灵活，只采用坐等客户的被动式经营，未能主动出击、争夺市场占有份额，缺乏市场营销观念与措施。货主囿于传统运输方式，对新型运输方式接受程度低，理念影响实践，现代物流理念的普及化程度还有待提升。

6.国际多式联运发展缺乏统一的法律法规

我国以前实行不同部门分别立法、多头监管模式，给各种交通运输方式及当事人提供了法律上的差别，造成我国不同部门对不同运输方式、不同当事人权利义务的规定不统一。同时由于缺少统一的生效的国际多式联运规则，出现了一些实际问题。例如，多式联运中货权问题一直没有明确；各种运输方式之间互相配合、协调有难度；铁路、水路和公路之间关系不够协调；各种交通运输方式所收取费用不尽相同；国际多式联运各方相互协作、协调有困难；等等。亟待一个统一有效的规则进行完善规定。

第二节　法律渊源

一、国际公约及规则

(一)《联合国国际货物多式联运公约》

《联合国国际货物多式联运公约》于1980年5月24日在日内瓦举行的联合国国际联运会议第二次会议上通过。《联合国国际货物多式联运公约》主要规定多式联运合同双方当事人的法律地位、多式联运合同和多式联运单据、联运人与发货人的赔偿责任以及索赔与诉讼的规定,系统总结了在国际多式联运长期实践中的丰富法律经验,并对实践中的法律争端难题作出规定。虽然该公约至今仍未生效,但《联合国国际货物多式联运公约》的思想和一些制度规定已经体现在一些国家和区域的立法实践中,发挥着示范法的作用。《联合国国际货物多式联运公约》是世界上第一个有关国际多式联运法律问题的国际统一法律文件,它对各国在这一领域内应承担的责任作出了规定,这为各国立法提供了依据,同时也使国际多式联运的法律适用问题得以解决。它在联合国框架内建立了国际多式联运协调机制,从而有利于推动这一领域内货物运输及相关服务活动。

《联合国国际货物多式联运公约》对我国具有一定程度的影响。例如,我国关于在多式联运中发生货损的法律适用问题,《民法典》第842条及《海商法》第105条规定货物若损害在国际多式联运某个区域,赔偿责任和责任限额适用该区域的法律制度。而《联合国国际货物多式联运公约》中也有类似的规定。这表明国内法有关多式联运法治建设,可参考《联合国国际货物多式联运公约》进行制定。在未来对世界推进国际多式联运法律制度统一与完善也有借鉴意义。

(二)《1991年联合国贸易和发展会议/国际商会多式联运单证规则》

《1991年联合国贸易和发展会议/国际商会多式联运单证规则》(以下简称《UNCTAD/ICC多式联运单证规则》)是由联合国贸易与发展会议及国际商会起草,于1992年1月1日生效,该规则取代了国际商会于1975年制定的《ICC联合运输单据统一规则》。《UNCTAD/ICC多式联运单证规则》属于国际示范性规则,不具有强制性,国际多式联运的当事人可以自主选择是否适用该单证规则。

《UNCTAD/ICC多式联运单证规则》主要规定国际多式联运轨道中单证的作用，在发生争议时，多式联运单证可以作为重要的证据，同时还对多式联运经营人的责任期间、赔偿责任、责任限制，以及索赔时限进行了系统性的规定。在当前国际社会尚未统一有关多式联运公约的情况下，《UNCTAD/ICC多式联运单证规则》为多式联运经营人与货主之间签订的多式联运合同提供了一套平衡利益且统一的规则，方便了当事人解决在国际多式联运运输中产生的争端，也一定程度上促进了国际多式联运的发展。

（三）《统一提单的若干法律规则的国际公约》

《统一提单的若干法律规则的国际公约》（以下简称《海牙规则》）于1924年8月25日在比利时首都布鲁塞尔签订，1931年6月2日起生效，是为统一世界各国关于提单的不同法律规定，并确定承运人与托运人在海上货物运输中的权利和义务而制定的国际协议。《海牙规则》是海上运输中重要的国际公约，至今世界上有50多个国家都已承认了它，而我国虽然未加入《海牙规则》，但我国《海商法》中一些规定参考了《海牙规则》的规定，其具有一定的示范性作用。《海牙规则》具有鲜明的特点，具体在多式联运中体现在对多式联运经营人的责任承担规定方面，《海牙规则》对多式联运经营人的责任规定是最低限度的，包括两项强制性义务分别是适航和管货义务。责任为不完全的过程责任制，可以看出，《海牙规则》对于承运人的免责太多，这样对托运人是不公平的，所以，后来的《修改统一提单若干法律规定的国际公约议定书》（以下简称《维斯比规则》）对《海牙规则》进行了一些修改和补充。这些修改和补充包括加大了承运人的赔偿限额，从原来的每件或每单位不超过100英镑，变更为每件或每单位1万金法郎或每公斤30金法郎，二者以高者计算等，但是这并没有从根本上改变托运人不利的处境，随着近年来国际贸易、政治环境以及科技的发展，《海牙规则》的某些规则已经不适应时代的发展，多数国家都要求修改文本，但《海牙规则》对国际多式联运海上运输的部分进行的法律规制仍具有一定的影响力。

（四）《鹿特丹规则》

2008年12月11日，联合国第63届大会第67次会议审议通过了联合国国际贸易法委员会（UNCITRAL）提交的《联合国全程或部分海上国际货物运输合同公约》，并定于2009年9月23日在荷兰鹿特丹对各国开放签署，将该公约所体现的规则称为《鹿特丹规则》。

《鹿特丹规则》产生的背景就是:货物运输集装箱化,尤其是多式联运的发展。[①] 它使得海运的责任阶段延伸到国际多式联运中来,扩大了承运人的责任制度,科学总结国际海上货物运输中的公约和规则,是当今国际海上货物运输规则的集大成者。在内容上,《鹿特丹规则》规定承运人的责任为完全过错责任,废除了承运人"航海过失"以及"过失免责",还要求承运人谨慎处理适航的义务应扩大到整个航行期间,扩大了承运人的赔偿责任限制。《鹿特丹规则》与之前的公约规则相比在运输方面的规定具有较大创新性,具体体现在该规则不偏袒任何一方,具有利益平衡的功能,该规则顺应了时代的发展,对多式联运的规定都符合时代的发展,比如对电子批量合同的规定就顺应了电子化时代的发展。但《鹿特丹规则》并不是完美的,《鹿特丹规则》由于其完善性,规则较多、条款复杂,使国家对《鹿特丹规则》的接受程度更低,可操作性还需实践检验,但在未来多式联运的发展下不断完善改进定能成为最完善的货运公约。

二、上合组织成员国宣言

上合组织是由哈萨克斯坦共和国、中华人民共和国、吉尔吉斯共和国、俄罗斯联邦、塔吉克斯坦共和国、乌兹别克斯坦共和国于 2001 年 6 月 15 日在中国上海宣布成立的永久性政府间国际组织。迄今为止,上合组织共计 23 个宣言,其中《撒马尔罕宣言》《杜尚别宣言》《莫斯科宣言》《比什凯克宣言》以及《青岛宣言》等都对国际多式联运进行了较为重视的规定。成员国在宣言中强调上合组织成员国在交通运输领域的合作应当继续深化,改造完善成员国之间国际公路与铁路路线,建设国际多式联运新走廊以及物流、贸易、旅游中心,运用科技与数学手段促进国际多式联运数字化的发展,学习先进的国际经验促进国际多式联运通关便利化,共同实施旨在有效利用成员国过境运输潜力的其他基础设施合作项目。

已通过的历次元首联合宣言和政府总理联合声明中,2003 年的《上海合作组织成员国多边经贸合作纲要》及其实施措施计划、2014 年的《上海合作组织成员国政府间国际道路运输便利化协定》、2019 年的《上合组织成员国铁路合作构想》和《上海合作组织成员国至 2035 年多边经贸合作纲要》等文件,均强调发展交通合作、提升运输基础设施、改善运输走廊、建设多式联运物流中心、促

---

① 参见王威:《国际航运发展之〈鹿特丹规则〉中海运履约方法律制度研究》,法律出版社 2013 年版,第 140 页。

进数字技术和智能系统应用、推动上合组织空间内的经济可持续增长。《上海合作组织成员国政府间国际道路运输便利化协定》旨在打通与周边国家的运输通道，减少跨境运输壁垒，降低运输成本，提高运输效率和服务水平。作为《国际公路运输公约》的有益补充及其在欧亚地区的具体落实措施，该协定简化和统一了成员国有关国际公路运输的文件、程序和要求，为国际公路运输创造更多便利条件。随着该协定的逐步落实，成员国的公路、桥梁、隧道及其配套设施等交通基础状况将得到改善，从而进一步刺激经济增长，增加就业机会。[①]

三、国内法

目前我国没有统一的专门规定国际多式联运的法律法规，关于多式联运的内容多见于《民法典》的合同编以及《海商法》中，条文数量较少，规定内容较为原则性、宽泛性，不利于国际多式联运的实践适用，具有一定的局限性。

我国《民法典》对于多式联运的规定主要体现在合同编的运输合同当中，具体为关于运输中的合同事宜。在合同编的第十九章第四节中用 5 条（第 838 条至第 842 条）对多式联运经营人以及托运人在多式联运运输中应该承担的权利义务、货物毁损、灭失各方应承担的责任进行了规定。我国《海商法》在第八节同样用 5 条（第 102 条至第 106 条）对多式联运进行了特别规定，主要内容为规定多式联运经营人履行责任期间以及货物毁损灭失时赔偿责任的认定规则。

从我国《民法典》以及《海商法》对多式联运规定的条文上来看，条文数量较少，内容较为单一且内容较为简单，且多为原则性的规定，在多式联运实践中操作难度较大，而《海商法》对于多式联运的交通运输进一步作了限制，即多式联运中必须有一段是海运且不适用于中国港口之间的海商货物运输，更加局限了法条所能调整的范围。

国务院办公厅在 2021 年 12 月 25 日印发《推进多式联运发展优化调整运输结构工作方案（2021—2025 年）》，提出促进我国多式联运的一系列指导方针以及措施，是较为详细的多式联运促进规则。

由我国国内对多式联运立法的规定可以看出，我国多式联运法律体系并不完善，对新时代下国际多式联运发展的立法还有待提升，比如在网络责任制和统一责任制之间的平衡的规定，多式联运经营人的责任基础是采用过错、推动过错还是严格责任制，以及在学习借鉴国际公约时有些制度是否可以采纳，是

① 参见张宁：《上海合作组织交通合作》，载《欧亚经济》2021 年第 1 期。

否符合国情需要进行立法研究。但随着我国“一带一路”倡议下区域合作的加深，国际多式联运必然需要统一的法律法规进行规制，以满足多式联运实践的需要。

第三节　上合示范区多式联运制度创新的举措

2018年6月10日，习近平主席在上海合作组织成员国元首理事会第十八次会议上宣布，“中国政府支持在青岛建设中国—上海合作组织地方经贸合作示范区”。上合示范区成立以来，紧紧围绕中央全面深化改革委员会关于“把上合示范区建成与上合组织国家相关地方间双向投资贸易制度创新的试验区”和省委关于“着力推动制度创新政策创新”的要求，以改革创新为核心驱动力，加快打造“一带一路”国际合作新平台的创新成果。在多式联运制度创新方面，上合示范区采用一系列新举措，在畅通国际多式联运新通道、增强多式联运功能建设以及促进国际多式联运数字信息化领域作出创造性改革，促成上合示范区国际多式联运中心的建设。

一、畅通国际多式联运大通道

（一）完善多式联运集疏运体系

要建立多式联运中心，首先在运输线路上得形成聚集效应，上合示范区首先推进铁路港站、机场、高速公路、国际多式联运通道等设施建设，加快开通国际班列等线路，目前，国际铁路港累计开通中欧班列线路6条，其中“一路向西”2条；开通中欧班列（青岛）线路6条，其中“一路向东”1条；开通中亚班列1条；开通韩中班列1条。国际班列共有20条，并不断扩大线路，国际线路的增加，使得国际多式联运通道基本形成，互联互通水平显著提升，“上合之路”国际班列运行效率达到国际先进水平。

（二）加强多式联运枢纽建设

枢纽在国际多式联运中起着重要的作用，枢纽的建设对国际多式联运中心建设起着基础性的作用，上合示范区推动胶州国际机场三期扩建项目、青岛西海岸国际机场改扩建工程、济青高铁、胶州湾第二海底隧道等重大项目建设，促进多种运输方式间的衔接转换，实现各种运输方式无缝衔接。

二、简化货物通关程序

简化货物通关程序将对多式联运的起抵和换装耗时产生影响,进而影响国内多式联运的发展。为提高国际多式联运通关效率,上合示范区致力于机构专业化和数字信息化,以实现多式联运班列通关更为便捷。

为了简化通关流程,上合示范区对国际集装箱运输货物进行分类监管,根据运输方式、运输工具和货物属性分别制定监管作业流程。货主需要按要求提前申报进出口货物报关单,并随附单证清单和随附单证的正本。海关审核无误后,符合规定的集装箱运输车辆将实施“两步申报”通关模式。第一步是对需查验的集装箱运输车辆进行预查验,以检查集装箱内部是否存在影响货物正常申报和运输安全的可疑情况。第二步是对符合条件的集装箱运输车辆实施现场提(拆)箱作业。一旦查验工作完成,集装箱将在规定时限内从公路运至查验中心进行后续通关作业。

在缴纳税款程序方面,上合示范区创新性开通“上合银关通”关税保函业务[①],在“上合银关通”业务模式下,企业提出申请后,由银行向海关出具缴纳海关关税的担保文书,提供关税保函服务,企业便可以即时通关放行。企业于次月第5个工作日结束前完成上月应缴税款汇总的电子支付即可。整个过程中,企业无须提供保证金、承担担保费及保函开立手续费,即可实现零担保成本通关,使企业最快能够2分钟达到通关。

在通关数据化建设上,上合示范区搭建快速通关系统,提高通关效率。改变以往通关模式下,边境口岸海关需对出境班列进行“转关单”人工逐单核验。快速通关模式实施以后,铁路和海关通过快速通关系统实现实时数据交互,出境班列始发地只需上传班列相关数据,口岸海关就能通过数据对接掌握班列情况,并进行自动放行,大大提高进出口班列通关效率。

三、优化海关监管模式

在国际多式联运中,5个因素受到海关监管通关的直接影响,分别为货源多样性、贸易安全、起抵耗时、换装耗时和合规成本。这5个因素共同体现了海关

---

① 参见柴洪奎:《上合示范区首票“上合银关通”关税保函业务落地》,载青岛海关官网2021年11月4日,http://www.customs.gov.cn/qingdao_customs/406496/406497/3982434/index.html。

监管通关对多式联运班列的作用机制。[①] 上合示范区为了简化海关监管流程，优化海关监管体系作出以下创新举措。

（一）启用上合示范区海关监管场所

为了简化海关监管流程，优化海关监管体系，上合示范区于 2021 年 11 月 25 日启用了上合示范区海关监管场所，并通过建立智能管理系统实现了监管场所与空港、海港和铁路中心站点的互联互通，以提高场所“一站式”、全流程服务功能，降低企业的物流成本，并提高企业的综合效益和竞争力。上合示范区海关监管作业场所是上合示范区核心区唯一的海关监管作业场所[②]，海空铁区位优势明显，可“一站式”办理铁路运输、船舶配仓、货物集港、报关报检、码头、铁路结费等全部海铁联运业务。在管理体系上，上合示范区通过搭建智能管理系统实现了海关监管作业场所与空港、海港和铁路中心站点的互联互通，提升场所“一站式”、全流程服务功能，降低企业经营物流成本，提高企业综合效益和竞争力。海关监管作业场所对上合示范区推动跨境电商、推动上合组织国家经贸合作起到至关重要的作用，不仅有效降低了企业物流成本，更进一步提升了通关贸易便利化水平，真正实现通关速度“快起来”、物流成本“降下来”。

（二）上合示范区探索推进航空物流监管新模式

“前置货仓”是在机场货运区外设置的具备集货、分拨、查验等功能的航空货物海关监管仓库。[③] 通过依托上合示范区海关监管场所，上合示范区积极探索航空物流监管新模式，建立机场物流“前置货仓”，实现海关查验环节前置，装载车直接接驳货运航班，从而打通上合示范区与空港“最后一公里”，实现上合示范区核心区与空港口岸的无缝衔接。这一举措不仅能够节省通关物流时间和降低物流运输成本，也能促进上合示范区新业态聚集，如跨境电商等。

（三）优化海关特殊监管区域功能

为了加快综合保税区的建设，青岛海关按照《山东省青岛保税区管理条例》和《青岛海关对进出青岛保税区货物、物品和运输工具的监管实施细则》两项制

① 参见郭永泉：《中欧班列海关监管通关的理论分析和实践创新》，载《海关与经贸研究》2022 年第 5 期。

② 参见李红梅：《与海空铁互联互通！上合示范区海关监管作业场所启用》，载半岛网 2021 年 11 月 25 日，http://finance.bandao.cn/a/571787.html。

③ 参见张昌威：《上合示范区探索推进航空物流监管新模式　首单“前置货仓”跨境空运业务完成》，载半岛网 2022 年 4 月 22 日，http://news.bandao.cn/a/611209.html。

度，开展了特殊监管区域建设工作，并在上合示范区设置海关监管区域。同时，采用“一区多园”管理模式，青岛西海岸新区保税物流中心（B型）已通过国家验收，并在上合示范区实施“一线放开、二线安全高效管住”的监管模式。

四、信息一体化建设

中央网络安全和信息化委员会印发《“十四五”国家信息化规划》提出加快数字化发展、建设数字中国，是顺应新发展阶段形势变化、抢抓信息革命机遇、构筑国家竞争新优势、加快建成社会主义现代化强国的内在要求，其对我国“十四五”时期信息化发展作出部署安排。《“十四五”国家信息化规划》是“十四五”国家规划体系的重要组成部分，是指导各地区、各部门信息化工作的行动指南。

上合示范区积极响应国家政策，加快在多式联运领域进行信息化平台一体建设。青岛市委、市政府印发《关于全域联动推进上合示范区建设的意见》，提出要把握《区域全面经济伙伴关系协定》和中欧投资协定机遇，加快建设上合多式联运中心，优化提升多式联运综合服务平台功能。要求依托青岛全域范围、全市资源深化与上合组织国家地方经贸合作，高标准建设好上合示范区。[①] 上合示范区整合各方资源，包括海关、交通运输、银行和企业等，共同研究推进多式联运单证标准化和电子化，建立信息共享平台，构建数据交换通道和信息安全保障机制。同时，推动以物流信息平台为基础的多式联运协同运作模式创新，加快国际多式联运单证统一标准的制定和实施，推进多式联运单证标准化研究。为了提高运输和通关的便捷性和安全性，上合示范区和中国国际货运代理协会合作，基于中国国际货运代理协会提单系统，开展多式联运“一单制”试点，探索信用融资新模式。该模式明确了适用性、签发、交付、多式联运经营人与实际承运人的权责划分和索赔方式等要素，把货物交易变成单证交易，实现贸易单据处理的“一窗受理”。实施新规则后，单据流转时间缩短了30%，省去了过去使用陆运、海运分段委托的麻烦。这意味着货物运输变得更加高效，实现了“一人到底、一单到底、一箱到底、一签到底、一检到底”的目标。同时，为了提高口岸通关效率，上合示范区还构建了多式联运信息共享平台，推动数据信息互联互通。同时建立了上合示范区多式联运物流企业信用评价体系，采取了

---

① 参见锡复春：《集全市之力！青岛顶格发文：全市“一盘棋”，高标准建设上合示范区》，载观海新闻网2022年7月22日，https://www.guanhai.com.cn/p/199659.html。

强有力的企业信用管理、信用分级分类监管、第三方联合惩戒等监管措施和手段，有效提升多式联运服务质量。

一系列创新措施使班列质量效益持续上升。班列的重箱率可达 100%，可通达上合组织 6 个国家的 8 个友城[①]，逐步建立起陆海联动的友城网络体系。班列带动海铁、公铁、空铁等多式联运加快发展，以铁路为支撑的综合交通网络加速形成，海外办事处建设不断拓展，已布局中亚、西欧、东欧、日韩和俄罗斯等地，为促进国内与上合组织国家及"一带一路"共建国家的贸易增长注入强劲动力。

第四节　上合示范区多式联运开放发展与合作的未来趋势

上合示范区以改革为主要推动力，实施多项创新制度以促进国际多式联运的发展。它在制度创新方面增加了更多的制度，简化了审批流程。它的目标是提高多式联运线路数量、货物质量，加强海关监管，推动通关便利化、系统数字信息化以及单证规则的重建，以便实现我国与上合组织国家贸易发展在运输领域的飞跃。在未来，随着"一带一路"倡议的发展和上合组织国家的密切合作，上合示范区将在多式联运领域继续进行改革创新，主要体现在以下几个方面。

一、加强国际多式联运相关配套设施建设

根据经验，竞争的激烈增加和私营部门的参与往往会鼓励对基础设施的投资和新技术的引进。公共部门在投资国家电信系统或进入港口等公共基础设施方面发挥着重要作用。[②] 政府需要采取主动措施来投资这一领域，而公共部门也要发挥新的监管作用。上合示范区目前最大的短板是交通，只有跨海大桥连接青岛市区，连接黄岛和高新区的 12 号地铁也没有纳入青岛地铁三期规划，上合示范区与青岛的东、西、北岸的交通并不方便，成为悬在海外的孤岛。因

---

① 参见张昌威：《再创新高！上合示范区今年开行中欧班列（齐鲁号）突破 400 列》，载百度网 2022 年 6 月 18 日，https://t. ynet. cn/baijia/32936188. html。

② A. Estache & G. de Rus eds., *Privatization and Regulation of Transport Infrastructure*, World Bank, 2000, (Mar. 25, 2024), http://publications. worldbank. org/ecommerce/catalog/product? item_id = 213333.

此，政府需要积极采取措施改善上合示范区的交通运输问题。

（一）国际铁路和海铁联运通道建设

有些地方政府过于热衷于发展物流园区，将国际多式联运视为物流园区发展的一种形式。他们认为只要在当地建立起多式联运网络，就可以实现物流园区的功能。这样的做法是本末倒置的。港口建设需要相应的港口设施；集装箱场站需要配套的集装箱堆场和通关查验设备；物流企业需要仓储、装卸、搬运等设备；金融机构需要提供相关金融服务，所有这些都需要相应的基础设施支持。国际多式联运主要依赖信息交流和资金结算两大基础设施，这就需要政府相关部门制定相应措施，加强基础设施建设。例如，在国际铁路多式联运中，各运输方式所需的铁路货运车辆数量和载重量等参数都是根据各运输方式所承担的运量确定的。因此，加快基础设施建设是实现国际多式联运发展的必要条件。政府相关部门需要进一步优化物流营商环境，并加强国际多式联运基础设施建设。

目前，我国对外货物运输主要采用铁路运输方式，在沿海和内陆港口城市形成了"一条干线、两个通道"的国际铁路与海铁联运通道。以青岛港为例，青岛港是全国重要的国际门户枢纽和东北亚国际航运中心，与世界110多个国家和地区的600多个港口有贸易往来，2022年货物吞吐量超过6亿吨。[①] 尽管青岛港具备发展海运集装箱业务的自然优势，但在国家铁路和海铁联运通道方面并不占优势。此外，青岛港也面临缺乏海铁联运基础设施配套建设所需的铁路集装箱业务发展等问题。目前，青岛地区正在计划建设上合示范区国际铁路多式联运项目，以加强与铁路部门的合作，尽快解决建设过程中出现的相关问题。

目前，我国正在推进一系列国际铁路和海铁联运通道项目建设。其中，由铁道部和青岛市合作建设的"青岛—中亚""青岛—日韩""青岛—中欧"等国际铁路班列项目，形成了以青岛港为枢纽港，以日照港、连云港为亚欧大陆桥东桥头堡、西桥头堡的国际铁路运输网络。这些项目不仅建设周期短，而且具有较高的运输效率。

（二）航空运输设施建设

目前，上合示范区已有10条国际（地区）航线开通，主要覆盖俄罗斯、韩国、日本和印度等国家和地区。该示范区是以交通运输为主导发展的，因此在经济

① 参见解传姣：《青岛港发布2022年年报　吞吐量、业绩均实现两位数增长》，载中国日报网，https://sd.chinadaily.com.cn/a/202304/01/WS64283478a3102ada8b23661d.html。

建设中高度重视交通设施建设。青岛胶东国际机场的开航使上合示范区的多式联运物流枢纽功能得以再升级,实现了海陆空铁“四式联运”的有效衔接。

未来,国家发展和改革委员会、交通运输部等部委将主导推动上合空港与海港、铁路、公路运输的畅通联运,促进多式联运信息的共享开放,试点多式联运标准化,并制定适用于上合组织国家的多式联运标准,加强多式联运路线的运营,提高跨境物流运营能力和服务水平。

(三)物流园区及冷链设施建设

上合示范区物流园区规划总用地面积约19万平方米,建设用地约17万平方米。建设规划重点发展保税物流、保税加工、国际贸易等业态。上合示范区国际冷链物流基地包括上合国际冷链物流中心、中欧国际食品交易中心和智慧冷链供应链综合服务平台3个功能区,重点发展低温加工、冷链港、智慧冷链等业态。

智慧冷链是以冷链物流信息系统为核心,集智能化管理系统、多功能温度控制系统、自动化立体库系统为一体的数字冷链。在未来项目建成后可实现全程自动化温控管理,具有追溯功能,可为客户提供全程监控追溯和全产业链信息服务。青岛上合示范区国际食品智慧园区是全省首个以食品产业为主导的现代服务业产业园区。主要规划了大宗食品交易展示区、特色食品展销区、商贸配套区、商务办公区四大功能区,重点发展生鲜农产品、特色食品等交易展示服务以及仓储配送、展示展销等功能,着力打造为食品及农产品的集中展示平台和面向境内外的区域性贸易中心。作为青岛市首批食品饮料产业链的链主企业,益海嘉里(青岛)食品工业园将充分发挥粮油产业化龙头企业示范带动作用,依托集团在资金、技术、品牌、市场等方面的扩散效应,打造从研发创新到产品销售的全产业链条。同时,坚持开放共享,以工业互联网思维为传统食品加工产业赋能,集聚上下游企业,构建世界级粮油食品智慧园区。同时,借势青岛市打造“一带一路”国际合作新平台的战略机遇,以“上合国际食品创新中心”为载体,引领产业链相关产业做优做强,进而带动产业升级,推动产业结构调整,提高区域食品产业发展能级。①

上合示范区智慧冷链供应链综合服务平台是由一批骨干企业联合成立的现代服务业平台。平台依托上合示范区大通关服务中心,通过与海关、边检、海

---

① 参见锡复春:《青岛这一项目要打造世界级的上合国际食品创新中心》,载观海新闻网2023年3月28日,https://www.guanhai.com.cn/p/245546.html。

事、民航等部门及商检、检验检疫机构的密切合作，将实现各部门信息资源的共享，建立完善的通关和检验检疫一体化流程，提高通关效率。平台还将在上合示范区建设保税加工和保税物流中心（B型），提供先进的物流技术和设备设施，通过保税加工业务，在全国率先实施以"先入区、后报关"为核心的加工贸易业务模式，推动外贸发展方式转变。平台将通过引入国际一流的保税物流服务、供应链金融、检验检测认证及现代物流信息等专业服务企业，集聚产业资源和高端要素，打造以"保税物流"为核心的综合服务体系。

二、继续优化海关建设成果

在运输和国际物流方面，腐败、盗窃和交通事故不仅直接增加成本，还会削弱出口产品的竞争力。特别是在货物从一个节点转移到另一个节点的过程中，安全风险非常高。因此，不确定性和法律制度的薄弱是多式联运的一个特殊障碍，这些义务对于必须提供更详细和及时信息的人来说，意味着额外的风险。托运人必须向承运人保证提供的货物信息的准确性，并且承运人可以使用这些信息而不会遭受处罚或延误的风险。这些义务还意味着额外的费用，因为他们需要筛选设备和人员。因此，海关在上合示范区的发展中扮演着至关重要的角色，建立上合示范区多式联运中心需要在该地区建立一个高效、便利的海关制度体系。

2022年8月3日，胶州市人民政府、上合示范区管委会、青岛胶东临空经济示范区管委会分别与青岛胶东机场海关、胶州海关、国家税务总局胶州市税务局签订战略合作协议。① 根据协议，青岛胶东机场海关将进一步加强空港综合保税区建设，支持空港口岸、空港综合保税区、上合示范区保税监管场所之间物流渠道畅通。有效发挥胶东机场一类航空口岸功能，开通鲜活农副产品快速通关"绿色通道"，助力上合国家农副产品双向流动。支持临空产业垂直崛起，助力引进飞机融资租赁、航空维修、转口贸易等适用于临空区发展的创新业态。

目前，中国海关已取得了国际组织和国外海关的认可，正在向国际标准看齐。在未来，将会签订更多的海关合作协议，助推海关制度高质量发展，上合示范区在未来将会继续优化海关制度，不断完善更新，逐步推进改革试点成功制度体系扩展到国内地方。

---

① 参见大众日报：《支持上合示范区高质量发展，海关、税务出实招》，载百度网2022年8月3日，https://baijiahao.baidu.com/s?id=1740069745719933205&wfr=spider&for=pc。

三、完善海关数字化建设

传统的物流通道通常由相关的企业和单位具体运作，海关、商检等部门只对货物的通关行为进行监管。但在多式联运中，货物是通过铁路、公路或航空运输抵达目的地的，这时就需要海关等部门来对货物进行监管。因此，上合示范区需要在这方面加大工作力度，进一步简化海关通关流程、完善海关数字化建设，比如要实现口岸部门信息共享、工作联动等。例如，"前港后厂"模式是一个好的例子：在企业不需要投入额外的资金来建设物流场站的情况下，可以从内陆地区运出货物到港区，再通过铁路运输到国外或港口进行产品组装然后出口到国外。在这个过程中，海关等部门可以对货物的报关、通关和检验检疫等行为进行监管，并依据国家相关法律法规对货物进行监管。

除此之外，为了实现多式联运的高效有序运作，上合示范区还需要大力发展智慧物流。目前，许多物流企业正致力于提升其信息化水平，例如物流行业网络建设"四纵四横"和国际多式联运"单一窗口"。对于上合示范区而言，还需要提高信息服务和信息处理能力，加速数字化和信息化的发展步伐，整合各个相关部门的信息资源，形成统一的平台以促进信息整合和共享，从而在一定程度上减轻相关企业在信息收集和处理方面的压力。通过发展多式联运，推动上合示范区相关产业和项目的聚集。

四、构建新时代运输体系规则

虽然现在大部分国际贸易都是"门到门"进行的，一般根据一个合同，双方承担合同责任，但目前管理多式联运的法律框架未能适当地跟上多式联运实践的发展。没有国际统一制度来规范多式联运造成的损害或延误的责任。相反，目前管理多式联运的法律框架包括一系列复杂的国际公约、规范单式联运的规则、不同的区域协定、国家法律和标准条款合同。因此，实践中适用的责任规则和承运人承担的责任程度因情况而差异很大，是不可预测的。多年来，人们曾多次尝试起草一套统一的规范多式联运的规则，多式联运产生于国际多式联运，但这些都没有带来国际化一致性。1980 年，《联合国国际货物多式联运公约》通过了，但没有达到必要数量的批准，因此尚未生效。在 20 世纪 90 年代初，《UNCTAD/ICC 多式联运单证规则》规定了一套标准的合同条款并准备纳入商业合同。但是，由于这些规则在合同性质上是规定，根据定义，它们受任何适用的强制性法律的约束，因此不是实现国际统一的有效手段。本质上，它们根据定义受任何适用的强制性法律约束，因此不具有效力。

由于缺乏国际上对多式联运的统一规定，各个国家、区域的法律和法规反而激增，例如安第斯共同体、拉丁美洲一体化协会（ALADI）、南方共同市场和东盟制定的法律和法规。虽然这些法律和条例往往基于《联合国国际货物多式联运公约》和《UNCTAP/ICC多式联运单证规则》，但不同规则在关键问题上的重大差异在国际上造成了进一步"不统一"的趋势。一个支离破碎和复杂的法律框架造成了不确定性，进而增加了交易成本，因为它导致了法律和证据调查、昂贵的诉讼和不断增加的保险成本。

为了充分发挥上合示范区多式联运中心的作用，在未来，上合示范区将依托"中国—上海合作组织地方经贸合作综合服务平台""RCEP海关监管服务创新试验基地（上合）"等五大平台，与多式联运线路国家、区域签订统一的多式联运规则，加快推动上合组织成员国国际运输规则研究，结合中欧班列（青岛）、"一带一路"陆海联运通道建设，开展国际货物多式联运、海铁联运、区域及全球集装箱多式联运等运输规则研究，探索开展国际多式联运立法研究，在更高水平上参与国际运输规则制定，促进共建"一带一路"高质量发展。

加快构建新时代多式联运标准体系也是法律构建的重要一环。在未来，上合示范区将推动构建适应上合示范区多式联运中心建设要求的多式联运标准体系，完善与多式联运相关的技术、业务和管理标准规范体系，形成与国际接轨的多式联运标准体系。重点围绕多式联运经营人、集装箱、口岸作业工具、装备、场站设施等运输要素，制定相关国际规则和行业标准。支持有条件的地方交通运输企业积极参与国家标准化工作，支持具有相应资质能力的企业参与制定国家、行业标准化组织技术委员会等工作。

上合示范区在未来的改革趋势需要做好"三个结合"：第一，坚持开放和创新相结合，加强上合示范区建设必须以开放和创新为中心任务；第二，坚持货物贸易与服务贸易相结合；第三，坚持统筹推进和重点突破相结合。

为了推动上合示范区建设并提升其国际影响力，需要进一步加强"一带一路"共建国家与上合组织国家的经贸合作。目前已有多份有关共建国家之间经贸合作的报告，但除了理论分析，上合示范区还需从实践中探索新途径、新方法，取得实质性成果。因此，需要加强示范区与"一带一路"共建国家的合作，促进上合组织国家和"一带一路"共建国家之间的经贸合作，实现共同发展。

第四章　易货贸易在上合组织成员国间的推进

第一节　概　　述

在硬通货尚未产生的时代，以物换物是易货贸易的最初形态，当时的人们通过这种简单的交换满足了生产生活需要。随着货币的出现，货币贸易的便捷使易货贸易这一贸易形式逐渐淡出了人们的视野，易货贸易甚至一度被视为“一种落后的交易形式”。但实践证明，易货贸易也有着货币贸易所不具备的优势，尤其是在国际贸易当中，易货贸易在20世纪中后期一度成为不发达国家谋求经济复苏的重要手段。

新冠疫情暴发以来，全球各地区经济都受到了不同程度的影响，国际经贸环境也日渐复杂，面对当今世界百年未有之大变局，解决我国市场主体所存在的产能过剩、企业融资困难、市场需求下降等问题，易货贸易的新发展路径为这一困境提供了突破口。当今的信息网络技术大幅度地消除了易货贸易的局限性，通过区块链、数字化等信息技术手段，可以有效地实现贸易环节从供货到销售各个方面的信息交互，从而实现资源的高效配对。上合组织成员国的经济发展正面临共同的问题，在上合组织内部推广易货贸易，将对区域经济发展产生重要意义。

一、易货贸易的概念及发展

（一）易货贸易的概念

易货贸易是指无须货币参与所进行的商品交换乃至商

品与服务交换的贸易形式。古时候的易货交易只是最直接的物物交换，此时要达成这笔交易，需要有一个理想的情景出现，即交易的两个人所提供的物恰好是对方需要的，并且在对物的价值认可上达成一致，随后进行交换。此时没有可以统一衡量物的价值的硬通货出现，所以物物交换是当时唯一的一种交易方式，因而也是最原始的一种交易方式。

（二）易货贸易的复兴

经济体系经过几千年的演变，贸易体制也在不断更新发展，随着货币的出现，易货贸易进入了将近3000年的沉寂期①。直到20世纪80年代，据美国商业部统计，当时国际上易货贸易几乎达到了国际贸易额的1/4②。易货贸易这一如此陈旧的交易方式，在快速发展的市场中仍能占据一席之地，看起来似乎“不合常理”。

事实上，在当时由于世界经济状况的恶化，许多国家陷入了严重的财政赤字。首先要面对的问题就是硬通货储备不足，其原因在于急于进行工业化的国家大量进口西方国家的物资，但自身的出口能力却难以填补进口产生的支出，导致外汇的大量流失。如墨西哥、巴西等国家，只能通过贷款来缓解经济压力。在这种情况下，谋求工业增长的国家开始利用易货贸易维持进出口贸易。而对于西方国家而言，某些国家虽然拥有足够的外汇储备，但易货贸易不失为一种隐藏外汇储备的方法。同时，由于发展中国家开始要求卖方接受以易货贸易的形式进行交易，倒逼西方国家不得不开始考虑接受易货贸易以求在发展中国家群体这一庞大的市场当中占据优势地位。

（三）现代易货贸易

随着现代互联网信息技术的发展，电子贸易的出现让易货贸易借助科技焕发新的活力。传统的易货贸易是一种一对一的物物交换，这种方式存在着信息交流在时间以及空间上难以克服的障碍，以致成交效率非常低下。而互联网的存在很大程度上消除了易货贸易本身存在的缺陷因素，通过互联网的信息匹配，参与易货贸易的商家们可以将自己的货物信息投递到相关平台上，随后根据自己的需求寻找目标货物。易货贸易借此实现了由一对一到多对多的转化，既极大地扩展了易货贸易的适用空间，也飞跃式地提高了贸易效率。

---

① 参见孟祥铭、汤倩慧：《我国现代易货贸易电子商务发展探析》，载《沈阳工业大学学报（社会科学版）》2015年第6期。

② 参见尧眉：《易货贸易又兴旺了》，载《世界知识》1982年第7期。

易货贸易发展至今，在国际贸易实践中主要表现为两种方式。一种是直接易货，也可以说是狭义的易货贸易，即双方商定交换等价值的货物，没有货币参与，一般要求进出口同时进行。另一种是综合易货，这种贸易方式是将易货贸易与其他贸易方式结合，以易货为主体依托，补充应用其他方法满足双方需求。最典型的比如两国之间签订支付协议，以设立账户的方式将双方的进出口货物数额记录下来，在一定期限过后统一结算，并规定双方账户若是出现余额，不以外汇进行支付，只以货物相抵充。

在国际贸易环境愈发复杂的今天，易货贸易的兴起于我国乃至上合组织而言既是机遇也是挑战。易货贸易作为货币贸易的补充方式多年来一直活跃在市场中，究其原因在于当今世界的货币体系仍然存在不少问题。世界货币体系受制于霸权主义，美国凭借美元的强势性恣意破坏国际贸易规则，对他国进行攻击和制裁，甚至造成了他国的经济困难。面对复杂严峻的国际贸易形势，中国需要研究和探索新的贸易制度，形成新的国际化制度红利。① 构建全球易货贸易体系符合当今国际社会的利益与价值诉求，上合组织应当在成员国之间率先探索这一体制的构建。

二、易货贸易的国家实践

回溯至 20 世纪 80 年代时易货贸易的兴起，当时的发达国家经济严重衰退。为了缓和国内失业问题与维护垄断资本的利益，它们对一些传统工艺采取保护措施，限制进口，从而导致各国贸易保护主义纷纷抬头。② 综观如今的世界经济情势，单边保护主义冒头，大经济体动力不足，新兴经济体比重不够，亟待重建一种新的国际贸易秩序与国际经济体系。在 20 世纪的经济危机中，易货贸易能够成效显著地盘活国家经济，如今形势较之当初或许更为复杂，但是本质上在很大程度上都是国际环境越发复杂导致的国家间经济博弈。因此，易货贸易再度兴起以来，各个国家在易货贸易这一方式上的相关实践，对如今的制度构建有着极大的参考价值。

（一）发达国家的易货贸易实践

发达国家进行易货贸易是为了在发展中国家市场中争夺优势买方地位，以此来扩大国际市场和稳定国家发展所需要的资源来源。为达到此种目的，发达

---

① 参见邹平座：《中国应适时启动全球易货贸易战略》，载《中国经济时报》2021 年第 4 期。

② 参见田钢：《发达国家贸易保护主义及我国的对策》，载《国际贸易》1986 年第 3 期。

国家所选择的易货贸易方式主要包括签订互购协议与回购协议。

1. 互购协议

互购协议是指卖方必须向买方承诺购买一定种类和数量的商品，买方才会购买卖方商品的一种易货方式。比如美国出口飞机给瑞士，作为交换，美国需要购入瑞士的装卸机、水泥厂成套设备主件和钢铸件等工业设备，然而在美国不需要这些设备时，它就设法将这些设备转卖给埃及、土耳其等其他国家。① 互购协议较之于直接易货，延长了交易完成的时限，不局限于短时间内直接以物易物，而是分别签订进口协议与出口协议，规定在一定时限内完成，根据国家实践一般为1—5年，在资源分配上给双方提供了更大的可操作空间。

2. 回购协议

回购协议是指买方向卖方购入机械设备和相关技术，并以该项技术生产出来的产品交付给卖方来偿付货款。此种方式多出现在东西方国家之间，西方国家拥有先进的技术以及设备，谋求工业现代化的不发达国家以廉价的劳动力作为交换，在为西方国家制造产品的同时引进工业技术与设备。比如20世纪中国大连的自行车厂商，从德国购买生产自行车零件的设备，然后用设备生产出的自行车零件偿付给德国作为货款。

3. 生产分享合资企业

与此同时，生产分享合资企业——与回购协议一起兴起的一种贸易形式，也逐渐在当时的国际市场普及。生产分享合资企业是指那些自然资源丰富的国家同意将部分勘探开发的资源交给其他国家，以此来换取勘探开发这些资源的资金与技术支持。在20世纪，德国以此种方式开展了许多的进口规划，以资助德国公司在外国勘探资源费用的形式，获得来自世界各地的矿产资源。法国借此从印度获得每年40万吨的铝加上超过印度国内需要的多余的铝。②

(二) 不发达国家的易货贸易实践

不断抬头的贸易保护主义，导致不发达国家的贸易收支严重失衡。当时许多的发展中国家以及一些东欧国家，都身负巨大的外债，因而不得不将每年出口获得的大部分外汇用于清偿国家债务。再加上世界经济形式动荡不安，贸易环境复杂化，想要节约外汇、保持国际收支平衡，就必须发展其他贸易途径。

---

① 参见杨书奥、朱丹：《现代易货贸易》，载《世界知识》1986年第20期。

② 参见[美]利奥·G. B. 韦尔特：《不用货币的贸易——易货贸易和对等贸易》，钱乐贤、何文溪、狄武译，上海翻译出版公司1991年版，第93-94页。

不发达国家开展易货贸易主要是通过国家的政策指导，比如国家之间签订双边贸易协定、双边清算协议等。同时，以易货贸易为导向制定国家进出口贸易政策也是常用的一种方式，比如修订进出口许可证制度、进出口税务制度等。

1. 双边易货贸易协定

双边易货贸易协定多见于发展中国家之间，是一种政府间贸易，以本国特色产品来交换所需产品。例如，早期中国与斯里兰卡之间用大米交换橡胶为主要内容的贸易协定；加拿大向墨西哥提供化工产品、食品等，墨西哥政府则向加拿大提供石油；等等。此种协定一般以5—10年为合作期间，以易货贸易为手段互相让步，既能拉近国与国之间的贸易经济关系，又能实现互利共赢。

2. 双边清算协议

双边清算协议更是一种应用广泛的易货贸易模式，两国在外汇紧缺的时期签订一种以双边协定来交换货物或者服务，并互相开立双边清算账户，约定一定时期内（通常是一年）在各自的账户中以本国货币记录两国之间交换的货物或者服务的价值，并要求全部的贸易交换差额最终限定在一定范围内，在协议期满时通过指定的货币结算产生的贸易差额。这一模式的优势在于，贸易差额的存在，相当于让当年贸易盈余的国家以一种无息的方式借贷资金给了协定的另一方。

3. 政策规制下的易货贸易

许多不发达国家会基于本国的国情，通过政策制定，来控制易货贸易的产品种类与数量。对国内不是必须进口的产品列为需要特别许可才能进口的产品种类，或者通过要求进出口产品数量对等的方式同时进行对出口的促进和对进口的限制。比如，厄瓜多尔为了促进本国香蕉出口赚取外汇，同时限制酒精饮料的涌入，颁布条例要求两类产品进出口的价值必须相等。并且，对于上文中提到的各类易货贸易方式，国家亦可以通过国内政策的调整，进一步促进易货贸易的运行与发展。又如，巴西为了积极履行国家之间的回购协议，对于巴西出口的复加工产品给予大幅度的退税或免税，对于进口的设备则大幅度减免进口税。

相较于发达国家对易货贸易所持的观望态度，不发达国家为鼓励易货贸易发展进行了长期的实践探索，当下在国际社会中想要建立以易货贸易为基石的贸易体系，如何巩固易货贸易在各国贸易发展中的战略地位，必然是十分重要的一环。

第二节 法律渊源

一、国际公约

在当前的国际贸易体系当中,有关国际贸易的国际条约有《联合国国际货物销售合同公约》《国际货物买卖合同法律适用公约》,跨境贸易中运输环节是非常重要的,因而国际贸易法体系又发展了货物运输公约,如《海牙规则》《统一国际航空运输某些规则的公约》(以下简称《华沙公约》)等。易货贸易作为一种特殊的贸易模式,在如今还没有设立特别法律规范的情形下,可以直接适用国际贸易法中的国际公约及有关规则。

(一)《联合国国际货物销售合同公约》

《联合国国际货物销售合同公约》是迄今为止国际货物买卖方面最为重要的一项国际公约。《联合国国际货物销售合同公约》于 1988 年生效,对于国际贸易从合同的订立到合同双方的违约责任一整个贸易环节均制定了详细的规定,《联合国国际货物销售合同公约》的订立将国际货物销售合同的规则进行了统一,为减少国际贸易的法律障碍和促进国际贸易发展做出了巨大贡献。

1.《联合国国际货物销售合同公约》的适用范围

根据《联合国国际货物销售合同公约》第 1 条的规定,公约只适用于营业地处于不同缔约国之间的货物销售合同,若双方当事人营业地均不在缔约国则不可以适用公约;若根据国际私法的相关规则导致适用某一缔约国法律,公约也可以适用于该货物销售合同。① 此情形称为《联合国国际货物销售合同公约》的扩大适用,而我国在加入《联合国国际货物销售合同公约》时对《联合国国际货物销售合同公约》的扩大适用提出了保留。对于标的物的适用范围,《联合国国际货物销售合同公约》第 2 条列举了排除在外的几项交易标的。

现代的易货贸易是利用计算机技术和网络技术,运用易货额度作为易货交易往来账目记账凭证和支付媒介的一种交换活动。② 从本质上来说,易货贸易仍然是货物销售,只是其结算方式从现有的货币变成了网上的虚拟货币即易货

---

① 参见《联合国国际货物销售合同公约》第 1 条。

② 参见孙亚娟:《我国现代易货贸易模式探讨》,载《特区经济》2008 年第 11 期。

额度,而易货额度是基于可以易出的货物获取的。

从形式上看,只要是跨境易货贸易,营业地位于不同缔约国的当事人订立易货合同依然可以适用《联合国国际货物销售合同公约》,只不过传统的销售合同是一方交货、一方付款,而易货贸易双方都负有交货的义务。从标的上看,现代易货贸易的标的却不再局限于狭义的货物。《联合国国际货物销售合同公约》第2条明确规定:“本公约不适用以下销售:……(e)船舶、船只、气垫船或飞机的销售;(f)电力的销售。”①而在现代易货贸易中,国家之间利用自然资源换取船舶、飞机乃至军用装备是很常见的。电力供应部门的多余电量也可以向易货公司换取易货额度,换取需要的物资、商品和服务,而相应的,对方可以通过交换来的易货额度支付电费,这就是电力易货。

表面上,上述易货行为是易货额度的交换,实际上交易合同的标的物是船舶、飞机或者电力。因此《联合国国际货物销售合同公约》尚不能全部涵盖易货贸易的各种情形,只能通过一般性原则,如意思自治原则、平等互利原则解决相关问题。足以见得,现代易货贸易仍有许多立法空间,需要更加详细地制定有关规则来完善这一贸易机制。

2. 合同的订立

贸易合同的订立往往需要满足形式要件和实质要件。对于形式要件,《联合国国际货物销售合同公约》第11条规定:“销售合同无须以书面订立或书面证明,在形式方面也不受任何其他条件的限制。销售合同可以用包括人证在内的任何方法证明。”②因此《联合国国际货物销售合同公约》对销售合同采取的是不要式主义,我国曾对《联合国国际货物销售合同公约》第11条提出保留,要求国际易货贸易合同必须采用书面形式。不过在2013年1月我国正式撤回了对于《联合国国际货物销售合同公约》的该项保留。故如今订立国际易货贸易合同,已经不需要采取特定的形式。

合同订立的实质要件中最重要的就是双方当事人的合意,当卖方发出有效的要约到达买方,经买方同意后作出有效的承诺,则双方达成合意,往往在双方达成合意时合同成立。现代易货贸易的发展基于互联网技术,线下易货贸易合同的订立与一般的合同订立并没有太大的区别,而线上的易货贸易的进行是依托于易货平台。

---

① 参见《联合国国际货物销售合同公约》第2条。

② 参见《联合国国际货物销售合同公约》第11条。

《联合国国际货物销售合同公约》第14条第1款规定:“向一个或一个以上特定的人提出的订立合同的建议,如果十分确定并且表明发价人在得到接受时承受约束的意旨,即构成发价。一个建议如果写明货物并且明示或暗示地规定数量和价格或规定如何确定数量和价格,即为十分确定。”[①]在易货平台中,当事人将自己可以易出的货物种类、数量以及价格标明,根据《联合国国际货物销售合同公约》的规定,此种行为直接构成要约而非要约邀请,因为以特定的货物进行易货的意思表示,其对象已经明确为愿意接受该种货物的特定的人,再加上货物的基本情况已经标明,当对方以易货额度在平台上进行购入的操作时,合同就直接订立了。

《联合国国际货物销售合同公约》中许多规则都是基于当时的商事贸易实践而制定的,现代技术的发展使贸易的便捷度与效率大幅提升,贸易双方当事人对于信息发出与接收几乎已经不存在时空上的间隔。贸易方式更新迭代,相关的法律规则也应当作出适当的调整和补充,才能维护贸易环境的稳定。

3.《联合国国际货物销售合同公约》的其他规定

《联合国国际货物销售合同公约》以很大一部分的篇幅对买方和卖方各自的权利义务进行了规定。概括来说,在国际货物销售合同中,卖方的义务包括按照约定的时间和地点交付货物、移交与货物有关的一切单据、对货物的品质担保义务以及权利担保义务;买方的义务包括支付价款的义务和收取货物的义务。

对于易货贸易来说,双方当事人同时拥有买方和卖方的双重身份,因此《联合国国际货物销售合同公约》规定的双方义务对每一方来说都应当履行。当然,合同关系以意思自治原则为第一原则,当事人可以自行约定彼此之间的权利与义务,只有在双方未作约定或者约定不明,且并未明确拒绝适用《联合国国际货物销售合同公约》的情形下,才会根据《联合国国际货物销售合同公约》的相关规定进行补充。

对于支付价款的义务,《联合国国际货物销售合同公约》中详细规定了支付货款的时间、地点以及方式,包括手续和价格确定等。在易货贸易中,虽然大多数时候没有货币的参与,但双方当事人如果以货物价值进行易货,则可能存在需要补足差价的情形;并且由于直接易货实践中对于需要运输的货物,双方同时进行进出口是存在困难的,从而往往会采用对开信用证的方式进行结算。根

① 参见《联合国国际货物销售合同公约》第14条。

据《联合国国际货物销售合同公约》第54条的规定,“买方支付价款的义务包括根据合同或任何有关法律和规章规定的步骤和手续,以便支付价款”。易货贸易双方可以通过约定来明确支付货款的时间和地点,也可以从《联合国国际货物销售合同公约》的相关规定中进行选择后直接适用。

(二)有关国际货物运输的公约

在国际货物贸易中,货物往往都需要进行跨境运输。国际货物运输涉及许多运输方式,主要包括海上运输、航空运输、铁路运输以及公路运输等,其中海运与航运都有各自相应的国际条约体系,而陆地运输目前在国际社会上还没有统一普遍的国际条约。国际法上关于国际货物运输的国际条约已经建立起了非常完善的制度体系,国际易货贸易作为国际货物贸易的一种特殊模式,运输也是国际易货贸易中至关重要的一个环节,易货贸易中货物运输环节的法律规制完全可以适用国际法上的现有制度体系。

1. 国际海上货物运输

国际海上货物运输是指承运人使用船舶将托运人托运的货物运送到指定目的地的运输方式。海运是目前国际货物运输最主要的运输方式,与其他运输方式相比,海运的货物运送量以及对于跨洋国家之间运输的效率都是存在优势的,只不过海上运输对于货物来说风险较大。如今常用的海上货物运输公约包括《海牙规则》、《维斯比规则》、《1978年联合国海上货物运输公约》(以下简称《汉堡规则》)和《鹿特丹规则》。

(1)《海牙规则》

许多欧美国家都是《海牙规则》的成员国,《海牙规则》是第一部将海上运输提单规则统一起来的国际公约,其中有关提单规则的条款被国际贸易实践普遍采用,没有加入该项公约的许多国家也将其作为本国相关部门法律的参考依据。可以说该公约是如今海上货物运输最重要的国际公约。

《海牙规则》作为海上货物运输的基本性公约,随后的许多相关公约都是在此基础上进行修改而产生的。《海牙规则》规定承运人的基本义务包括使船舶适航的义务、妥善谨慎地保管运输货物的义务以及按照约定航线航行的义务。[①]对于承运人的免责情形,采取的是不完全过失责任制,分为过失免责和无过失免责两种,包括了人为过失和自然灾害等许多情景。且承运人的责任期间规定的是“‘货物运输’是指自货物装上船时起,至卸下船时止的一段期间”,此处又

① 参见《海牙规则》第3条。

可以分为“钩至钩”“舷至舷”两种情形，由当事人之间互相约定。主要内容还包括对托运人责任和义务的规定、对承运人赔偿限制的规定等，当货方因为货物损失对承运人提起诉讼时，诉讼时效为自货物交付之日起一年。

(2)《维斯比规则》

从《海牙规则》主要的实质性内容可以看出，该公约的许多规则都倾向于保护承运人的利益，对货方的利益关注较少。随着海上货物运输环境的发展，《海牙规则》部分内容的修订势在必行，于是国际海事委员会着手修改《海牙规则》，于1968年2月通过了《维斯比规则》，并于1977年6月生效。

首先，《维斯比规则》提高了承运人的责任限额，《海牙规则》规定承运人对每件或每单位的货物损失的赔偿限额为100英镑，而《维斯比规则》第2条则规定每件或每单位的赔偿限额提高到10000金法郎，同时还增加一项以受损货物毛重为标准的计算方法，即每公斤为30金法郎，以二者中较高者为准。①

其次，《海牙规则》的规定仅适用于缔约国所签发的提单，《维斯比规则》扩大了公约的适用范围，规定只要提单或为提单所证明的运输合同上有适用《维斯比规则》的规定，该提单或运输合同就要受《维斯比规则》的约束。

在程序性事项上，《维斯比规则》明确了承运人的受雇人和代理人在索赔诉讼中享有和承运人相同的抗辩事由和责任限制；明确了提单具有证据效力；同时明确了在一年诉讼时效届满后，仍存在3个月的宽限期用以追偿。

(3)《汉堡规则》

《汉堡规则》是为了满足国际政治和经济形势变化而基于《海牙规则》和《维斯比规则》进行修改订立的国际公约。《汉堡规则》对《海牙规则》作出了根本性的修改，体现在对承运人责任的加重上。比如，该规则在承运人的责任制度上采取了推定过失和完全过失责任制，并且大幅度取消了承运人的免责事由条款，采用“接到交”原则延长了承运人的责任期间。

除此之外，《汉堡规则》进一步提高了承运人对货物灭失损坏的责任限额，也进一步延长货物索赔诉讼时效至两年。可以见得，海上货物运输的一系列公约都在逐渐地增加承运人的义务，因此《汉堡规则》并未被普遍接受，世界上的船舶贸易大国为了保护自身利益，大多数仍将《海牙规则》作为运输合同主要的应用规则。

---

① 参见《维斯比规则》第2条。

(4)《鹿特丹规则》

《鹿特丹规则》可以说是当今国际海上货物运输规则的集大成者,为了在船货两方之间的权利义务关系中寻求平衡点,同时囊括当今经贸环境发展的新兴事物,该规则引入了如电子运输单据、批量合同、控制权等新的内容,还特别增设了管辖权和仲裁的内容。

《鹿特丹规则》的创新是围绕着海运发展并试图统一如今国际社会的海上运输立法而进行的。首先,《鹿特丹规则》将承运人的责任期间扩展到了“门到门”,即承运人从接到货物起到交付货物时为止都需要对承运的货物负责。其原因在于,跨境贸易的运输方式如今已经步入了多式联运时代,“门到门”的运输愈发常见,而前述的几个国际公约都没有涉及此种情形。并且该公约确立了“海运+其他”的模式,扩大了公约的适用范围。其次,《鹿特丹规则》提高了承运人的责任限额且取消了承运人的免责条款,同时也明确了托运人应当承担的义务,进一步体现了《鹿特丹规则》平衡船货双方义务的主旨。

2. 国际航空货物运输

国际航空运输是指承运人通过航空运输工具将货物进行跨境运输的方式。在国际航空运输中,航空货运单作为航运合同的证明,但与海运单不同,航空货运单不能作为物权凭证,也不具有流通性。如今的国际航空运输的相关国际公约是以《华沙公约》为基本形成的“华沙体系”,主要包括《华沙公约》《修改 1929 年 10 月 12 日在华沙签订的统一国际航空运输某些规则的公约的议定书》《统一非缔约承运人所办国际航空运输某些规则以补充华沙公约的公约》《蒙特利尔公约》。

《华沙公约》规定了以航空运输承运人为一方和以旅客和货物托运人与收货人为另一方的权利义务关系。该公约采用推定过错责任制作为航空运输中承运人的归责制度,并对承运人责任限额、管辖法院、诉讼时效等问题作出了详细的规定。

《华沙公约》的签订,在运输凭证、承运人责任等方面制定了国际上统一的规则,最大限度地减少了国际航空中可能出现的法律冲突和司法冲突。[①] 随着国际航空运输的不断发展,《沙华公约》的部分内容受到了如通货膨胀等各类社会因素的影响,相关组织部门开始着手对公约进行修订。

---

① 参见孙仕柱:《浅论华沙体制承运人责任制度现代化(上)》,载《民航经济与技术》1997 年第 12 期。

《修改1929年10月12日在华沙签订的统一国际航空运输某些规则的公约的议定书》将承运人对每名乘客的责任限额提高了1倍,同时延长了旅客提出异议的期限;《统一非缔约承运人所办国际航空运输某些规则以补充华沙公约的公约》是《华沙公约》的又一补充公约,将承运人分为缔约承运人和实际承运人,主要目的是统一非缔约承运人所承办的国际航空运输规则;《蒙特利尔公约》第一次将"无过错责任"引入航空承运人责任制度当中,目的在于确保国际航空运输消费者的利益,对在国际航空运输中旅客的人身伤亡或行李损失,或者运输货物的损失,在恢复性赔偿原则基础上建立公平赔偿的规范体系。

从《华沙公约》到"华沙体制",体现的是随着航空运输业发展对承运人责任不同要求的变化。现代航空运输业已经十分发达,对于跨境易货贸易来说,航运已然成为易货的一种主要运输途径,应用华沙体系的相关规定作为航运的主要规则,其忧虑在于华沙体制对承运人责任的要求是否适配于上合组织各国国内的航运业发展。想要构建以易货贸易为主体的贸易体制,那么航空运输的规则是直接采用现有国际体系还是结合成员国国情重新制定航运法律体系,仍然是一个值得商榷的问题。

二、国内法

(一)国内立法背景

为了减少外汇对国家对外贸易的影响,在降低交易成本的同时盘活库存,各国都已经开始着手发展易货贸易。我国也不例外,先后建立了湖南自由贸易试验区尝试易货贸易并开始加速组建中非易货贸易联盟,并且提出以浙江自由贸易试验区、山东自由贸易试验区尝试建设易货贸易服务平台。

可见易货贸易已经有了蓬勃发展的势头,然而我国有关易货贸易的法律规范却寥寥无几。目前我国国内法律仅在《民法典》第647条作出规定:"当事人约定易货交易,转移标的物的所有权的,参照适用买卖合同的有关规定。"在立法上,易货贸易只是被视为买卖合同的一种,没有特殊的相关规定,只能适用普遍的合同法规来解决相关问题。

然而随着易货贸易的发展,许多亟须法律解决的问题逐渐暴露出来。在一般的商品贸易中,完善的货币支付体系为买卖双方提供了信用支持,而易货贸易只有货物的交换,基本上不涉及货币支付,则需要构建一项易货贸易特有的信用体系来降低贸易双方的贸易风险。易货贸易作为一种特殊的商品交易形式,应当针对其特殊性制定统一的市场交易规则,这样才能保证交易的进行符合公平公正的社会价值观念。

不仅如此，对于跨境易货贸易来说，关税制度也需要针对特殊情形作出适当的调整。跨境易货贸易在一宗交易里面要完成两批货物的进出口，根据现有的关税制度，在一次易货贸易中一方当事人将会被同一国家同时征收进口关税和出口关税，或者进出口消费税、增值税等。而各国往往是根据交易货物的种类来进行关税调整的，我国亦没有专门制定针对易货贸易的税收规定，因此对于易货贸易在国与国之间推进需要各国继续完善国内的关税制度。

虽然我国国内目前暂无有关易货贸易的相关立法，但是为了鼓励易货贸易的发展，国家提出了许多关于易货贸易的政策，同时也为未来易货贸易的法律制度构建提供了发展契机。

（二）国内相关政策

首先，易货贸易被列入了商务部的"十四五规划"。2021 年 7 月，商务部颁布的《"十四五"商务发展规划》中，第四章"推进对外贸易创新发展"第三节"培育贸易发展新动能"提到了"探索发展离岸贸易、新型易货贸易等新型贸易方式"。其次，人力资源和社会保障部办公厅、国家市场监督管理总局办公厅、国家统计局办公厅《关于发布集成电路工程技术人员等职业信息的通知》将"易货师"设定为新职业，意在培养易货贸易的专业人才，为易货贸易的后续发展保驾护航。不仅如此，国务院《关于印发北京、湖南、安徽自由贸易试验区总体方案及浙江自由贸易试验区扩展区域方案的通知》中两次提到了易货贸易，并且从不同的角度对各个自由贸易试验区提出了不同的发展要求，争取全方面地探索跨境易货贸易的发展模式。

在国内的行业规范方面，《库存商品易货交易规范》经商务部批准颁布实施。该规范对库存商品易货交易活动中涉及的许多方面设定了统一的标准，比如对于易货贸易程序上的要求、对于参与双方的要求以及对交易商品的要求等。在交易形式上包含了对线上及线下两种模式的易货贸易的规范，在交易对象上，兼容了商品与商品以及商品与服务的交换。该规范的发布是国家对易货贸易重视程度的一个转折点，为易货贸易行业未来发展开辟了一个良好的环境。

同时，在数字化经济蓬勃发展的时代背景下，国家开始着眼于推进自由贸易试验区对接国际高标准数字贸易规则，国务院于 2023 年 11 月印发的《全面对接国际高标准经贸规则推进中国（上海）自由贸易试验区高水平制度型开放总体方案》（以下简称《对接经贸规则总体方案》）中已然将数字技术应用作为率先实施高标准数字贸易规则的重要内容。现代易货贸易作为依靠区块链等信息技术手段的贸易形式，也应当关注数字规则在新型跨境易货贸易中的应用。

结合新型易货贸易的架构和《对接经贸规则总体方案》的相关内容来看，上合示范区作为新型易货贸易在上合组织成员国间推进的试点区域，需要从着重推广电子认证在新型易货贸易中的逐步适用。《对接经贸规则总体方案》明确指出应当加强全面数字化的电子发票管理，增强电子发票跨境交互性，新型易货贸易通过线上信息匹配后进行货物交换，其过程不涉及货币支付，只能以货物进仓、出仓等程序上的电子票据作为交易凭证，因此加强交易双方的电子票据交互，是发展新型易货贸易的必需手段。

第三节　易货贸易在上合组织成员国中发展的可行性分析

上合组织于 2001 年 6 月 15 日成立，创始成员国为中国、俄罗斯、哈萨克斯坦、吉尔吉斯斯坦、塔吉克斯坦、乌兹别克斯坦。并且在 2017 年上合组织阿斯塔纳峰会签署了关于给予印度和巴基斯坦成员国地位的决议，直至目前上合组织成员国共有 8 个。

一、上合组织成员国国情基础

（一）上合组织成员国国情概况

美苏冷战结束之后，国际形势十分动荡，世界情势亟须从单一向多元转换；同时，恐怖主义、分裂主义、极端主义这三股势力对欧亚大陆的国家安全产生了极大的威胁。基于中亚各国对安全合作的强烈要求，毗邻而居的中、俄、哈、吉、塔五国启动了每年一次的“上海五国”会晤机制，以此来适应国际和地区形势变化，维持边界稳定。

以一个和平、稳定的周边环境为前提，各国也同时面临振兴经济、追赶世界科技发展浪潮的艰巨任务。为了谋求国家的稳定、安全和经济发展，“上海五国”开始从单纯讨论军事问题转变为讨论五国之间以及周边地区的政治、军事、外交、经济、安全等各个方面的合作问题，并最终确定成立上合组织。

上合组织在经济上的合作发展有着得天独厚的优势。根据近几年的最新数据统计，上合组织各成员国国内生产总值可以占到世界生产总值的 1/4 左右；组织成员国的国内人口总数达到了世界总人口的 43%；成员国的国土总面积占欧亚大陆约八成的领土，有着丰富的自然资源。从客观条件上评价，上合组织拥有着需求不断增长的国内外市场，其发展潜力是十分巨大的。

（二）上合组织成员国经济合作概况

经济合作一直都是上合组织关注的重点合作领域。俄罗斯自 2001 年上合组织成立以来，与成员国之间的贸易总额达到了之前的 2 倍，近 3 年俄罗斯与上合组织国家的贸易额更是增加了 300 多亿美元。近年来中亚内部贸易也一直保持着增加趋势，根据乌兹别克斯坦国家统计委员会统计，乌兹别克斯坦与塔吉克斯坦的贸易额在 2022 年达到了 6.744 亿美元，同 2021 年相比增长了 11.3%。对于中国来说，在世界各国经济动荡的时期，中国的经济仍然快速发展着，同时也带动着上合组织成员国的经济发展，中国在各个成员国设立了共 21 个经贸合作区，并且投资了许多项目，仅 2018 年对印度的基金投资就已经超过了 80 亿美元。①

经济合作作为上合组织合作领域中的重点，也同样是区域组织一体化中的薄弱点。2020 年上合组织成员国国内生产总值超过了 19 万亿美元，其中中国的生产总值为 14 万亿美元，印度位居第二为 2.7 万亿美元，俄罗斯位居第三生产总值约 1.4 万亿美元。3 个国家占据了整个组织成员国生产总值的 95%，他们既是上合组织经济发展的主要参与者，也是组织内的主要决策者。可以见得，上合组织内部成员国之间的经济实力和发展水平差异巨大，并非所有国家都能够跟上贸易发展扩大的步伐，因此组织内部贸易一体化仍然任重道远。

除此之外，成员国之间的进出口额不均衡也是上合组织区域贸易发展的一大障碍。在 2017 年至 2019 年，俄罗斯和巴基斯坦均出现了进出口贸易逆差，尤其出口到中国的货物要远远低于其进口货物总额。近两年俄罗斯在上合组织框架协议的支持下逐渐恢复了其对外贸易的收支平衡，对塔吉克斯坦、吉尔吉斯斯坦等其他国家的出口指标却远高于进口指标，占据了成员国之间贸易出口的主导地位，但此举并不利于上合组织成员国内部的贸易平衡。现如今上合组织的成员国之间联系并没有那么紧密，许多贸易合作的协定都是双边协定，想要实现共同发展、互利共赢的总目标，就必须积极地寻求多方协作，制定多边

① See Sergey Marochkin & Yury Bezborodov, *The Shanghai Cooperation Organization Exploring New Horizons*, 156(2022).

协定来交流彼此的诉求。

（三）上合组织成员国内部情势

当前，影响上合组织发展的主要内部因素，在于成员国之间的差异性与彼此关系的复杂性，这在上合组织的发展历程中前所未有。[①] 各成员国对于加入上合组织的利益诉求不同导致它们对待上合组织也态度各异。对于中国来说，上合组织的成立既能扩大自身在亚太地区的政治和经济影响力，同时也能与"一带一路"倡议联动，巩固作为区域主要经济力量的地位。俄罗斯加入上合组织一方面是为维护自身在亚太地区的影响力，另一方面也是谋求经济发展的红利。

中国近年来经济不断发展，在实力上已经具备了上合组织中独一档的地位，使俄罗斯对中国在上合组织的影响力发展颇为担忧。俄罗斯当初积极支持印度加入上合组织，也是试图以此种方式来维持上合组织内部权力结构的平衡，而印度加入是希望借助上合组织连通与俄国、中亚各国的经济合作，并且借此参与到地区事务中来。对于中亚几国来说，他们将上合组织视作对抗西方压力的防御线，同时又并不完全依附于上合组织进行发展，而只是将上合组织视作一个最利于自己国家发展的去处之一。

二、上合组织成员国开展易货贸易的优势

经济合作是确保上合组织空间稳定的重要组成部分，是实现组织自身长期稳定的重要工具。[②] 在疫情影响、贸易保护主义抬头的各种因素而导致的全球贸易经济衰退的情形下，结合电商的发展，易货贸易被赋予新的活力，不仅大幅降低了交易成本，更能有效解决资金难题。但易货贸易发展还处于一个制度尚且不够完善的阶段，上合组织以区域经济一体化为目标，则必须抓住易货贸易一体化发展这一新兴路径，借助现有资源条件实现易货贸易体制构建。

（一）自然资源丰富

目前，上合组织成员国的总面积为 3018 万平方米，拥有世界 1/4 的石油储量、30%的世界天然气储量和 50%的铀储量。如此庞大的资源储备凸显出上合组织成员国之间贸易关系发展的巨大潜力，然而在利益协调的过程中仍然有许

---

① 参见陈亚州：《上海合作组织的区域特色与发展前景》，载《区域与全球发展》2022 年第 4 期。

② See Sergey Marochkin & Yury Bezborodov, *The Shanghai Cooperation Organization Exploring New Horizons*, 156(2022).

多问题需要解决。对内而言,成员国之间的经济规模和发展水平参差不齐,如俄罗斯、吉尔吉斯斯坦等中亚几国都是资源输出型国家,一味地进行原始自然资源的出口并不利于国家自身经济发展。在外而言,国际能源形势紧张,能源价格受汇率风险影响较大,能源型国家的贸易发展更容易受到政治形势动荡带来的对于经济发展的冲击。

易货贸易或许可以有效缓解上述问题。与现代电子商务结合起来的易货贸易,很大程度上提高了贸易的效率并且降低了贸易成本。其一,矿产资源丰富的国家、燃料储备丰厚的国家以及水电资源丰富但缺乏能源储备的国家,在组织内可以进行易货贸易,以所需换所需,克服组织内国家之间资源分配不均的问题。其二,各国以优势产品发展易货贸易有利于国家的经济结构和产业结构的优化,并且扩展销售市场。同时具有能源优势的国家可以通过易货贸易吸引外资来获取金融资源以及技术支持,以此促进上合组织成员国经济多样化,克服原材料导向。其三,利用自然资源进行易货贸易可以有效规避现金贸易中汇率风险对国家经济发展带来的冲击。

(二)贸易性质互补

一笔易货贸易的成交,其关键之处在于交易双方都恰好能够提供对方所需要的货物,在信息技术十分发达的今天,货物的信息都能够被快速地收集起来并且进行分配,因此大大降低了易货贸易成交的难度。然而对于上合组织成员国来说,组织内开展易货贸易具有其天然的优势,即成员国进出口的产品与服务都有着足够的匹配程度。

印度作为世界上最大的钻石产品制造商,与世界上最大的天然钻石出口国俄罗斯之间的双边贸易发展有着相当大的潜力。吉尔吉斯斯坦和塔吉克斯坦缺少能源储藏,但拥有丰富的水电资源,与其他能源丰富的成员国形成互补,更能拓宽本国的电力出口渠道。每个上合组织成员国国内产品都有其特点和专业度,印度是机电设备以及药品的供应大国,中亚国家是水果、坚果、棉花等农产品的出口大国。易货贸易体制的构建能够低成本、高效率的协调成员国各方利益,有利于区域经济一体化的战略发展。

(三)基础设施的不断完善

中亚地区一直以丰富的自然资源而闻名,且当地气候条件良好利于农作物生长,然而中亚地区各个国家的对外贸易情况却不容乐观。显而易见,地理位置的有关障碍和地区交通基础设施建设薄弱是抑制中亚地区国家对外贸易发展的主要原因之一。①

上合组织在成立之初,便提出不断提高成员国的过境能力,支持和鼓励各领域的地区经济合作,促进建立良好的贸易和投资条件以便逐步实行产品和服务的自由流动的宣言。② 乌兹别克斯坦作为世界上最为闭塞的国家之一,因为被没有出海口的国家所包围,在对外贸易中进出口货物的运输费是很大的一笔负担。随着上合组织对成员国的交通运输基础设施建设的不断推进,不仅在乌兹别克斯坦、哈萨克斯坦等中亚地区成员国之间构建起了铁路网,同时积极助力中亚成员国向北通过俄罗斯的领土走向世界市场和国际交通运输线。

中哈跨境铁路的修建,促使中欧班列运输货物的潜能得到极大的发挥。上合组织更加深化中欧运输班列南向通道的建设,建立了从上合示范区发出的"跨里海运输"南线运输通道,加快推动了陆海内外联动、东西双向互济的开放格局形成。此外,公路建设如双西公路、中塔乌公路的修建,建立了便捷通畅的上合组织地区国际道路运输通关环境,也进一步释放了该地区互联互通的巨大潜力。

近年来,上合组织更是有许多互联互通建设项目相继竣工,初步形成了涵盖铁路、公路、航空、油气管道以及电力等复合型基础设施网络。不仅带动了各个成员国的经济发展,也为成员国之间经济合作创造了有利条件。③

易货贸易的有效开展离不开交通物流运输的建设,庞大的物流运输网是上合组织成员国之间开展易货贸易的基石。不仅如此,在完善交通运输基础建设的基础上,上合组织成员国通过双边及多边协议的形式制定了相应过境优惠政策,进一步降低了成员国之间易货贸易的运输成本,也提升了国内的过境吸引力。要完全建设一体化运输模式,还需要调整过境、通关等程序,从而制定统一的规范性文件,确保优惠政策的落实。

---

① 参见阿卜杜拉·哈西莫夫、李永庆:《上海合作组织与中亚交通运输》,载《俄罗斯中亚东欧市场》2004 年第 11 期。

② 参见《上海合作组织宪章》,圣彼得堡 2002 年 6 月 7 日。

③ 参见韩璐:《上海合作组织成员国互联互通建设》,载《欧亚人文研究(中俄文)》2022 年第 2 期。

第四节　上合组织成员国易货贸易模式探索

一、中国国内易货贸易模式分析

自新冠疫情暴发以来，面对国内产能过剩、需求萎缩等各种市场压力，发展新型易货贸易成为国家寻求经济循环流通的重要方法。商务部印发的《“十四五”商务发展规划》提出：“探索发展离岸贸易、新型易货贸易等新型贸易方式。”这是对发展新型易货贸易提出的总方向要求。随后更是在国内几个自由贸易试验区分别开展了不同指向性的新型易货贸易试验。

（一）湖南模式

根据《中国（湖南）自由贸易试验区总体方案》对湖南自由贸易试验区（以下简称湖南自贸区）提出的要求，在湖南自贸区开展新型易货贸易是为了建设非洲在华非资源性产品集散和交易中心，探索开展中非易货贸易。目前湖南自贸区成立了湖南省对非易货贸易有限公司，以此作为新型易货贸易开展的主体，以“一单一报”的方式进行与非洲国家之间的易货贸易。首单跨境易货贸易的成交是在 2021 年以中国建材与南非西柚进行的货物交换，并且截止到 2022 年年底，已经完成了 11 单与非洲国家之间的易货贸易。

通过湖南自贸区的相关实践可以得知，湖南自贸区试行跨境易货贸易的目的是在带动非洲国家经济发展的同时促进中国经济的转型，并且为以后跨境易货贸易的发展提供实践范例。因此，湖南自贸区开展跨境易货贸易的模式主要是以政府为主导的交易模式，首先，通过政策设立一个政府主导的易货贸易主体进行跨境易货贸易，牢牢把控了参与跨境易货贸易的主体资格。其次，利用“一单一报”制度控制参与跨境易货贸易的产品种类与数量。最后，利用政策鼓励各类企业进行易货，按照易货贸易额给予一定比例的财政奖励，同时对易货平台企业相应的平台建设给予补贴。

我国目前易货贸易的实践较少，没有相应的经验和制度规范作为支撑，并且湖南自贸区的整体营商条件还有提升空间，非洲国家的贸易水平也是相对滞后的。总体来说，湖南自贸区采取的跨境易货贸易模式是完全基于政策进行发展的，这种模式能够有效控制易货贸易风险，同时也能发挥出易货贸易减少外汇流失和去库存的功能。

（二）浙江模式

《中国（浙江）自由贸易试验区扩展区域方案》是浙江自由贸易试验区（以下简称浙江自贸区）开展跨境易货贸易的政策依据，该文件提出要求建设易货贸易服务平台，探索小商品贸易与大宗商品贸易联动的新型易货贸易模式，建设面向世界的供应链易货交易服务平台。

与湖南自贸区的模式相当不同，浙江自贸区开展跨境易货贸易的目的在于构建完整的对外易货贸易体制，而所涉及的易货产品种类也以大宗产品为主。首先，为了推动大宗商品生产企业积极参与跨境易货贸易，在对于参与跨境易货贸易的主体资格的把控中，自贸区政府化主动为被动，建立了易货贸易综合服务平台对相关试点企业进行备案，而不再直接性地控制企业进行跨境易货贸易。其次，将新型易货贸易与网络技术联系紧密这一特性与监管制度结合起来，对跨境易货贸易包括海关、税务管理在内的全部流程实行一体化监管。

浙江自贸区的营商环境高度发达，使之能够接受大刀阔斧地制度创新与改革，因此我国的经济发展规划对其的发展要求侧重点与湖南自贸区完全不同。对于跨境易货贸易制度的构建，浙江自贸区设立了商家服务平台和政府监管平台，前者对参与易货贸易的相关企业进行记录，保证市场交易秩序；后者力求实现通关、外汇、税务的闭环管理，打通跨境易货贸易的各个环节。

对于推进大宗商品进行跨境易货贸易，其原因在于国际市场中大宗商品交易量大、价格波动性强，既有商品属性，也有金融属性。[①] 而大宗商品贸易中人民币国际化程度较低，导致中国缺少定价权，因此想要逐渐实现人民币的国际化，必须先发展中国的大宗商品贸易，借用不受外汇影响的易货贸易拓宽中国在大宗商品中的交易市场。

（三）山东模式

不同于湖南自贸区政府导向的新型易货贸易发展政策，亦不同于浙江自贸区推进大宗商品进行易货贸易的目的导向，山东自由贸易试验区（以下简称山东自贸区）致力于积极培育贸易新业态新模式，创新新型易货贸易生态体系。自《山东省对外贸易创新发展实施方案（2021—2022 年）》提出“实施外贸新业态提升行动，发展新型易货贸易”的目标以来，山东自贸区积极开展跨境易货贸易通关测试，如 2022 年 1 月进行济南片区“衬衣换布料”的实单测试，其交易过

---

① 参见俞业夔：《大宗商品人民币国际化现状、问题及政策建议——以浙江自贸区为例》，载《浙江金融》2022 年第 6 期。

程不存在外汇支付，实现了通关、税务、外汇闭环管理，为打通跨境易货贸易各个环节，拓展跨境贸易流通新渠道提供了实践借鉴。①《山东省对非洲经贸合作行动计划（2022—2024年）》提出搭建上合经贸综合服务平台，其中就包含了新型跨境易货贸易系统，到2023年已有来自10个上合组织国家的60余家头部企业、商业协会参与平台共建，吸引5000余家企业注册使用。

山东自贸区开展跨境易货贸易的最大特点在于其着重于新型易货贸易生态体系的构建。流通价值评估交易体系的创立能够依据行业发展与市场需求对易货商品进行价值评估，并按照市场供需情况依据大数据技术进行平台匹配方案策划。创立易货贸易风险防范机制，其内部逻辑在于对参与易货贸易的商家进行征信统计以建立风险防控模型，形成政府监管与行业自律相结合的风险防范体系。而建立新型跨境易货数字贸易平台，就是将上述制度体系应用于易货贸易的各个环节，运用区块链技术打造线上易货平台与线下易货商城有机融合的供需资源智配平台。山东自贸区构建易货贸易行业新生态的具体实践从制度体系上为上合示范区如何开展跨境易货贸易提供了参照范式。

二、上合组织易货贸易模式初探

（一）易货平台构建浅析

现代易货贸易最鲜明的特征就是结合了移动互联网技术，利用贸易平台大数据对商品信息进行分析，从而提高易货贸易交易效率。借助新型易货贸易的模式，企业既可以缓解自身资金流紧张的问题，又可以将闲置资源利用起来减少库存压力。随着我国易货贸易的不断发展，易货平台也如雨后春笋般冒了出来。易货平台作为现代易货贸易不可缺少的一个媒介，其性质相当于在网络中构建的一个大型商品集市，平台客户即易货贸易参与者通过平台进行精准匹配，从而供需双方能够快速完成交易。

1. 易货平台模式分析

根据货币的介入程度，当前的易货平台模式大体可以分为3类：无货币介入的完全易货模式、基于货币介入的差价易货模式和基于易货额度的间接易货模式。②

① 参见陈浩、魏永峰等：《我国新型跨境易货贸易发展探索》，载《中国外汇》2022年第16期。

② 参见谌飞龙、谢萍、陈松：《易货平台：用富余，换所需》，载《企业管理》2022年第9期。

(1)完全易货模式

完全易货模式是由经营者在平台上实名登录后自行标注自己要易出货物的相关信息,在平台系统为其匹配到相适应的交易者后进行易货。此种模式只是利用了易货平台的数据匹配功能,其实质上与线下的易货贸易并无区别。由于该模式下易货商家都是自己标注货物价格,平台根据价格数据进行匹配的机制是非常僵化的,而实际上的易货贸易商家的可接受交换价值都是浮动的。

(2)差价易货模式

基于货币介入的差价易货模式在交换价值上采取了更加灵活的方式来补足完全易货模式的不足。但是有了货币的介入就不能很好地体现易货贸易其本身的价值,并且货币的结算手续等一系列程序也复杂化了整个交易过程。

(3)间接易货模式

基于易货额度的间接易货模式是当前易货平台采用最多的一种模式,其最大的优点在于,借助易货额度这一电子货币媒介可以实现商品易货在时间上的分离。根据此种模式,登录易货平台的经营者需要进行认证,根据自身企业的信用程度以及提供的易货产品进行评估,从而获得一定的易货额度,用于在易货平台中"购买"自己需要的货物。间接易货模式做到了使易货贸易双方可以不涉及货币、不同步地进行交易,凭借此种模式货物无须借助货币也能够进行流通。

2. 易货贸易平台发展现状

(1)国际发展现状

现代易货贸易自20世纪80年代兴起以来,基于国际社会中易货贸易的蓬勃发展,1979年创建了国际互换贸易协会(International Reciprocal Trade Association,IRTA)。作为维护国际易货贸易行业发展的国际性组织,国际互换贸易协会制定了一系列易货贸易业的规则和标准,促进了北美地区以及欧洲地区的易货贸易业发展,许多国家都建立了较为完善的易货交易平台。为了进一步提高跨境易货贸易的便利化程度,国际互换贸易协会建立了世界易货结算平台,统一了大多数跨境易货贸易的结算方式,即利用与自己国家相应数量货币等值的易货额度进行结算,进一步减少了现金的使用率,更进一步推动了易货贸易的全球化。

(2)中国易货贸易平台实践

相较于发达国家来说,我国现代易货贸易发展起步较晚,直到2010年后,我国才将中国国家库存商品调剂中心逐步转变,成立了第一所现代易货交易所,并同时设立了易货贸易电子商务交易平台。[①] 为了推动我国现代易货贸易国际化的发展,我国相关部门以及一些贸易企业都相继设立了一些易货服务平台,但总体来说这些平台还存在许多需要改进的地方。

然而随着现代易货业不断地发展,我国境内企业也在不断探索如何打造易货行业高地,其中不乏一些令人惊喜的成果。"云闪易"易货平台就是一个典型的例子,该易货平台是国内集线上、线下、跨境易货贸易为一体的互联网交易平台。"云闪易"的创始人深刻理解了易货贸易的本质优势,即帮助中小企业去库存、减少现金周转带来的压力,"云闪易"呼吁中小企业将其待售商品投出部分用以易货,换取持续生产的相关设备,这样一来虽然企业账面上没有现金入账,但实际上减少了租仓支出。不仅如此,本应以现金购买的生产设备以货物进行交换后,也减少了本应付款的现金压力,还提高了采购设备的效率。但不得不说,看似简单的交易,也需要易货平台线上、线下的布局,如何快速找到愿意进行易货交换的设备商,说服双方在易货平台的安排下按照市价进行易货,都是易货平台需要下足功夫的地方。

除了单纯的物品易货外,现代易货贸易的探索也对其他产业领域开启了新的尝试。如乐易地产通过"云闪易",向客户推出以货源与现金组合的形式购房的半易货交易方式,在此基础上,"云易闪"将第三方的库存产品以易货积分的方式回馈给购房者。这样的易货模式,实现了多方企业去库存,同时对地产市场去金融化、加快资金回笼有一定作用。[②]

近年来,我国构建易货贸易平台的企业越来越多,然而很多易货贸易平台面临的一个现状就是平台的功能不够完善,作用只是停留在商品展示和数据匹配,既没有相应的结算体系,也没有规范的风险防范体系。从"云闪易"的成功实践中可以获得启发,易货贸易平台不能只是一个"电子集市",向使用者展示可待交换的产品不应当是易货贸易平台的唯一功能。易货贸易平台运营者应当发挥自身的资源匹配作用,既要建立会员机制,扩大资源收集范围,又要不断探索新的产业领域,真正实现现代易货业的全球全产业发展。

根据中国国内贸易平台发展的相关实践可以见得,上合组织想要在成员国内推进易货贸易发展,易货平台的构建以及相关制度的完善势在必行,其中最重要的就是易货平台结算体系和管理体系的构建。

---

① 参见蔡珍贵:《论电子商务模式下中国易货贸易的发展机遇》,载《经济论坛》2004 年第 23 期。

② 参见吴钦景:《数字时代,如何打造易货行业高地》,载《联合日报》2021 年 7 月 14 日,第 3 版。

(二)易货贸易体系构建

1. 体系中各项制度的分析

一个完善的易货贸易体系应当包含以下几个方面的制度:商品评估制度、交易服务制度、信用规范制度以及结算制度。需要明确的是,由于上合组织成员国之间的贸易发展水平存在差异,因此易货贸易体系的构建应当由政府进行主导。

(1)商品评估制度

商品评估往往是易货贸易平台开展易货贸易的第一个环节,而跨国开展易货贸易其商品种类的丰富度可想而知。对于跨境交易而言,在普通交易下,商品都是明码标价通过国家之间的汇率进行价值计算的;在易货交易中,不涉及货币的应用,商品的交换也不仅基于其市场价值,还需评估不同商品之间交换带来的整体效益,因此商品评估应当是在综合考虑统一既定的客观规范与双方主观上的交换意愿的基础上进行的。易货贸易中商品评估的规则也不能是一成不变的,需要根据各国国情、国内外市场需求度及其政策进行改变。商品都离不开价值规律,即商品的价格是以其价值为基础的,但仍受到多种因素的影响,这类影响在易货贸易中尤为复杂。例如,在易货贸易中供求关系双方当事人范围的缩小,就会使供求关系这一因素对价格的影响相对扩大。

(2)交易服务制度

交易服务制度的核心在于易货平台需要对各个易货企业的富余资源进行编排,将各类资源进行整合并且形成多样化的易货方案提供给企业,实现价值循环和资源的转化利用。这项制度的构建是十分具有难度的,易货方案的提供服务对于易货平台来说,要求易货平台兼具考虑双方利益,并在此基础上实现资源的高效匹配,最终实现利益最大化。

(3)信用规范制度

信用规范制度可以说是易货贸易体系中最重要的制度版块,根据实践中所发现的问题可知,如今易货贸易信用制度的不完善一方面体现在参与易货贸易的企业本身的信用程度缺失,另一方面体现在易货贸易结算中易货额度可能引发的信用危险问题。因此,首先可以建立政府监管制度,对参与易货贸易的企业进行登记和审查,避免出现企业假借易货之名套取其他企业资产的情形。其次,易货平台在采用易货额度作为易货贸易的结算媒介时,要严格规范易货额度的获取途径,而不能简单地基于信用进行担保、质押来获取易货额度。

(4)结算制度

缺乏相应结算制度的易货贸易平台是不完整的,目前我国大多数易货企业仍然采用公司记账的方式来对易货交易进行结算,没有统一、规范的结算流程和结算执行保障,风险较大。虽然不少易货贸易平台在尝试推出以易货额度作为结算媒介,但个体推出的易货额度可接受度低,且没有相应的法律法规进行管制,并不能达到使易货行为与结算行为完全分离的效果。

要构建面向上合组织乃至全球的易货贸易平台,就必须建立为各国所接受的易货结算系统,而前提是要逐步实现人民币的国际化,只有人民币在上合组织被认可,易货贸易平台的结算系统才具备公信力,才能具备足够的影响力。易货贸易在现代的发展,其主要目的之一是让现金外汇流转困难的国家,通过这一灵活的贸易方式盘活经济。而各国外汇储备动荡的原因之一是对美元太过依赖,因此易货贸易在上合组织的推广与人民币国际化殊途同归。

2. 构建相应制度的具体措施

对于易货贸易平台中商品评估制度和交易服务制度的构建,其关键之处在于对易货人才的培养。而目前我国大多数的易货贸易从业人员尚未接受系统的技能与知识培训,这是限制我国易货贸易发展的原因之一。易货师对于易货贸易发展的作用是巨大的,通过对贸易数据的分析,易货师可以帮助企业通过易货贸易的方式,实现对多边债、三角债问题的解决;通过易货思维的运用,易货师可以对企业的经营模式进行创新,拓宽市场;易货师还能利用跨领域的专业知识帮助企业盘活库存,将企业的无形资产充分利用起来。①

现代易货贸易是高度信息化的贸易方式,大数据技术与经济深度融合是这一贸易方式最显著的特征,信用规范制度的搭建涉及大量企业信息、商品数据的摄入与分析,易货结算是脱离现金而依托数据信息进行的贸易结算方式。信用规范制度与易货结算制度的构建,需要与数字化发展结合起来,助推中国易货贸易事业实现数据易货到数字易货的提升。

建立数字易货贸易示范园区是探索现代易货贸易发展及其体系构建行之有效的良方,如“中国(临沂)国际数字易货贸易园区项目”的落地施行,该示范园区的成立致力于打造中国易货仓储物流中心、中国易货支付结算中心、中国易货人才培训实践中心、中国临沂国际数字易货交易中心等“四个中心”,既能

---

① 参见王楠、单莉萍:《大数据背景下易货贸易产业竞争力评价指标体系构建——以山东威海地区为例》,载《中阿科技论坛》2023 年第 2 期。

为易货企业提供完善的运营系统，又能全面推动传统产业数字化升级。

第五节 上合组织成员国间易货贸易面临的挑战及应对

一、易货贸易开展面临的挑战

在上合组织成员国之间开展易货贸易是一项机遇与挑战并存的工程。在全球经济下行的大环境下，易货贸易的开展能有效地对抗西方国家在贸易方面的打压，规避汇兑风险造成的损失。同时实现国内外双循环，缓解各国国际收支失衡压力。但是对内而言，各成员国之间开展易货贸易存在信用缺失、制度尚未统一带来的各种压力。

（一）成员国间的政策障碍

由于上合组织成员国各国的贸易发展水平参差不齐，因此各国根据本国国情制定的有关贸易发展的法律法规也不同。一单跨境易货贸易的成交，要先后涉及各国国内的不同法律制度，因此成员国之间的政策障碍是一个不可忽视的问题。

首先，各国对于对外贸易政策制定的不同。在鼓励国内企业参与跨境易货贸易的同时，也需要抓紧对相关企业的资质审核，而每个成员国对企业资质的要求不同，也会导致易货贸易市场的经营者质量参差不齐，影响交易双方之间的信用获取。

其次，外汇管理政策上的冲突。易货贸易作为无须外汇介入的一种对外贸易方式，可能会与各国对于进出口贸易规定的外汇管理政策产生冲突，如我国就存在规定，对于某些种类的货物要求出关时必须有相应的外汇进关。

最后，各国对于跨境易货贸易在税收方面的政策也尚未进行相应的调整。一单跨境易货贸易的成交，会有两批货物都既要出关又要进关，要避免重复征收关税以及遵守相关政策对于退税、免税的规定，无疑加大了税收征管难度。

（二）易货贸易开展的商品壁垒

对外贸易的商品一般可以分为一般商品、大宗商品和特殊商品，而在跨境贸易中，进出口各类商品所占比重关系到一国对外贸易的战略部署与经济效益。一般商品是在跨境贸易中限制最少的一类商品，各成员国可以根据各自需求进行易货贸易，在节省外汇的同时也可以优化国内救济结构。一旦涉及大宗商品以及特殊商品的易货贸易，各国商务主管部门的政策就各不相同了。

对于中国来说，大宗商品跨境易货贸易的发展是去美元化结算的重要渠道，也是对于上合组织内部贸易体制构建不受外汇影响的有效路径。然而每个国家对该类产品的进出口都十分谨慎，涉及国家进出口配额、技术标准以及绿色壁垒等众多问题。

（三）易货贸易中的信用缺失

跨境易货贸易中的信用缺失问题主要存在于两个方面，一方面是跨境易货贸易经营者彼此之间缺乏信任，也缺少跨境信用保证机制；另一方面是易货贸易平台结算机制上的信用缺失。

自易货贸易开展以来，有的企业积极参与是为了将自身闲置的货物进行交易，从而实现去库存的目标。但在积压的货物中也存在一部分质量不达标的货物，而有些企业将这些不达标的货物夹杂在普通货物中进行易货，导致收货企业因此受到损失。更有甚者只是通过易货来骗取他人资产。由此可见，易货贸易中的风险防控制度依然不完善。

现代易货贸易的基本特征是结合互联网平台进行数据匹配从而提高交易成功率。但基于易货平台目前的模式大多采用易货额度作为易货交易的电子媒介，易货额度作为一种新兴的货币介质，其获取方式、价值衡量以及信用保障目前都没有统一的标准进行规范，存在很大的信用风险。

二、易货贸易相关问题破解设想

（一）国家间的政策协调

国际收支平衡是国家对外贸易情势稳定的重要指标。为了国家的宏观经济利益需要、维持国际收支平衡，国家在对外贸易方面设立了各类制度对跨境贸易进行监管。而要在国家之间建立更加紧密的贸易合作关系，寻求贸易合作体制创新，就必须在各国对外贸易政策上下功夫，争取国家间的政策协调互通。

1. 交易管制政策协调

国家对外贸易监管制度主要包括交易管制、外汇管制等方面。配额制度是管制货物交易常用的一项制度，是指国家对某些商品进口或者出口的数量或者金额设定一个最高额度，以此来对国内市场进行保护，并且通过增加税负和罚款的方式保障制度的有效运行。在上合组织成员国推行易货贸易的过程中，配额制度作为一种对外贸易保护手段，需要各国进行协商，为易货贸易作出一定让步。每一笔跨境易货贸易的成交,都是基于双方的需求契合这一要素,相比单方买卖而言,跨境易货贸易的成功需要满足更多条件。因此,在促进易货贸易发展这一政策导向下,易货贸易交易额可以适当从国家对相关产品的配额中剥离出来另行计算,在促进易货贸易发展和保护国内相关产业生存发展之间找到平衡点。

其次是许可证制度,该项制度要求对货物的进出口必须通过政府审查后颁发许可证明,一般许可证应用广泛,在对货物进出口起到监督作用的同时,也可以向海关提供统计数据,而特殊许可证主要应用于进出口需要严格审查并进行数量控制的货物。由于目前跨境易货贸易仍在推行阶段,跨境交易量少,如中国湖南长沙自贸区就是采取"一单一报"的方式实现跨境易货贸易。因此跨境易货贸易可以与许可证制度进行结合,提升易货贸易进行的便利化程度,减少手续烦琐带来的交易成本。

2. 外汇管理政策协调

外汇管理政策在跨境易货贸易中表现为在货物出口时要求必须有相应的外汇按照官方汇率出售给国家指定的银行,在货物进口时若需要外汇则必须经过批准才能购买外汇,现在许多发展中国家仍然对外汇收支采取比较严格的管理制度。随着跨境易货贸易的开展,国家在对外贸易中的外汇管理制度也需要作出相应的变通,通过易货贸易实现的货物进出口,不能再一味地与国家外汇收支绑定,需要及时调整相关制度,以防海关部门与税务部门产生职务冲突。

上合组织目前已经形成了多层次的协商合作机制和制度框架。① 国家元首会议系上合组织最高机构,对组织的基本性、原则性问题作出决策;政府首脑会议确定通过组织预算,决定各个发展领域尤其是经济领域的重要发展问题。此外还设有外长会议、各部门领导人会议等会议机制解决各方面的合作开展具体问题。跨境开展易货贸易需要各国国内政策的相互通融,可以通过上合组织召开会议来制定统一的政策法规。针对跨境易货贸易制定特别制度,从而实现贸易过程中外汇管理、海关税务管理的互联互通,从政策上鼓励跨境易货贸易的发展。

如果基于上合组织成员国内部发展水平差距较大的现实情况,难以制定普遍适用的统一规范,则可以徐徐图之,先尽可能地在成员国之间订立有关易货贸易的双边协定。等到跨境易货贸易发展逐渐走向成熟,各国经济发展都有了

① 参见赵会荣:《依托上合组织共建一带一路可行性探析》,载《开放导报》2023 年第 1 期。

不错的经济效益，再进一步推进上合组织贸易一体化进程，发展组织内易货贸易体制。

（二）梯次推进商品种类进行易货贸易

跨境贸易中，各国为了保障产品质量，对于进出口商品在经过海关时都要进行商品质量检验。如《进出口商品检验法》就规定，为了保护人类健康和安全、保护动物或者植物的生命和健康、保护环境、防止欺诈行为、维护国家安全，应当对进出口商品进行检验。由于地域、文化和发展水平各类因素的影响，每个国家对于同种产品的质量标准都有所不同，比如食品类产品中可以添加的化学成分的种类、剂量都存在不同的要求。一些生物产品的进出口可能携带某些生物对进口国家的生态环境造成损害，此种由于进出口买卖而造成生物入侵的现象已屡见不鲜。

然而，这一最初目的是保护国家安全的商品检验制度，通过严苛的技术标准和要求、繁多复杂的手续，在一定程度上已经构成了排斥外国竞争对手、实现本国贸易保护主义的一种新方式。[①] 推进易货贸易发展，既要保障交易质量促进跨境易货贸易良性发展，又要降低贸易壁垒。

可以通过对跨境易货贸易的商品种类进行分类的方法，根据各国国情制定商品贸易清单，以此避免有关商品的易货贸易与国家内部对商品进出口的限制性规定产生冲突。首先鼓励一般货物进行跨境易货贸易，在积累到足够的经验以及获得一定成效以后，再形成相应的制度与流程规范，最后推动大宗贸易与小宗贸易并进，梯次推进各类商品进行易货贸易。

与此同时，创立科学的商品价值评估体系，制定统一的货物评估标准，有利于减少梯次推进易货贸易商品交易发展过程中，因为对货物价值评估变化而产生的冲突。商品价值评估是易货贸易中不可或缺的一个环节，虽然以货易货中主要因素是双方当事人的交换合意，但是货物的价值评估一方面是给市场确定一个价值参照，防止无序竞价扰乱市场的情形发生；另一方面可以在交易当时将货物的交换价值固定住，为之后合同内容变更保留依据。

（三）跨境易货贸易的信用体制搭建

要解决跨境易货贸易中信用缺失的问题，需要创立易货贸易风险防范机制，包括对跨境易货贸易企业经营者的监督管理和对易货贸易电子平台的监督

① 参见余劲松、吴志攀主编：《国际经济法》（第4版），北京大学出版社2014年版，第205页。

管理,将两个方面结合起来,让整个贸易往来过程都处于监督管理体制之下,更好地防范信用风险。

首先是对易货贸易企业经营者的监督管理。可以在各国都建设统一管理的易货贸易综合服务平台,由政府牵头,集中收集参与跨境易货贸易各类经营者的征信信息,在初期实现政府监管确保贸易秩序稳定。并且需要加快制定易货贸易的政策法规,使经营者在交易过程中有据可依。

现如今,新型跨境易货贸易仍处于发展起步阶段,许多经营者以易货贸易形式进行交易的目的是期望以自己富余的产品换取自己所需要的产品,而经营者富余的产品往往是积压于仓的货物,抑或一些已经存在部分质量问题的陈年旧货。企业经营者往往从个体利益出发,在监管制度尚不成熟的情势下投机取巧,导致跨境易货贸易存在不少合同履行上的问题。因此需要完善经营者信息登记制度,设立信用等级和奖惩机制,对于不遵循市场规章制度的企业进行一定程度的处罚,也为信用等级高的经营者参与交易提供一定的政府信用保障。

其次是对易货贸易平台的监督管理,纵观如今我国的易货贸易电子平台,大多数都只是对有易货需求的企业提供信息展示和信息匹配的技术支持。作为新型易货贸易进行的媒介,想要将易货贸易平台打造成非货币交易平台,必须要开发易货贸易平台的结算功能。对于易货贸易平台结算功能的设计,目前常用的设想是基于易货额度进行易货贸易。易货贸易平台为经营者提供易货额度,经营者用获取的易货额度进行对目标易货货物的"购买"。

对易货贸易平台的监督管理,其一在于对该平台发放易货额度的监督管理。经营者想要获取易货额度,主要存在两种途径,即易货贸易平台对易货商品和用户的信用水平进行综合评估,确定其能够获取的易货额度,还有就是通过现金充值的方式获取易货额度。两种途径都是基于易货贸易平台内部意思进行额度发放的,且各个平台的易货额度价值量各不相同。因此需要对易货平台制定规则,对额度发放的流程、评估标准等进行统一。其二在于对该平台是否存在帮助经营者进行不正当竞争行为的监督管理。新型易货贸易依托于互联网信息技术,而电子商务中的不正当竞争行为层出不穷,也更加难以规制。易货贸易平台作为易货贸易中的特殊主体,唯有加强对该方面的监督管理,才能预防和及时纠正市场中的乱象发生,要将利用网络信息技术进行不正当竞争的行为的规制作为重点工作之一。

在贸易过程中,易货贸易平台的结算制度还没有完善之前,可以继续采取对开信用证的方式解决跨境信用缺失的问题。此外,还可以鼓励从事新型跨境易货贸易的企业在对方国(境)内自行注册设立一家独立子公司,方便在对方国家开展信息和商品收集、甄别工作,这样与国内企业形成事实上的关联交易,也能解决跨境信用不足问题。①

① 参见林峰:《新型跨境易货贸易瓶颈突破研究》,载《对外经贸实务》2022年第8期。

第五章　合格境内有限合伙人——金融合作新路径

第一节　概　　述

中国对外投资规模在近年来不断增加。根据中国商务部的数据,2019 年全年中国非金融类对外直接投资累计达到了 1283 亿美元,同比增长 5.8%。此前,中国对外投资主要采用并购和绿地投资两种方式。并购是指通过购买境外企业的股权或资产来实现海外投资的方式,绿地投资则是指在境外新建工厂或项目的方式。近年来,随着中国企业实力的不断增强,中国也在寻求其他更为主动的方式实现海外投资。

随着"一带一路"倡议的不断发展,金融领域的重要性日益凸显,为了应对金融需求以及推进金融对外开放,上合示范区也不断发展新的投资制度。其中,合格境内有限合伙人试点的重启,为境外机构提供了一个在中国试验其投资策略、熟悉中国市场动向、了解中国本地投资者的机会,也可为其未来参与中国资本市场、发展中国本地业务打下一个良好的基础。[①]

一、基本概念界定

投资基金是指基金管理人基于特定目的向特定或是不

---

① 参见汪灵罡:《揭开 QDLP 的"面纱"》,载《中国外汇》2018 年第 6 期。

特定对象进行资金募集后，利用募集到的资金进行投资管理，并且应用专业知识实现收益最大化的一种金融手段。根据募集对象分类，投资基金可以分为私募基金和公募基金两种形式；根据投资对象分类，投资基金又可以分为股权投资基金和证券投资基金两类。[①]

私募股权投资基金自20世纪在美国萌芽以来，就以其灵活性与高收益性成为颇受欢迎的一种投资工具，而现如今各国发展的各类投资渠道都一定程度上与私募股权投资基金存在关联。因此，要深入理解合格境内有限合伙人的机制，就要先对私募股权投资基金进行分析，在辨析的基础上了解合格境内有限合伙人的优势与劣势。

（一）私募股权投资基金

1. 私募股权投资基金的概念与特点

私募股权投资基金是指基金管理人通过非公开的方式向不特定投资人进行资金募集后进行投资管理的投资机构。其中，投资人是否具备投资资质需要经过严格审查，原因在于相较于公募基金而言，私募基金具有监管薄弱、风险性高的特点，因此投资人的财富状况是否具备承担风险的能力是一项重要的考量因素。[②]

再者，顾名思义，私募股权投资基金的一大特点是以非公开的形式进行资金募集。由于私募股权投资基金的投资期很长，一般基金封闭的投资期为3—5年，并且最终退出时的销售与赎回也都是基金管理人与投资者通过私下协商的方式进行的，对投资者识别风险的能力具有一定要求，因此此类基金必须满足非公开的标准，防止私募基金公募化、非法集资等一系列问题的发生，减少监管压力与投资风险。

在私募股权投资基金的模式下，投资人与基金管理人形成了信托法律关系，即投资人将资金以一定形式出资后，不再参与资金的投资管理，但最终享有收益分配权，基金管理人需要保证基金财产的独立性，谨慎合理地进行投资管理。从基金机构与投资人的关系层面来说，如今私募股权投资基金的运作模式多样化，包括公司制、信托制、有限合伙制等典型模式，也有"公司+信托""有限合伙+信托"等混合模式，不同投资方向的基金运行可以根据其特点采取合适的

---

① 参见盛宇涵：《私募股权基金海外投资法律问题研究》，武汉大学2019年硕士学位论文，第12页。

② 参见吴晓灵：《发展私募股权投资基金需要研究的几个问题》，载《中国金融》2007年第11期。

运作模式。

2. 私募股权投资基金的核心价值

海外投资的流程总体可以分为4个部分：在母国募集资金、将资金投入东道国、在东道国进行资金经营管理、在合适的时机退出东道国。私募股权投资基金作为一种投资手段，在投资活动的各个环节中都体现了一定的价值。

在资金募集阶段，非公开形式的募资使得投资者和基金机构双方能够更加详细地就投资项目的有关信息进行沟通，同时私募形式相较于公募形式来说更为自由，国家对于私募基金的监管力度较轻。不仅如此，私募股权投资基金的机构形式的多样化给投资人带来了多样的选择，如公司制的基金机构形式，投资人可以以股东身份参与投资决策；“公司+有限合伙”模式中，公司是指基金管理人，基金为有限合伙制企业，该形式下降低了基金管理人的个人风险，同时有限合伙企业可以避免双重征税，各种形式各有优劣。

在投资基金进入东道国后，私募股权投资基金在一定程度上可以减轻东道国对国外投资审查的有关限制。在现如今国家对经济安全审查越发严格的情形下，不少国家以维护国家安全的名义阻挠外国投资进入本国，而私募股权投资基金的募资基本来自民间，虽然仍存在一定的投资壁垒，但这一形式淡化了投资的国家主体色彩，从而得以顺利通过国家的安全审查。

（二）合格境内有限合伙人

1. 合格境内有限合伙人的概念

合格境内有限合伙人，即QDLP，英文全称为Qualified Domestic Limited Partner，具体是指境外投资机构在境内设立投资机构作为一般合伙人，发起设立合伙制私募基金，向境内投资者非公开募集人民币资金，购汇后或直接以人民币投资于境外市场，是中国境内的一种特定的投资机构类型。主要用于引进境外投资者参与中国市场的私募基金投资活动，同时也为中国投资者提供了参与海外投资的机会。

2. 合格境内有限合伙人的特点

合格境内有限合伙人是私募基金跨境投资途径的一种，而私募基金跨境投资是发展对外投资、丰富资本市场投融资体系的重要手段。合格境内有限合伙人既继承了私募股权投资基金的特点，如募集资金时的非公开性及高风险性等，又在其基础上进行了新的尝试。

其一，合格境内有限合伙人在母国获得试点资格后募集基金有两种运作方式，包括有限合伙制和契约制。不同于传统的私募股权投资基金，合格境内有限合伙人将试点企业募集资金的运作模式限定在两种形式,是因为此两种形式都大大减轻了基金机构的税收压力。有限合伙企业可以避免国际上的双重征税,而契约制没有法人主体,也就不被视为纳税主体。这样一来,与其他跨境投资渠道相比,大大增加了合格境内有限合伙人试点对外资基金机构的吸引力。

其二,合格境内有限合伙人的境外投资范围更宽泛,涵盖了海外一、二级市场、大宗商品交易市场、私募基金、股权投资等多维度资产,与现有海外子公司为主导的跨境资产管理模式形成协同效应。而私募股权投资基金自诞生以来,此种海外投资方式就仅能实施股权投资,而不涉及国际金融市场的证券交易。

3. 合格境内有限合伙人的发展

2008 年,中国证券监督管理委员会(以下简称中国证监会)首次发放了合格境内机构投资者资格,允许中国境内的投资者投资于海外市场。2011 年,中国证监会发布《私募投资基金管理暂行办法》,开启了中国私募基金管理的新时代。此时,中国的私募基金管理人开始尝试海外市场的业务。

直到 2012 年,上海市发布的《关于本市开展合格境内有限合伙人试点工作的实施办法》是中国开始尝试合格境内有限合伙人制度的开端。合格境内有限合伙人的设立需要通过严格的监管和审批程序,符合特定的资格条件。第一批合格境内有限合伙人试点启动时,共有 6 家大型对冲基金公司获得试点资格,此时每家对冲基金公司获得的额度是 5000 万美元;而到 2015 年第二批试点资格开放时,每家取得资格的基金机构能获得的额度翻了一番达到了 1 亿美元。可见,试点企业的外汇额度在不断地扩大,结合制度本身为境外投资带来的极大便利度加持,合格境内有限合伙人制度方兴未艾。

通过合格境内有限合伙人,境外投资者可以投资中国的私募基金,并参与中国的股票、债券、期货等资产的投资。同时,中国投资者也可以通过合格境内有限合伙人渠道,投资海外的私募基金和其他资产。合格境内有限合伙人的推出为境内外投资者提供了更多的投资渠道和机会,有助于促进中国和全球市场的互联互通和经济发展。

二、合格境内有限合伙人的运行机制

合格境内有限合伙人作为对外投资制度的渠道之一,其实施的相关程序受我国相关法律法规的规范。然而,通过对我国私募股权基金海外投资的法制梳理可以发现,目前这一领域的相关制度较为分散,同时缺乏高位阶的法律法规予以规范。①

根据目前现有的制度和机构实践,可以对合格境内有限合伙人的运行机制进行归纳。可以明确的是,海外对冲基金机构借助合格境内有限合伙人试点资格到境内进行资金募集必须满足两个条件。其一,该基金机构需要在境内设立合伙企业或者合资公司;其二,募集资金必须是非公开的,且必须投入海外市场。

第一个条件体现的是合格境内有限合伙人制度引进外资的作用,虽然试点企业在境内募集资金后最终要投入其他东道国,但是募资的前提是在母国设立固定的法人机构。这样一来,该机构就会对试点企业所在国的金融环境进行了解后开展境内金融业务,而该机构一开始就与国外的基金机构存在关联,从而使得母国吸引外资进驻的目的得以达成。

第二个条件体现的是合格境内有限合伙人制度拓宽母国投资者海外投资渠道的作用。试点企业在募集到资金后,只能进行海外投资,一方面,我国投资者能够借助该企业具备的丰富海外投资经验和国际视野的投资研究团队进行对外投资;另一方面,资金募集的非公开性要求,使投资者参与投资的形式更加灵活,不受公募资金相关制度的限制。

(一)基金机构的设立

对于政府来说,我国目前对于合格境内有限合伙人的推进采取外汇局模式。由国家外汇管理局负责核定试点地区对外投资总额度,再由试点地区的地方金融监督管理局通过联席评审机制,与外汇、证监、市场监督等部门共同负责当地合格境内有限合伙人企业的准入审批、额度备案、日常监管和风险退出。②其中联席会议的职责是评审合格境内有限合伙人产品在募资、相关基金工商注册、资金换汇对外投资与结汇返还等几方面的操作是否合规;而由全球大型知名资产管理公司高管组成的产品评审委员会负责对合格境内有限合伙人产品的信息披露、投资风险、净值波动性等问题进行评估。

对于企业来说,企业经过向相关部门申请,获得合格境内有限合伙人试点资格以及相应的对外投资额度后,向中国证券投资基金业协会登记备案成为"其他类私募投资基金",并遵守关于私募基金的全部监管规则,按照相关要求履行投资者适当性管理、产品风险评估、信息披露等职责。同时在试点地区外

① 参见盛宇涵:《我国私募股权基金海外投资的法律制度探析》,载《法制与经济》2019 年第 3 期。

② 参见张弛:《私募股权基金跨境投资外汇管理研究》,载《海南金融》2022 年第 10 期。

汇局进行相应的注册，并且委托一家银行作为保管最终募集到的资金的托管行，以最大程度地保证募集到的资金不被不正当地挪用。

（二）资金募集

外资私募基金专项投资管理企业在境内设立后，可以向境内合格投资者发行合格境内有限合伙人份额，作为参与境外市场的资本，合格境内有限合伙人可以通过认购合格境内有限合伙人的形式，投资外资私募基金专项投资管理企业。合格境内有限合伙人基金经理负责基金的运作，包括基金的投资决策、投资组合管理和风险控制等方面。同时，合格境内有限合伙人基金也可以投资中国股票、债券、期货等境内资产，还可以通过境外子基金或者直接投资的方式，投资境外私募基金、私募股权投资基金、其他投资工具或资产。合格境内有限合伙人基金的收益分配根据合同规定进行。一般来说，合格境内有限合伙人享有基金净收益的权益份额，并且可以按照份额比例获得收益分配。对于相关费用结算的问题，合格境内有限合伙人基金的管理费、托管费、销售费等费用均由基金承担，而合格境内有限合伙人需要支付认购费和赎回费等费用。

三、合格境内有限合伙人与合格境内机构投资者、合格境内投资企业的比对分析

合格境内机构投资者、合格境内有限合伙人与合格境内投资企业（QDIE）都是我国近年来不断推动境外投资所发展的投资路径，3 种境外投资工具各有所长又联系紧密。

合格境内机构投资者是指满足既定条件，经中国证监会批准在国内募集资金，运用所募集的资金以资产组合的方式进行境外证券投资管理的境内基金管理公司和证券公司等证券经营机构。2007 年中国证监会出台的《合格境内机构投资者境外证券投资管理试行办法》确立了合格境内机构投资者制度，合格境内机构投资者最早开启了向境内投资者募集人民币资金，然后将所募集的资金购汇后投资于境外市场的试点。该制度是目前中国发展最为成熟的一项，合格境内机构投资者的限制在于只能通过境外渠道投资，且需要获得中国证监会的批准。

合格境内投资企业是指符合条件的中国境内企业，经批准后可以通过合格境外机构投资者（QFII）和人民币合格境外投资者（RQFII）投资境外资本市场。合格境内投资企业的限制在于只有企业可以申请，且需要获得中国证监会的批准。除此之外，该制度与合格境内有限合伙人基本上属于同一投资路径，只不

过试点开放城市不同,前者在深圳后者在上海。

可以看出,合格境内有限合伙人、合格境内机构投资者、合格境内投资企业均是中国资本市场中的投资路径,但它们的投资对象、投资渠道和申请条件都有所不同。

从投资主体来说,合格境内机构投资者在主体资格方面仅限于证券公司、基金公司、商业银行、信托公司、保险公司等机构;合格境内有限合伙人试点的主体必须是境外基金机构与境内合作的合伙企业;合格境内投资企业的境外投资主体可以是公司制、合伙制、契约型基金、专户等多种形式。

从投资范围来说,合格境内机构投资者作为最早的境外投资路径,相对来说更偏向于稳健发展,因此仅限于投资境外股票、债券等证券领域;而随着境外投资经验的积累和国内金融体系的需求,合格境内有限合伙人和合格境内投资企业的境外投资几乎不受限制,覆盖一级市场、二级市场、期货、股票和大宗商品市场等各个领域。

从募集资金的要求来说,合格境内机构投资者属于公募基金,对自然人没有金融资产投资下限限制;合格境内有限合伙人和合格境内投资企业适合高净值自然人或机构投资者,且合格境内有限合伙人和合格境内投资企业要求的金融资产高于合格境内机构投资者,适用于偏好高风险、高收益且坚持长期投资策略的投资群体。①

第二节　法律渊源

一、国际公约

随着全球化的加速,各国之间的经济联系和交流日益紧密,国际投资成为各国之间贸易和经济往来的重要组成部分。近年来,贸易保护主义思潮在一些国家和地区抬头,导致全球贸易环境复杂多变,这也影响了海外投资的形势。许多国家和地区意识到吸引外资对于经济发展的重要性,因此加大了对外开放和改善投资环境的力度,这为海外投资提供了更好的机会和条件。一些新兴经

① 参见黄志龙:《三大境外投资工具比较:QDII、QDLP 和 QDIE》,载《金融博览(财富)》2018 年第 6 期。

济体的崛起为全球投资提供了新的机遇,同时也对传统的国际投资格局产生了影响。

在当前的国际投资法律体系中,有关海外投资的普遍适用的多边国际条约有《与贸易有关的投资措施协议》(以下简称《TRIMs 协议》)、《关于解决国家和他国国民之间投资争端公约》(以下简称《华盛顿公约》)以及《多边投资担保机构公约》(以下简称《MIGA 公约》)。由于海外投资不仅要面临国内投资普遍涉及的商业性风险,还面临更难预测的非商业风险,比如东道国政治风险、外汇风险等,因此许多国家还另行签订了有关投资的双边协定以及区域性多边协定。

(一)《TRIMs 协议》

《TRIMs 协议》是世界贸易组织下的一个协议,于 1994 年在乌拉圭回合多边贸易谈判中通过,旨在通过规范东道国政府对外国直接投资的项目或企业采取的各种法律和行政措施,降低国家之间制定和实施投资措施时的壁垒,为跨国投资提供便利的协议,促进国际贸易和吸引外国投资。

《TRIMs 协议》规定了国家在制定和实施投资措施时需要遵守的一些规则。对于外国投资者在当地进行投资时,国家不得以当地成分要求、贸易平衡要求、进口用汇限制和国内销售要求等手段限制投资资本进入市场。

对于合格境内有限合伙人来说,境外基金机构在中国境内设立关联基金私下募集基金后,可以将募集资金投入国内外的各类产业,既带动国外投资者走进国内投资市场,又为国内投资者进行海外投资提供了机会。从本质上来说,合格境内有限合伙人制度实现了海外投资的双向发展,因此处于《TRIMs 协议》的管辖范围,对于试点所在地国家和基金机构所在地国家来说,两国对于获得合格境内有限合伙人试点资格的基金机构的投资行为都要遵守《TRIMs 协议》的相关规定,即不对投资行为进行不正当的限制手段。

《TRIMs 协议》的另一个核心内容就是确定了透明度原则。透明度原则是国际投资法律体系中的一个重要原则,它要求国家采取透明的措施和程序,确保国际投资活动的透明度。具体来说,透明度原则体现在以下几个方面:国家应该公开透明的制定和实施与国际投资有关的法律、政策和规定,包括投资准入、国民待遇、最惠国待遇、投资保护、投资促进等方面的政策和规定。还有投资审批、税收、海关等方面的行政程序和审批程序,以及投资争端解决、司法救济等方面的程序和规定。

透明度原则的实施,有助于提高国际投资的可预见性和透明度,促进投资者信心和投资流动。同时，透明度原则也有助于防止国家对投资者的不当干预和歧视性待遇，保护投资者的合法权益，增强国际投资的法律保障。在国际投资法律体系中，透明度原则被广泛认可并得到了广泛应用。

（二）《华盛顿公约》

《华盛顿公约》是1965年由国际复兴开发银行（世界银行）发起并通过的一个国际公约，旨在解决涉及国家与外国投资者之间的投资争端。根据《华盛顿公约》在华盛顿成立"解决投资争端国际中心"（ICSID）是作为解决缔约国与其他缔约国国民争议和实施《华盛顿公约》的常设机构。1966年，解决投资争端国际中心成立，该中心具有独立的法人资格，并享有公约规定的特权和豁免权。其目的在于提供解决国家和外国私人投资者争议的调节和仲裁的便利，促进相互信任的气氛，并鼓励私人资本的国际流动。

《华盛顿公约》的实施，为吸引外国投资提供了保障，同时也为解决国际投资争端提供了有效的机制，该公约与国际上其他的国际投资协定和仲裁机制共同构成了国际投资法的重要组成部分。根据《华盛顿公约》的规定，当一个外国投资者与一个缔约国之间的投资发生纠纷时，双方可以选择将争端提交给国际投资争端解决中心仲裁解决。在这种情况下，基金机构作为外国投资者，如果其与某个缔约国之间发生投资纠纷，则可以选择使用《华盛顿公约》的仲裁机制来解决。

（三）《MIGA公约》

多边投资担保机构是国际金融机构世界银行集团下属机构之一，成立于1988年。《MIGA公约》旨在鼓励和保护跨国投资，提供投资保障和风险保险，促进发展中国家和地区的经济发展。

由于国家投资保险制度往往有着限制性要求，使许多跨国投资无法获得担保，而《MIGA公约》在规定担保业务方面所体现出的种种灵活性，为实现其填补国际投资保险市场空白的目标提供了可能。根据该公约的相关规定，要想申请获得多边投资担保机构的投资保障，需要符合一定条件。

对于《MIGA公约》来说，合格的投资人必须是具备东道国以外的会员国国籍的自然人；或在东道国以外一会员国注册并设有主要营业点的法人，或其多数股本为东道国以外一个或几个会员国所有或其国民所有的法人，并且只有发展中国家才能成为合格的东道国。合格的投资项目必须是私人部门的，而不是政府部门的；而且需要具有良好的商业前景和盈利能力，能够提供足够的偿还保障责任的收益。

海外投资对当今各国的经济发展都有着举足轻重的作用，在上合组织成员国之间推进合格境内有限合伙人试点制度，在如今各个成员国国内对海外投资保护法律制度尚不完善，成员国之间尚没有达成关于海外投资保护的双边协定以及多边协定的情况下，合格境内有限合伙人作为境外投资的一种新兴方式，需要通过《MIGA公约》投保成员国之间的海外投资政治风险，弥补相关保险制度的不足。

然而，《MIGA公约》对于上合组织成员国之间海外投资的保护依然存在一定的问题。首先，该公约对于合格投资项目的规定比较严格，不符合上合组织成员国各国国情发展。该公约要求投资项目必须是具有良好商业前景和盈利能力的，然而各国存在的许多需要投资的项目不一定都能满足此种要求。其次，多边投资担保机构的保险费用较高，对于想要投资海外的中小企业来说是一笔不小的负担，况且机构的担保能力与资金、国别等因素密切关联，对于经济发展水平落后的成员国来说，不一定能发挥《MIGA公约》的机制效力。

因此，上合组织各成员国不仅要充分利用《MIGA公约》，更要积极签订海外投资保护的区域性公约，从而全面有效地保护海外投资，早日实现投资渠道多样化发展。①

二、国内法

（一）《合伙企业法》

合格境内有限合伙人是指经国内有关部门批准，面向中国境内投资者募集资金并投资于海外的投资管理机构，这一概念已在上文中详细阐述。该试点制度发展至今，获得试点资格的投资管理机构通常采取两种方式进行运作，即契约型私募基金运作模式和有限合伙型私募基金运作模式。

契约型私募基金运作模式是指投资管理机构在获得合格境内有限合伙人试点资格及募集额度后，向境内招募投资者时，与投资者之间以契约的形式订立合同，而后投资管理机构再将募集资金进行海外投资。此种运作模式具有基本的信托法律关系的性质，因此受《民法典》《信托法》以及相关行政法规的规制。由于契约型私募基金运作模式并无独立的法律人格，可以大大降低投资人的税负，因此颇受投资管理机构青睐。然而，我国有关信托制度的相关法律制

① 参见闫媛媛、刘正：《我国海外投资保护法律制度及其完善思考》，载《行政与法》2014年第3期。

度还不够完善，投资管理机构也不是专业的信托机构，难以确定当事人的法律地位容易造成法律关系的不稳定。因此有关契约型私募基金运作模式本书不再赘述。

有限合伙型私募基金运作模式是指投资管理机构根据合格境内有限合伙人规定的份额进行募资时，与投资者之间采取有限合伙的方式设立股权基金，投资人作为有限合伙人，基金管理人作为普通合伙人。此种运作模式最大的特点就是最大限度地实现了分工和资源的有效整合，普通合伙人可以发挥在私募基金投资领域的专业和经验优势，而有限合伙人可以发挥在资金上的优势。①

以设立有限合伙的形式进行资金募集后实现海外投资，则在设立有限合伙企业时必须遵守中国相关法律规定。《合伙企业法》是中华人民共和国全国人民代表大会于2006年8月27日通过的一部法律，自2007年6月1日起正式实施。它为中国境内的合伙企业的设立、运营、管理、解散等提供了明确的法律规定，是中国境内合伙企业管理的重要法律依据。

可以说，《合伙企业法》为合格境内有限合伙人试点提供了一种合适并且有法律保障的运作方式。根据《合伙企业法》的规定，有限合伙型私募基金需要各合伙人订立合伙协议明确彼此之间的权利义务，用以规范基金企业的日后运作；有限合伙人与普通合伙人需要共同出资设立基金，但并未对双方出资比例进行规定，由双方自行约定；对于合伙企业权益转让，《合伙企业法》第22条规定："除合伙协议另有约定外，合伙人向合伙人以外的人转让其在合伙企业中的全部或者部分财产份额时，须经其他合伙人一致同意。合伙人之间转让在合伙企业中的全部或者部分财产份额时，应当通知其他合伙人。"可见，合伙人对权益转让有很大的自主权，但在基金合伙中，为了保持资金稳定，基金权益的转出一般附加了一定的限制条件。

要推进合格境内有限合伙人在上合组织成员国之间的发展，不仅要先在国内完善相关制度为后续在区域内发展奠定基础，也要考虑各国国内法差异导致的法律问题。目前，对于合伙型私募基金海外投资需要考虑的问题主要有两个，即主体资格问题与跨境税收问题。

关于主体资格问题，国际各国从法理上对法人能否成为有限合伙企业中的普通合伙人有3种主张：禁止主义、许可主义、折中主义。采取禁止主义的国家

① 参见张红梅：《中国私募股权基金发展中的法律问题研究》，中国政法大学2011年博士学位论文，第64页。

如日本、瑞士等，这些国家认为法人作为普通合伙人可能导致一些不利后果，比如可能会增加合伙企业的管理难度、可能会削弱合伙企业的风险分担能力等。采取许可主义的国家则认为，法人可以成为合伙企业的普通合伙人，但是需要经过特别的许可或审批程序。这种方式可以保证法人合理地参与到合伙企业中，同时也可以避免合伙企业因为法人的参与而带来的一些不利后果。中国采取的是折中主义，是介于禁止主义和许可主义之间的处理方式，即规定只有特定类型的法人才能成为合伙企业的普通合伙人，或者规定法人在特定条件下才能成为普通合伙人，比如相关法律规定："国有公益单位不得以普通合伙人的身份参与设立合伙企业。"①

上合组织各成员国对于法人能否成为有限合伙企业中的普通合伙人可能各自采取不同的主张，而根据合格境内有限合伙人的有限合伙型私募基金运作模式，取得合格境内有限合伙人试点资格的基金机构作为法人能否成为有限合伙企业中的普通合伙人（基金管理人）对投资的开展是一个重要的影响因素。还需要各国之间进一步进行沟通，避免出现法律冲突。

对于私募股权基金来说，中国目前没有制定与之相适应的税收政策，而是按照一般的合伙企业所适用的税收进行纳税，这也是契约型基金运作模式发展的主要原因，毕竟契约型基金运作模式不存在独立的法律人格，投资者只需要缴纳个人所得税。而当投资人成为有限合伙人，就要支付将近20%的税费，在这种税收成本劣势的情况下，如何吸引投资者是需要深思熟虑的问题。② 目前的纳税政策与合格境内有限合伙人的投资管理特性相悖，不仅税负偏重，也在一定程度上引导市场主体选择最不利于保护投资者利益的形式。③ 因此，要推进合格境内有限合伙人制度的发展，还需要根据其特性制定一套完整的税收政策。

（二）《证券投资基金法》

中国于2012年12月通过了经修订的《证券投资基金法》，该部法律主要规定了证券投资基金的管理、运作、监督等方面的内容，旨在保护投资者权益，促进证券市场健康稳定发展。修订过后的《证券投资基金法》第一次将非公开募集基金纳入监管范围，并且以单独的一章对私募基金的相关事项作了规定。

---

① 熊国平：《关于我国发展私募股权基金的思考》，载《金融与经济》2010年第3期。

② 参见仇晓慧：《QDLP让谁受益？》，载《股市动态分析》2012年第10期。

③ 参见王小燕：《私募股权基金税收政策探讨》，载《中国集体经济》2023年第3期。

《证券投资基金法》对私募基金的规定,在中国开展合格境内有限合伙人试点的基金管理机构和其他企业都适用。该法律规定的主要内容包括以下几个方面:首先,该法限定了私募基金最多只能向不超过200名的合格投资者进行资金募集;其次,确定了合格投资者制度,以收入水平来判断投资者资格和相应的可投资限额;最后,该法还明确了基金管理机构和保管人即基金保管行的信息披露义务。

该法明确规定了证券投资基金的投资范围、风险提示、信息披露等要求,加强了对基金管理人和托管人的监管,提高了证券投资基金的透明度和投资者保护水平。

(三)《私募投资基金监督管理暂行办法》

由于《证券投资基金法》对私募基金的有关规定不足以产生相应的管制效果,2014年8月《私募投资基金监督管理暂行办法》正式印发,给出了私募基金的明确定义,即私募投资基金是指通过非公开的方式,向投资者募集资金,在中国组建的投资基金。这是私募基金的有关规定首次以部门规章的形式出现,奠定了私募基金行业监管的法制基础。①

《私募投资基金监督管理暂行办法》规定了私募基金的设立和备案程序,包括私募基金管理人的注册、基金合同的备案等;确定了私募基金的投资范围和投资限制,例如禁止私募基金进行违法犯罪活动、禁止投资于禁止投资的领域等;强化了私募基金的信息披露要求,包括要求私募基金管理人向投资者提供充分的信息披露,以确保投资者的知情权。更重要的是规定了私募基金的监督管理措施,包括对私募基金管理人的监督检查、对私募基金的备案、信息披露、投资活动等方面进行监管。

总而言之,《私募投资基金监督管理暂行办法》的实施使私募基金行为有了更为全面的规范制度可依,为私募基金市场的健康发展提供了法律依据,加强了对私募基金的监管和管理。

---

① 参见《私募投资基金监督管理暂行办法》第2条。

第三节　合格境内有限合伙人在上合组织推广的可行性

一、上合组织成员国金融合作现状

（一）合作背景

上合组织在20多年的发展中，不断扩展组织成员国之间的合作领域，从最开始打击“三股势力”的安全合作到如今在经济、科技各个领域都已经取得了显著的成果。近年来，国际经济形势严峻，贸易保护主义政策的冒头限制了跨境投资和贸易自由化的发展，对全球经济产生了巨大的负面影响。一些国家的货币政策已经开始收紧，这可能会导致全球资本流动性减弱，股票和债券市场下跌。各成员国的经济发展也受到了不同程度的影响，深化区域经济合作，加快区域经济一体化进程迫在眉睫。

近年来，中国与上合组织国家间的金融合作不断深化，在金融机构合作、人民币国际化、投资合作以及金融交流平台构建等方面都取得了一定的进展。

（二）合作概况

上合组织国家中，俄罗斯和哈萨克斯坦是中国人民币跨境支付清算银行的重要合作伙伴。目前中国四大银行都已经在俄罗斯设立了代表行，俄罗斯的国家中央银行也相继在中国设立分行，银行之间的合作使两国金融关系紧密联系起来。在人民币国际化方面，中国与上合组织国家加强了货币互换协议和金融合作，推动人民币在该地区的使用和国际化，如2015年，中国和哈萨克斯坦签署了450亿元人民币和1500亿坚戈的货币互换协议，有效期为3年。

不仅如此，上合组织成员国之间在近5年内纷纷签署了双边货币互换协议，这些货币互换协议可以加强成员国之间的贸易和投资往来，减少对美元等第三方货币的依赖，促进人民币和俄罗斯卢布等本地货币的使用，加强货币合作和金融稳定。同时，这些协议也可以促进成员国之间的政治和经济合作，推动上合组织的发展和壮大。

中国和上合组织国家在投资领域也有合作。例如，中国企业在俄罗斯和哈萨克斯坦等国家投资建设了多个基础设施项目，如天然气管道、高速公路等，为两国经济合作打下了坚实的基础。支持的重点项目如巴基斯坦拉合尔橙线轨道交通项目、乌兹别克斯坦“安格连—帕普”铁路隧道项目等，这些项目的建成一方面改善了所在国的基础设施质量,另一方面也有利于深化中国与所在国间的互联互通。①

同时,为促进上合组织成员国金融合作,中国政府还在上海设立了上合组织银行间交易所,并于2019年推出了上合组织跨境金融服务平台,为成员国提供金融信息查询、财务管理、风险控制等服务。该交易所的成立旨在促进上合组织成员国之间的货币流通和金融合作,支持跨境贸易和投资,提高成员国之间的经济联系和贸易合作水平。

二、合格境内有限合伙人与上合组织的契合

(一)上合组织成员国国情

在上合组织合作发展过程中,金融合作一直是经济领域十分重要的一个板块。落后的成员国需要通过金融合作获取资金支持来推进国内的各项建设;经济发达的成员国可以靠金融合作扩大自身的经济影响力;金融合作更可以加强货币政策的协调和合作,共同维护货币稳定,降低汇率波动对各国成员国在国际贸易和投资活动中造成的影响。

自上合示范区启动建设以来,一直在不断通过实践寻找金融合作的利好途径,2022年上合示范区秉持着打造上合组织金融出海口的理念,达成了上合示范区金融实践的两大亮点突破,其中之一就是合格境内有限合伙人试点。此次实践成果为两只规模共达到2.5亿美元合格境内有限合伙人基金落地上合示范区。一是上合示范区与中俄能源投资私募基金管理(青岛)有限公司合作,获取了基金试点额度1.5亿美元,已经用于投资哈萨克斯坦札纳塔斯100兆瓦风电等项目;二是由浙江量化硅谷控股有限公司发起设立合格境内有限合伙人基金,主要投资碳中和领域与新能源企业。②

合格境内有限合伙人基金在上合示范区的发行是上合组织金融合作的新路径,那么合格境内有限合伙人制度是否适合上合组织各成员国进行金融合作?合格境内有限合伙人制度的落实会遇到哪些困难?这都是推动合格境内有限合伙人试点在上合组织成员国间发展需要解决的问题。

俄罗斯作为上合组织成员国中最大的国家,其自然资源丰富,其能源和矿

① 参见陆剑雄:《中国与上合组织国家金融合作风险评估及应对策略》,四川大学2021年硕士学位论文,第10页。

② 参见锡复春:《上合示范区加快打造"金融出海口"》,载《青岛日报》2022年8月11日,第2版。

产资源在世界范围内有较大的影响力，境外投资主要集中在自然资源领域，如石油、天然气、金属等行业。印度是成员国中经济发展较快的国家之一，其境外投资主要集中在信息技术、制药、汽车等行业，并且印度一些信息技术企业在国际市场上有着很高的竞争力和知名度。巴基斯坦的境外投资规模较小，主要依靠国际援助和外国直接投资来支持其经济发展。哈萨克斯坦的经济主要依赖于自然资源，境外投资主要集中在石油、天然气等行业。而吉尔吉斯斯坦、塔吉克斯坦等国家的境外投资主要是与中国的合作项目，以及中亚国家之间的能源合作项目。

上合组织成员国各国的对外投资情况都有着非常鲜明的特色。在上合组织这个大家庭当中，中国、俄罗斯和印度是成员国中经济发展水平较高的，因此这些国家对外投资的领域都非常广泛，与此同时也肩负着带动其他成员国金融发展的任务，即与经济水平相对比较落后的成员国进行金融合作。合格境内有限合伙人基金作为一种具有“双向开放”性质的海外投资途径，既可以为各国的优势产业项目吸引外资，又能将境内投资者的资金与扶持政策相结合投向其他成员国的建设项目中。并且上合组织间的金融合作其目的是促进成员国的经济发展，参与其中的私人投资者与区域经济发展利益相一致，更有利于投资各方当事人形成互利共赢的良好局面。

对于哈萨克斯坦、吉尔吉斯斯坦等中亚国家来说，这些国家大多自然资源丰富，然而缺少高水平的开发技术、设备和运输条件；且国家自身的经济发展制度体系不完善，不足以应对海外投资的各种风险。在中亚国家中推广合格境内有限合伙人基金试点，首先，可以吸引外资在本国进行基础设施建设，以此来最大限度地利用本国丰富的自然资源；其次，中亚各国之间可以互相通过合格境内有限合伙人基金加强各国同属性经济制度的互联互通，共同进步；最后，在国家自身海外投资保护制度尚不完善的情形下，合格境内有限合伙人基金可以利用他国完善的投资制度体系来带动这些国家的投资者进行海外投资来获取收益。

虽然成员国的境外投资现状各不相同，但都在积极推动自己的经济发展和多元化布局。毋庸置疑的是，在这些国家推广合格境内有限合伙人制度是可行的。上合组织国家互为重要的经贸合作伙伴，有着巨大的投资潜力和市场前景，在这些国家推广合格境内有限合伙人制度，有助于带动各个成员国更好地开展海外投资，促进上合组织国家的经贸合作。

(二)在上合组织推进合格境内有限合伙人存在的问题

尽管中国与上合组织国家在金融领域间的合作已取得一系列成果,但不可否认的是金融合作始终滞后于双边政治、安全领域间的合作,金融合作始终是上合组织区域经济发展的"短板"。①

1. 制度水平差距大

进行金融合作的国家之间存在法律制度构建水平上的差距,是合格境内有限合伙人基金试点推行需要面对的第一个难题。上合组织作为一个成员国实力以及发展水平相差悬殊的区域性组织,想要在法律制度不同的国家之间推行同一制度是相当困难的。金融领域一向是一个国家经济领域中最为薄弱的领域,原因在于金融的高收益性带来的高风险性。

上合组织成员国的金融发展水平大多比较落后,缺乏完善和发达的金融市场,一个国家的金融市场完善程度直接影响到国家经济的发展。金融制度的落后主要体现在金融监管制度和风险防控制度的缺失上。对于合格境内有限合伙人来说,监管制度的缺失会导致基金机构申请获取试点基金份额的资格不实、募集资金后的基金管理人和委托人信息披露制度的缺失,这些情形都可能导致投资人以及国家金融体系受到严重损害。私募基金是一种资金规模大、流动性强的高风险属性股权基金,上合组织成员国必须要设立相匹配的制度,加强对试点基金机构和基金托管银行的监督管理,及时打击违法违规行为,才能达到防范风险的目的。

2. 利益诉求不同

上合组织的重要参与国之间利益诉求不同,个别国家之间进行跨境投资可能存在政治风险,是合格境内有限合伙人基金试点推行需要面对的第二个问题。对于中国来说,中国一直在上合组织中积极寻求经济合作,具有较强的主人翁意识;但俄罗斯为了维护自身的地缘政治利益,时刻警惕着中亚地区经济发展中心向中国倾斜的情况发生。随着印度的加入,印巴、中印之间的紧张关系更加导致了组织框架内成员国之间政治互信程度的下滑。因此,上合组织成员国内开展合格境内有限合伙人基金试点某种程度上存在一定的政治风险,而如今组织框架内尚且没有构建跨境投资担保制度的协议,仅仅凭借《MIGA 公约》对相关投资进行担保尚且不能很好地保证投资者的利益。

---

① 参见陆剑雄:《中国与上合组织国家金融合作风险评估及应对策略》,四川大学 2021 年硕士学位论文,第 8 页。

总而言之,上合组织成员国的金融合作有非常大的发挥空间,合格境内有限合伙人基金试点作为新兴的一种跨境投资渠道,为组织内金融合作发展带来了新的机遇。同时,成员国之间的政治关系和经济发展水平的差异都限制着经济合作的开展,在推动实务合作的开展时,还需要进行国家层面的沟通以完善相关制度。

3. 海外投资人才培养的缺失

合格境内有限合伙人制度作为跨境投资的新兴渠道,基金机构在母国设立企业后将募集到的资金投入东道国进行经营管理,这就要求基金机构的基金管理人对东道国的产业结构及金融发展状况都有一定程度的了解。不仅如此,合格境内有限合伙人制度是海外投资双向开放的投资渠道,在为母国投资者拓展向外投资渠道的同时,也是在吸引外国的投资基金机构在母国设立合伙制企业,变相吸引外资进驻母国发展国内投资业及投资对象行业。因此,进驻母国设立合伙制企业也需要基金机构的相关人员对母国的投资准入制度和金融发展状况有一定了解。

以上合组织成员国为例,如果俄罗斯的基金机构参与我国的合格境内有限合伙人试点,在中国设立试点企业,而后将募集资金投入哈萨克斯坦的金融市场,那么基金机构的基金管理人需要对中国金融发展环境进行考察,在募集资金时通过对相关信息的了解确定基金募集采取的方式及可申领额度。同时,选择哈萨克斯坦作为投资东道国,还需要根据哈萨克斯坦相关产业领域的发展情况确定投资方向和经营管理方案。

实际上,上合组织成员国金融发展状况均不容乐观,各国海外投资行业都普遍缺乏具备海外投资经验和国际视野的专业性人才。很多情况下,跨境投资的机构都是采用在东道国和母国分别设立投资研究团队的形式,进行投资研究人员的本地化。基于这一情况,投资机构的海外团队和母国团队面临着不同文化差异的磨合,因此难以实现资源共享。

对于专业化程度较高的金融业来说,一国对于金融业精通海外投资的从业人员的培养不足是掣肘国家金融业向外拓展的重要因素。在上合组织成员国之间推动合格境内有限合伙人制度发展,专业化人才的培养至关重要。

首先,可以加大上合组织成员国之间的金融业从业人员的交流力度,开设各类海外投资经验论坛,邀请对上合组织成员国金融发展状况颇有研究的专家学者和富有跨国从业经验的投资研究人员进行交流分享。其次,从跨国投资企业本身入手,鼓励从事海外投资的企业进行内部架构管理的改革。母国公司对境外团队的管控不足,导致境内外业务之间独立性较强,归根结底仍旧是从业管理层人员的高度稀缺造成的,因此从业人员的培养既要从国家政策上发起呼吁,更要从企业内部采用鼓励机制进行培养。

4. 汇率波动风险高

汇率波动所带来的风险一直都是各国金融发展需要重点关注的问题,海外投资是资产跨境运作的金融产品,由于上合组织成员国各国本币均不是当今国际上的主要支付手段,因此在成员国之间进行跨境投资,从资金募集到投入东道国进行经营,从资金退出到最终计价后收益分配,每一个环节都需要进行换汇。同时由于合格境内有限合伙人制度下的金融产品更偏向于中长期投资,在投资的各个环节进行汇兑时,随着时间的推移多次的换汇操作将使得跨境资产管理产品面临汇率波动风险。不仅如此,海外投资往往集中了大量资金,汇兑过程中产生的差价也是一笔不小的成本支出。而在资产跨境转移的过程中,各个国家为了维护本国的汇率稳定,往往对外汇管制实行严格监管,这在一定程度上也限制了海外投资业务的发展。

想要减轻海外投资所面临的汇率风险,不仅要在监管政策上面进行优化,更要构建一个汇率相对稳定的大环境。对于监管政策的优化,要明确合格境内有限合伙人业务的投资细则,包括跨境业务类型登记、适当放宽对符合资质金融机构的业务资格审批要求等。同时完善投资范围、风险管理、额度管理、资金汇兑等多个方面的法律法规,确保合格境内有限合伙人业务在上合组织的发展与区域金融一体化发展共同推进、相辅相成。

构建一个汇率相对稳定的大环境,其核心问题在于去美元化的推进。上合组织成员国间近年来在国与国之间已经签订了大量的本币交换协议并予以履行,各成员国之间开始储备彼此国家的货币,意味着在进行跨境经贸活动时结算的便利程度得到大幅度提升。

第四节　合格境内有限合伙人在上合组织发展的模式探索

一、对国内合格境内有限合伙人模式的分析

2012 年 4 月,上海市金融服务办公室、上海市商务委员会、上海市工商行政管理局发布《关于本市开展合格境内有限合伙人试点工作的实施办法》,上海市

开始开放合格境内有限合伙人基金试点，标志着合格境内有限合伙人试点制度在我国的正式启动。2015 年 2 月，青岛市金融工作办公室等部门发布《青岛市开展合格境内有限合伙人试点工作暂行办法》，意味着青岛也加入了合格境内有限合伙人试点项目。根据两地所发布的政策来看，两地的合格境内有限合伙人试点也有着不一样的特点。

（一）上海模式

根据上海市金融服务办公室发布的有关文件对“合格境内有限合伙人”的定义，上海市的合格境内有限合伙人是指中国境内的满足投资条件的自然人以及注册在中国的机构投资者。上海市的相关规定更倾向于将该项目认定为推动境内投资者向外投资的一种渠道扩展制度。

上海模式合格境内有限合伙人的开展要求境外企业或境外自然人与中国企业在上海市成立中外合资公司或合伙企业，或者由境外投资机构在上海市设立外商独资公司。在上海合格境内有限合伙人试点启动的这几批企业大多都是首先在上海设立外商独资投资企业，再申请合格境内有限合伙人试点名额，极个别海外企业选择与国内企业合资设立企业以后进行资格申请。再者，在试点企业申请成功后，企业往往成立海外投资基金进行后续的基金经营管理，募集资金既可以直接投入境外市场，还可以通过投资境外基金进而间接投资于境外市场，但是募集资金需要转换为外汇货币。

有关于上海模式合格境内有限合伙人的程序性事项，根据相关政策的要求，每一项合格境内有限合伙人试点的推行都需要进行双重审核。第一重审核由合格境内有限合伙人联席会议进行，该会议组织是由上海相关部门代表共同组成的，需要对合格境内有限合伙人项目企业进行募资、相关基金工商注册、资金换汇对外投资与结汇返还等几方面的操作合规性进行审查。第二重审核是由全球大型知名资产管理公司高管组成的产品评审委员会进行的，对合格境内有限合伙人产品的信息披露、投资风险、净值波动性等问题进行评估，主要目的是对企业的风险防控水平进行评估，以确保投资本金安全。

从政策目的的解读到真正投入市场，上海为合格境内有限合伙人的实施建立了一套比较全面的规制体制，在监管方面和风险防控方面都做到了一定程度的兼顾。因此上海市现有的合格境内有限合伙人项目企业发展势态良好，并且在国际上产生了较大的影响力。

（二）青岛模式

“境外投资机构在境内设立投资机构作为一般合伙人，发起设立合伙制私募基金，向境内投资者非公开募集人民币资金，购汇后或直接以人民币投资于境外市场。”这是青岛发布的合格境内有限合伙人相关文件对该试点制度进行的定义。青岛作为紧随上海实行合格境内有限合伙人的城市，由于地区不同，相关政策对于该制度的解读也不相同，因此青岛模式的合格境内有限合伙人具有其独特之处。

青岛模式的合格境内有限合伙人以“合格境内投资基金管理企业”或者“合格境内投资基金企业”为试点载体，它是指境外企业或境外自然人在青岛市设立的中外合资公司、外商独资公司或合伙企业。相较于上海模式，青岛模式的试点载体企业范围更广，不将试点发放后成立的项目限定于基金机构企业，为募集资金的运行提供了更多可能性。

在合格境内有限合伙人资格获得批复以后，应当向青岛市外汇局申请对外投资的购汇额度，在向中国证券投资基金业协会登记备案成为“其他类私募投资基金”后以非公开方式向中国境内合格投资者募集资金，这就是青岛模式下合格境内有限合伙人项目企业设立的主要流程。青岛模式下合格境内有限合伙人企业可以投资境外二级市场，也可以尝试在一级市场投资并购业务，以及投资境外有监管的大宗商品交易。同时投资货币也不仅限于外汇，人民币也可以直接用于投资境外市场，币种选择相对灵活。

相较于上海模式的合格境内有限合伙人而言，青岛推行该制度在试点载体企业、投资范围和投资货币等方面都进行了一定程度的突破。虽然根据市场反响来看，青岛的试点企业因为规模较小产生的影响力不如上海企业，但是青岛的相关实践体现了合格境内有限合伙人制度可以根据地区政策而进行探索的多样性。

二、合格境内有限合伙人在上合组织的模式探索

近年来，上合组织一直不断推动着成员国之间的经济合作，在上合示范区试行合格境内有限合伙人制度是上合组织寻求金融合作的一大突破。中国国内率先在多个城市进行关于该项制度的实践，也为合格境内有限合伙人今后在上合组织成员国之间推广提供了宝贵的经验。

借助已有的实践经验可知，合格境内有限合伙人制度的实行主要包括两个主体板块，一是试点资格发放，二是基金管理运行规制。在进入东道国后，东道国的投资准入制度也是需要考虑的问题。合格境内有限合伙人制度在上合组织的模式探索将主要从这 3 个方面进行制度构建分析。

(一)试点资格发放

对于合格境内有限合伙人试点资格的发放,一般需要经过3个流程,即首先需要符合要求的相关企业向指定部门申请,在获取相应资格后成为试点企业。随后需要进一步向相关部门申请发行额度,接着设立合格境内有限合伙人项目实施企业后,根据获取的发行额度在合格境内有限合伙人资格发放国国内进行私下基金募集。至此,合格境内有限合伙人项目企业设立完成,进入后续的经营阶段。

想要申请合格境内有限合伙人项目的试点企业,根据中国的实践,一般都是境外投资机构企业。将试点企业限定在境外投资机构,又不限制其后续的资金投出,是合格境内有限合伙人制度的特色所在,对上合组织成员国来说,一方面可以吸引境外投资机构走入试点资格发放国,另一方面也开放了国内投资者对外投资新渠道。

对于承担合格境内有限合伙人制度实行的项目企业,包括境外企业或境外自然人与中国企业在上海市成立的中外合资公司或合伙企业,或者由境外投资机构在上海市设立的外商独资公司。上合组织成员国各自的金融体系稳定程度不同,因此在水平相较落后的成员国承接合格境内有限合伙人项目更适于注册外商独资公司,既能够达到带动金融出海的目的,也不会因该国的金融体系问题遭受过度损失。承接金融体系比较稳定的成员国推行的合格境内有限合伙人项目,其他成员国可以考虑偏向于注册合资公司或者合伙企业,以便最终利益获得最大化。综上所述,上合组织对于项目企业的相关规定可以根据国情需要进行政策调整,在增加限制条件的同时也要考虑对外商的吸引度问题。

试点载体的相关企业设立后,就可以开始进行额度发行募集资金了,对于合格境内有限合伙人产品的发行,各国都应该设定审批程序,以避免试点推行失败对国内金融业造成不良影响。对于审批制度的设定,可以以政府审批和业界审批结合的方式进行。首先由政府根据相关政策对产品的发行进行评估,权衡产品发行的利弊影响,然后组织业界的金融高级管理人员对产品发展的相关问题进行进一步的判断,两相结合组成审批制度。

(二)基金管理运行规制

合格境内有限合伙人制度的整体推进,不仅在于引导企业前期的准备工作,事中事后管理制度也是不可缺少的部分。接下来主要从资金募集登记、银行基金托管、基金内部治理等方面来分析如何对基金管理进行规制。

1. 资金募集登记

资金募集登记是指,合格境内有限合伙人项目企业根据获得的购汇额度,非公开地向境内投资者募集资金后,必须向有关部门进行信息登记的行为。以便今后相关人员在有需求时能够顺利收集到相关信息,也能督促基金管理者按照相关要求履行正确评估风险、适当性管理和产品信息披露等职责。

2. 银行基金托管

政府监管虽然能够对企业部分行为的程序性进行监督,但企业的商业运作以及对基金投资的管控是相关部门难以介入的领域,因此需要通过第三方对项目企业的运作进行更深入的监督。合格的商业银行可以有效隔离合格境内有限合伙人试点企业自有资产和募集的海外投资资金,最大限度地保证募集资金不被挪用或不正当使用。① 不仅如此,商业银行还可以发挥其职能帮助相关企业完成支付与清算方面的有关手续,以及监督企业按照有关法律法规、合伙协议、投资管理协议约定的投资目标和限制进行管理,并且同步进行信息报送。

3. 基金内部治理

(1)问题的提出

上述两个方面从外部提出了对基金的经营管理的监管,而要想保障基金能够顺利运作,基金内部各方利益的平衡与治理也是必不可少的。合格境内有限合伙人业务的开展,其内部的主要结构分为两种,即有限合伙制与契约制。以有限合伙制为例,投资人以财物出资成为有限合伙人,而基金管理人以劳动出资成为普通合伙人。此种模式下,有限合伙人只在其出资范围内承担责任,而不负责基金的日常管理决策;基金管理人负责资金的经营运作,对经营活动中出现的问题承担无限连带责任。对立统一关系的存在,使合格投资者与基金管理人需要建立利益平衡机制以保障投资项目的顺利开展。②

有限合伙制作为一直在投资领域备受青睐的一种合作形式,基金管理人和投资人之间的利益平衡却是一个不可忽视的问题。作为普通合伙人的基金管理人对资金运作的相关事宜享有决策权,有限合伙人常以合伙协议中的激励条款、勤勉条款来约束普通合伙人的相关行为。然而有限合伙人缺乏投资专业性知识,导致他们对于风险的识别能力完全依赖于基金管理人,同时基金管理人

---

① 参见汪灵罡:《揭开 QDLP 的"面纱"》,载《中国外汇》2018 年第 6 期。

② See Mc Cahery J. A & Vermeulen E. P. M., *Conservatism and Innovation in Venture Capital Contracting*, European Business Organization Law Review, 2014.

与投资者之间存在的信息差导致基金管理人的道德风险更为突出。基金机构内部管理已经是合格境内有限合伙人业务发展过程中必须要考虑的问题,解决基金内部的利益平衡问题需要构建符合发展需求的内部治理机制。

(2)解决措施

首先,投资人与基金管理人产生矛盾的根本原因在于两方利益诉求中产生的冲突。此时需要坚定以保护投资者利益为主的基本原则,可以采取两种方式对此类行为进行约束。其一,让基金管理人参与基金的实际投资。基金管理人不完全仅以劳务出资,而是将部分出资以财产的形式一起投入基金经营管理,此时基金管理人的收益与基金的运作管理产生更加紧密的利益联系,可以有效降低基金管理人的道德风险。其二,设立管理人收益回拨机制,以及在基金管理人以故意或者重大过失导致投资人的利益损害时,以扣除收益的形式对其行为加以规制,起到预防作用。

其次,可以参照公司清算制度中的债权人会议的相关机制,设立投资者委员会。每当基金管理人对基金运作作出决策时,享有一定比例收益权的投资人可以单独或者共同对基金管理人的相关决定提出反馈意见,要求基金管理人作出相应解释。

(三)基金投资的准入

1. 国家投资准入制度的影响

合格境内有限合伙人业务的基金机构试点企业在母国顺利募集资金后,基金管理人会将资金投入东道国的特定行业进行经营管理,与所有的海外投资产品一样,在他国投资进入东道国时,东道国需要对该项投资的来源、投资方向进行审查,确保该项投资符合本国的投资准入标准。

东道国的投资准入制度是该国对于他国跨境投资产品进入本国投资市场自由程度的直接体现,可投资领域、投资审查以及对基金来源的审查是国家投资准入制度的主要方面。[①] 如今国际经济形势不容乐观,发达国家更是纷纷倾向于单边保护主义,国际金融业发展困难,投资准入制度成为海外投资中东道国肆意摆弄的关卡。要在上合组织成员国之间发展合格境内有限合伙人业务,投资准入制度需要每个成员国在结合本国国情的基础上达成共识。

2. 对国家投资准入制度的分析

首先,从对可投资领域的管制角度来看,现如今大多数国家对海外投资可

---

① 参见张庆麟、练爽:《主权财富基金投资准入法律规范研究》,载《时代法学》2012 年第 2 期。

以进入的领域都作出了详细的规定。具体来说，东道国对本国亟须发展的产业，如基础建设产业、环保工程产业等，其准入制度是相对比较宽松的；而对于战略性产业、民生产业，如信息技术产业、粮食加工产业等，准入标准就会拔高。究其原因，境外投资者进行投资的目的，一是寻求高利润，二是倾向于在东道国正在发展的产业领域抢占一定的市场空间。这恰恰与东道国的经济发展存在一定程度的矛盾，对东道国发展具有战略性地位的产业，往往涉及本国未来经济发展的产业结构构成。因此，对于此类重要性的领域，东道国必然要进行非常严格的审查，甚至禁止外资介入。

其次，从投资审查这一方面来看，东道国对外来投资审查制度的原则是至关重要的。随着社会的不断发展，经济领域所涉及的范围在不断扩大，国家对不同种类的投资设立不同的投资审查程序和标准是不现实的，因此国家在投资审查上需要有原则性的规定，而原则性的规定容易造成审查范围不恰当的扩大。以美国的审查原则为例，美国以“保障国家安全”为审查原则，通过不断颁布法案的形式不断加强外国投资审查的程度与规模，如今美国对外投资的审查范围已经从“可能导致外国企业控制美国企业或资产”到只要涉及关键设施、关键技术和公民敏感数据就会受到严格的投资审查。

最后，从对基金来源的审查来看，东道国常常会要求基金具备一定的透明度，即披露其投资政策及资金来源。基金来源的构成一定程度上反映了基金投资的目的，避免基金来源构成带有政治色彩，是国家经济安全考虑的重点。

上合组织成员国既要保护本国经济安全，又要在风险可控的情况下适当放松对成员国之间进行投资的审查限制。对于国内发展动力不足的国家来说，本国资源不足以支撑其战略性产业的发展，而这一产业领域的发展事关国家整体发展布局，内生动力不足导致的发展落后会造成严重后果。因此，成员国之间可以通过协定的形式，对在成员国之间获取合格境内有限合伙人试点资格的投资基金机构适当放宽投资范围和投资审查限制。

第五节　合格境内有限合伙人在上合组织推广的机制完善

相较于普通的股权投资，私募基金具有资金规模大、流动性强的高风险属性,特定环境下的大进大出会对国家金融安全和国际收支平衡产生影响和冲击。[①] 合格境内有限合伙人试点制度以私募基金为募资途径,为了在开发海外投资新途径的过程中维持上合组织各成员国的金融体系稳定,风险防控显得尤为重要。

一、构建金融预警机制

在上合组织成员国当中,各国的金融体系的稳定性、经济实力都处在不同水平。其中,中国具备更强的经济实力,金融发展水平高;俄罗斯、哈萨克斯坦等国家金融体系相对稳定;而乌兹别克斯坦、塔吉克斯坦由于负担外债、汇率波动大等原因,存在较大的金融风险。

组织内国家的经贸关系日渐紧密,金融合作项目也逐渐增多,为了推进上合组织国家间的金融合作,可以构建上合组织金融预警机制为金融合作保驾护航。其一,搭建反应灵敏的上合组织金融信息交互系统,利用信息平台加强上合组织国家间的金融信息交换及共享,重点关注各国外债负债率、汇率波动等指标,实时监控其偿债风险与外汇风险,这样可以及时对重大金融问题作出对策。其二,可以组建金融资金储备机构,由各国根据合理比例出资,为今后组织内个别成员国出现难以抵御的金融风险时进行及时救助,同时提高区域内资源配置效率。

(一)搭建信息交互系统

金融行业的发展是衡量一国经济活力和竞争力的重要标准之一,当下,国际政治经济形势愈加严峻,金融合作更要注重国家间对于金融开放与金融安全关系的处理。上合组织成员国国内的经济体系都还存在着各种问题,如汇率管制困难、金融业务开展困难、货币体系脆弱等,想要建立起稳定、规范的金融合作体系,就要完善各国之间的金融基础设施互通体系。

基于各国的产业结构、金融发展状况的不同,国与国之间金融合作也需要根据两国金融发展状况的协调性进行展开,因此成员国之间金融业信息交互系统的构建必不可少。根据金融领域学者的有关研究,通过对比各国国家的经济增长和金融发展状况,可以探究国家之间的金融合作是否协调,方便国家间金融合作更加科学地开展。

借此,信息交互系统的搭建可以从中获得启发,即对于金融发展状况这一

① 参见张弛:《私募股权基金跨境投资外汇管理研究》,载《海南金融》2022年第10期。

要素,信息交互系统可以采取将经济环境、金融稳定性、银行业规模、非银行金融业规模、营商环境等指标作为信息交互的主要内容,通过有关数据将以上要素信息全面交互,让各国能够制定更有成效的合作政策,推动各国之间金融合作的协调发展。① 各成员国的金融政策在透明化的基础上,让各国投资者能够快速获取相关政策信息。不仅是将各国的金融发展状况相关数据信息互通,也可以作为告知国家有关金融政策变动的通信途径,大大提升了国家之间金融合作的便利性。投资者可以便捷地了解到投资东道国的政策变化和投资环境变化,从而自发规避投资风险,实现高效的资源分配。

金融合作要求金融开放与金融安全并重,信息的交互与披露是金融开放的重要体现,那么金融数据信息的利用管理与保护就是保障金融安全的题中应有之义。2023 年国务院印发的《对接经贸规则总体方案》提道:"在国家数据跨境传输安全管理制度框架下,允许金融机构向境外传输日常经营所需的数据。涉及金融数据出境的,监管部门可基于国家安全和审慎原则采取监管措施,同时保证重要数据和个人信息安全。"由此可见,金融数据审查相较于一般数据处于更高级别的监管之下,信息交互系统的搭建需要加紧推进金融业数据跨境管理体系的建设工作,根据数据的特点分类施策,建设数据信息监管机制,在保证数据安全的基础上,最大限度地利用好国内和国外的数据资源。②

(二)搭建资金储备机构

搭建资金储备机构的主要作用有二:一是构建区域融资合作机制,深入推进区域间金融合作;二是为分散金融风险,确保成员国因为国际形势变化而遭受的外来风险能够得到有效控制。

构建区域融资合作机制,首先要带动上合组织成员国积极参与,上合组织成员国往往因为财政状况及资信情况不佳而难以在国际环境中参与融资,致使国内金融业的发展更为滞后。现如今构建组织内融资合作机制,需要提高成员国对融资这一金融产品的集体认同感,重视国内金融业发展,积极参与区域间金融合作,而不仅只是将资金投入基础设施建设。③

---

① 参见赵瑞娟、李晓黎:《中国—东盟差异化金融合作方式——基于耦合协调模型的研究》,载《社会科学家》2023 年第 2 期。

② 参见余嘉欣:《统筹金融开放与安全 全球变局呼唤全球金融治理合作》,载《金融时报》2023 年 4 月 1 日,第 2 版。

③ 参见张胜男:《区域公共产品供给视角下"一带一路"倡议下金融合作困境分析及发展方向》,载《投资与创业》2023 年第 5 期。

完善融资合作机制，要根据上合组织成员国国情，基于市场化原则来设定可提供的融资方案，同时根据成员国的财政和债务情况确定每个项目的融资规模，并且加强信贷审核机制，确保融资资金的高效配置。资金储备机构的另一大功能就是将上合组织成员国的国别金融风险分散到区域金融体系中，不仅可以维护国家自身的金融体系稳定，也能使区域间金融体系构建得更加紧密。

二、构建区域性投资担保机制

(一)构建机制的必要性

随着上合组织内部投资活动的不断发展，与之相应的保险机制却难以满足各国投资者的需求。上合组织部分成员国的国内经济结构不合理以及政治稳定情况堪忧，都是制约组织内跨国投资的因素。因此必须完善区域间的投资保险机制，才能有效降低投资风险，维护金融合作蓬勃发展的局面。

多边投资担保机构是向外国私人投资者提供政治风险担保，并向成员国政府提供投资促进服务，加强成员国吸引外资的能力，从而推动外商直接投资流入发展中国家的国际性投资担保机构。多边投资担保机构的成立一定程度上弥补了各国国内海外投资保险制度以及区域性投资保险制度的不足。但对于上合组织成员国间的区域性金融合作来说，成员国之间的投资风险性更大，投资国的政治经济社会环境也不如发达国家稳定，因此加强区域间金融合作亟须更加完备的投资保障体系。

(二)构建机制的具体要求

区域性投资担保机构的设立首先要明确其目标是为合格境内有限合伙人试点的推广以及今后相关的金融合作进行保驾护航。投资中所存在的政治性风险往往比商业风险更加复杂和不可控，而对于上合组织来说，大部分成员国的国内政治形势都不够稳定，易受外部因素影响。并且海外投资具有高风险性和高收益性，如果进行商业险的承保将会给担保机构带来非常大的压力。因此，投资担保机构应当针对政治性风险进行承保，如战争险、内乱险、征收险以及外汇险。

除此之外，上合组织投资担保机构应当首先为组织内部解决问题，将合格投资者与合格东道国都限定在上合组织成员国，合格的投资也只能是在成员国之间进行的投资。通过多边协定来确保担保机构求偿权的有效性，以促进投资资本稳健、安全地跨国流动。

国际实践中，国家之间往往通过双边投资保护协定来确保投资者东道国和母国之间代位求偿权的实现，签订此种协议的优势在于可以避免适用当地救济原则、外交保护及长臂管辖原则对求偿产生的限制。[①] 然而，双边投资保护协定也具有其局限性，其效力仅在两国之间生效，纳入保护范围的投资十分有限。因此，基于区域间金融合作的积极开展，呼吁签订多边投资保护协定不失为一个有效的办法，多边投资保护协定可以有效地提升投资者在上合组织成员国之间进行投资的安全性与便利性。

三、提升双向投资便利化

从宏观政策上来看，合格境内有限合伙人是涉及产业政策、外汇政策、金融政策等多领域的试点业务，需要各国政府通过政策交互实现合格境内有限合伙人在上合组织成员国之间的推广。从微观层面来看，合格境内有限合伙人试点的运行离不开市场中金融企业的积极参与，而提升双向投资便利化正是能直接提升企业参与积极性的有效方案。

（一）加强上合组织成员国企业互认

合格境内有限合伙人作为一项以境外企业为发起人，以私募投资基金为形式向一国境内募集资金后投资于境外市场运营的投资模式，其参与者多为境内外企业，运行过程以企业规划为主导。政府监管主要体现在国内政策施行监管和企业征信监管两大方面，因而加强上合组织成员国企业互认能够有效减少政府监管负担，提升合格境内有限合伙人开展的便利化程度。

2023年青岛上合示范区发布的6项创新成果中，以“上合码”提升跨境企业征信透明度的制度创新为加强上合组织成员国企业互认带来了实践方案。“上合码”是指通过对格兰德全球企业数据库资源进行整合，再利用全球通用的数字编码系统，为上合组织国家提供身份标识后，发布《上合国家间企业身份识别编码规则》对上合组织成员国企业进行赋码。依据“上合码”对各家企业的征信、资本状况进行统合，足以实现跨境征信数据的互联、互通、互认，为合格境内有限合伙人的良性发展降本增效。

（二）推进企业经贸交流对话

在上合示范区近年来的改革创新成果中，推进企业经贸交流对话是建立常态交流、信息共享、需求对接工作机制的重要内容。如中国—上海合作组织产

---

① 参见李成亮：《“一带一路”战略下我国海外投资保险制度研究》，华侨大学2018年硕士学位论文，第7页。

业园区联盟的组建，联合了乌鲁木齐综合保税区等国内19家园区，俄罗斯阿拉布加经济特区、中白工业园、乌兹别克斯坦鹏盛工业园等国外21家园区，以期挖掘深化园区互动、发展产业合作的新模式。产业园区联盟的组建，为开展经贸交流活动对话、促进各领域合作意向的达成创造了良好的商业环境。

各国也可定期举办金融合作论坛，根据国际经济形势变化快速制定相应政策，规划组织内金融合作未来路径。金融论坛应当全方位、多层次地开展，既要有主要由政府参与的金融论坛，又要有官方组织的金融行业的在职专家以及学者们参与开展的金融论坛。政府间金融论坛将从宏观的角度对国家间金融合作的发展方向进行深入交流，如2021年11月5日，由中国商务部、中国人民银行和上海市政府主办的虹桥国际经济论坛"绿色金融助力可持续发展"分论坛在上海举行，会议主旨为共商通过绿色金融推动全球绿色经济和可持续发展的机遇、路径与合作。① 诸如此类论坛的开展，既能推进各国完善自身金融体系，又能统一区域金融合作发展目标。

四、推动本币合作机制发展

本币合作是指国家之间在进行贸易及其他经济活动时，直接用本国货币进行跨国交易清算，以及两国通过协议交换本币的一系列行为。随着世界贸易经济环境越发复杂，国家之间贸易冲突不断，各国金融发展都受到了不同程度的冲击。而美国等发达国家一味地维护自己的经济霸权地位，严重挫伤了世界经济增长的可持续性，越来越多经济体意识到了减少对美元依赖这一问题的严重性，这对减少美国货币政策所带来的负面效应至关重要。

（一）推动本币合作的动因

本币结算这一机制的理论基础在于企业规避汇率风险、地区可持续发展寻求区域金融安全以及国际货币体系治理结构改革。② 美元作为当今世界的主要支付手段，受动荡的国际经济环境影响，美元的稳定性有所下降，大多数国家为了提高本地货币的使用率，纷纷向企业作出帮助规避汇率风险的承诺。如为推进贸易本币结算，泰国中央银行承诺采取有效措施确保泰铢在合理区间波动，

---

① 参见李丹：《深化绿色金融国际合作——第四届虹桥国际经济论坛"绿色金融助力可持续发展"分论坛举办》，载《中国金融家》2021年第11期。

② 参见李艳丰、谢世一：《东亚贸易本币结算的理论基础、演化特征与提升路径研究》，载《金融理论与教学》2022年第5期。

以帮助企业能够有效管理汇率风险。

区域金融安全是地区经济寻求可持续发展的内生性要求。国际贸易长期以来以美元结算,因此美元对于多数的重要商品种类有着绝对的定价权,这使得其他国家在国际贸易中均处于被动地位。不仅如此,本币在金融业中也难以发挥其储蓄功能,国际投资中多用美元进行融资,要想参与跨境投资,还需要将本币汇兑为美元,这导致本币难以发挥资金融通的功能。

(二)推动本币合作的措施

从国际货币发展史的角度看,中国经济深度融入全球化后,人民币国际化是大势所趋的历史选择。[①] 中国作为世界第二大经济体,本币合作在上合组织间的推进离不开人民币国际化的发展。

中国拥有庞大的国内需求市场,借助国内国际"双循环"的新发展格局,上合组织成员国的产品可以在需求容量巨大的中国市场进行销售,巩固和拓宽了人民币结算的道路。再者,金融合作与本币合作相辅相成,在金融业中采用本币进行融资及结算活动,进一步加深了上合组织成员国金融市场的开放,中国金融业的蓬勃发展也能为其他成员国提供更加畅通的投融资渠道和安全资产栖息地。

完善人民币跨境清算系统(CIPS)在上合组织的覆盖水平也是推动本币合作的重要举措。在跨境贸易中,由于本币与美元以外的货币没有直接的货币交换市场,因此他国货币与人民币之间的兑换要通过美元进行,而不同货币进行买卖会产生一定差价,这就导致了用非美元进行交易将会增加交易成本。因此,人民币跨境清算系统作为以人民币为主要货币的结算系统,还需不断提升自身的覆盖范围,提高人民币在区域经济体乃至全球贸易结算过程中的认可度。

---

① 参见张旭光:《以本币合作推进"一带一路"建设》,载《中国金融》2018 年第 16 期。

第六章 “一带一路”中小企业合作区建设

第一节 概 述

中小企业是国民经济和社会发展的生力军，是扩大就业、改善民生、促进创新创业的重要力量。在世界经济全球化的今天，虽然跨国企业仍然主导着跨界贸易和投资，但中小企业正越来越多地跨越其传统的国内栖息地，参与国际贸易与投资。习近平总书记高度重视中小企业发展，强调“中小企业能办大事”，并对“培育一批‘专精特新’中小企业”“支持中小企业创新发展”等作出明确要求。① “十四五”时期，根据《中小企业促进法》、《国民经济和社会发展第十四个五年规划和2035年远景目标纲要》，工业和信息化部会同国家发展和改革委员会、科技部、财政部等19个部门，联合编制了《“十四五”促进中小企业发展规划》。《“十四五”促进中小企业发展规划》将“提升中小企业创新能力和专业化水平”作为总目标，推动完善中小企业创新服务体系，营造鼓励和保护创新的外部环境，激发企业创新内生动力。在“一带一路”背景下推动中小企业发展至关重要，这关乎对外贸易的根本性基础，本章重点介绍上合示范区通过政策引导和业务培训等方式，大力推进“一带一路”中小企业在上合示范区集聚发展，构建优势互补、合作共赢、协同发展的区域经济

---

① 参见刘赫：《培育更多专精特新中小企业（人民时评）》，载人民网，https://news.cyol.com/gb/articles/2021-08/19/content_xZYqGIVxO.html。

格局。“一带一路”中小企业合作区将打造成为立足上合示范区、面向世界的开放发展平台;以服务“一带一路”倡议为己任,促进国际产能合作、实现优势互补,使上合示范区成为中小企业高质量发展的重要窗口。

一、“一带一路”中小企业合作区的基本内涵

(一)中小企业的内涵

中小企业,即 Small and Medium Enterprises(SMEs),是现代经济体系中不可或缺且充满活力的组成部分。在中国,中小企业通常被划分为中型、小型和微型3种类型,这些类型的企业具有不同的具体标准,而这些标准会根据企业的行业特点来制定。例如,在农业领域,营业收入20,000万元以下的企业被视为中小微型企业。而在工业领域,从业人员1000人以下或营业收入40,000万元以下的企业被视为中小微型企业。这些标准是由国家统计局和国家工业和信息化部等相关部门制定的,并根据《中小企业促进法》等相关法律法规进行调整和更新。[①] 但中小企业的内涵远超过其规模大小的简单界定,而是涵盖了组织结构、市场定位、经营策略以及对经济社会的深远影响等多个层面。

在组织结构方面,中小企业通常展现出一种灵活且高效的组织形态。相较于大型企业复杂的层级结构和烦琐的决策流程,中小企业往往拥有更为简洁的组织架构和快速的决策机制。这种特点使得它们能够迅速响应市场变化,及时调整经营策略,从而在激烈的市场竞争中保持敏捷和竞争力。在市场定位方面,中小企业往往专注于特定的细分领域或目标客户群,通过提供独特的产品或服务来满足市场需求。这种精准的市场定位不仅有助于中小企业在市场中脱颖而出,还能够为其创造持续的竞争优势。同时,中小企业在创新方面也展现出极大的活力,它们敢于尝试新的商业模式、技术应用和营销策略,从而推动整个行业的进步和发展。经营策略上,中小企业通常注重实效性和灵活性。由于资源有限,它们必须精打细算,将有限的资源投入最能产生效益的领域。这种务实的经营态度使得中小企业在成本控制、资源利用以及风险管理等方面表现出色。此外,中小企业还善于把握市场机遇,通过灵活调整产品或服务组合来应对市场变化,从而实现快速增长。

中小企业在我国经济中扮演着举足轻重的角色,它们每年贡献超过50%的

---

① 参见《关于印发中小企业划型标准规定的通知》,载中国政府网,https://www.gov.cn/zwgk/2011-07/04/content_1898747.htm。

税收,成为国家财政的重要支柱。同时,中小企业也是技术创新的主力军,提供了超过70%的技术创新成果,推动了科技进步和产业升级。除了对经济的直接贡献外,中小企业还是吸纳就业的重要渠道,为80%以上的城镇劳动力提供了就业机会,对于维护社会稳定和促进经济发展具有不可替代的作用。[①] 此外,中小企业还积极参与社会公益事业,通过捐款捐物、志愿服务等方式回馈社会,展现了强烈的社会责任感。中小企业的内涵还包括其独特的文化和价值观。由于规模相对较小,中小企业的员工之间往往能够形成更为紧密的团队关系,共同面对市场的挑战。这种团队精神不仅增强了企业的凝聚力,也为企业创造了一种积极向上、富有创造力的工作氛围。同时,中小企业的管理者通常更加注重员工的个人成长和职业发展,为员工提供更多的学习和晋升机会,从而激发员工的潜能和创造力。综上所述,中小企业的内涵是一个多维度的概念,它涵盖了组织结构、市场定位、经营策略、社会贡献以及文化和价值观等多个方面。这些要素共同构成了中小企业独特的竞争优势和核心价值,使它们在现代经济体系中占据了举足轻重的地位。

(二)“一带一路”中小企业合作区的特征与模式

“一带一路”中小企业合作区是一个精心为中外中小企业打造的平台,专注于推动“一带一路”共建国家的经济合作和文化交流。它的核心特征十分鲜明,最为显著的是其国际合作的广泛性。在这一合作区内,各国企业不再局限于本国市场,而是可以充分利用合作区的资源,实现跨国间的资源共享和市场互补,从而大大拓展了业务范畴和发展空间。[②] 除了国际合作,产业聚集也是该合作区的一个重要特征。合作区通常围绕某一特定产业或领域进行精心布局,通过吸引大量相关企业入驻,形成了一个紧密联系的产业集群。这种集群效应不仅提升了整个产业的竞争力,还促进了技术创新和知识共享。政策支持是合作区得以迅速发展的另一大推动力。政府部门为了推动合作区的发展,通常会提供一系列优惠政策,如税收减免、投资便利化等。这些政策的出台,大大降低了企业的经营成本,提高了投资回报率,从而吸引了更多的企业入驻。同时,合作区还非常注重创新驱动。它鼓励企业进行技术创新和产品研发,通过建立创新平台和服务中心,为企业提供了强大的技术支持。这种创新驱动的发展战略,不

---

① 参见黄翔:《激活中小企业动能 促进国民经济发展》,载《中国商界》2022年第12期。

② 参见《“一带一路”中小企业锦囊》,载“一带一路”官网,https://beltandroad.hktdc.com/sc/sme-corner。

仅提升了企业的核心竞争力,还推动了整个行业的技术进步。市场导向是合作区运营的又一个重要原则。合作区的建设和运营始终以市场需求为导向,通过深入的市场调研和分析,准确把握市场动态和发展趋势,从而确定合作的重点领域和方向。这种市场导向的运营策略,确保了合作区始终能够紧跟市场步伐,满足市场需求。

在运营模式上,"一带一路"中小企业合作区同样展现了其独特之处。主要有政府推动型、企业主导型、政企合作型等模式,政府推动型合作区由政府部门全程参与规划、建设和管理,确保了合作区的稳定和高效运行,如"一带一路"(长沙)中小企业合作区①;企业主导型合作区则更多地依靠私营或国有企业的力量,通过市场化运作来推动合作区的发展,如中国—中东欧(沧州)中小企业合作区②;政企合作型合作区则充分发挥了政府和企业各自的优势,实现了资源的优化配置和高效利用。此外,还有国际合作型、产业园区型和金融服务平台型等多样化模式,这些模式各具特色,分别侧重于不同的合作领域和发展方向。综上,"一带一路"中小企业合作区是一个融合了国际合作、产业发展、政策支持和市场导向等诸多要素的综合平台。它通过多样化的合作模式与运营模式,为"一带一路"共建国家间的经济合作和文化交流搭建了一个高效、便捷、务实的桥梁。这种新型的合作模式不仅为中小企业提供了难得的发展机遇,也为整个区域的经济发展注入了新的活力。

二、"一带一路"中小企业合作区的发展沿革

(一)"一带一路"中小企业合作区的历史发展

"一带一路"中小企业合作区,作为中国与"一带一路"共建国家在中小企业层面上的专属合作区域,其发展历程紧密跟随"一带一路"倡议的推进,并逐渐从理论构想转化为实质性的经济合作平台。

在初期探索阶段,"一带一路"合作主要集中在基础设施建设等领域,以政府间合作为主导,通过建设交通、能源等大型项目,促进"一带一路"共建国家的基础设施发展和互联互通。这一阶段为后续的产业合作打下了坚实的基础。随着合作的逐步深化,合作区开始涉及产业合作和园区建设,逐渐形成了以产

---

① 参见中小企业局:《工信部同意设立"一带一路"(长沙)中小企业合作区》,载工业和信息化部网站,https://wap.miit.gov.cn/jgsj/qyj/gzdt/art/2022/art_ace2c9becab94c74b71bf6f7ed371db8.html。

② 参见金台资讯:《渤海新区加快中国—中东欧(沧州)中小企业合作区建设》,载腾讯网,https://new.qq.com/rain/a/20210326A02CZ500。

业园区为主要载体的合作模式。通过吸引企业入驻园区，推动当地工业化进程，促进产业升级。[①] 这一阶段更加注重市场机制和企业的主体作用，合作形式和内容也变得更加多样化和具体化。近年来，“一带一路”中小企业合作区进入全面提升阶段。在继续深化产业合作的同时，合作区开始注重优化营商环境和加强法律保护机制的建设，强调绿色、环保、可持续发展的理念。[②] 这些举措为企业提供了更加稳定和可预期的发展空间，也推动了合作区整体环境的优化。

截至目前，“一带一路”中小企业合作区已经取得了显著的成果。中国在“一带一路”共建国家设立的企业数量超过 1.1 万家，直接投资额持续增长，合作区的数量和覆盖范围也在不断扩大。[③] 展望未来，随着“一带一路”倡议的深入推进和全球经济的持续复苏，中小企业合作区有望在促进区域经济一体化、推动中小企业创新发展和国际化经营等方面发挥更加重要的作用。

（二）“一带一路”中小企业合作区的发展趋势

当前，“一带一路”中小企业合作区正积极构建一个开放、共享、规范且有序的发展环境，同时注重绿色、廉洁和可持续性。这些合作区不仅为中小企业提供了宝贵的国际交流合作机会，还通过支持企业间的“抱团发展”策略，显著提升了投资效率与市场竞争力。中国政府在“一带一路”倡议的推进中，始终强调高质量共建的核心理念。为此，政府出台了一系列支持政策，鼓励中小企业积极参与国际产能合作，并在“一带一路”共建国家开展投资活动。[④] “一带一路”中小企业合作区的发展趋势体现在 3 个方面：区域合作的深化与国际化、数字化转型与绿色发展、内部生态的完善与创新活力的激发。在区域合作与国际化方面，中小企业合作区正不断加强与“一带一路”共建国家的经济联动，推动贸易和投资流动，助力企业开拓海外市场，成为区域经济发展的重要引擎。

同时，合作区正积极推动数字化转型与绿色发展。借助新一代信息技术，企业运营效率得以提升，而绿色发展理念的引入，则推动了产业结构的优化升

---

① 参见中国经济导报：《“一带一路”中咨故事 | 境外经贸合作区：推动东道国经济社会高质量发展》，载中国国际工程咨询有限公司官网，https://www.ciecc.com.cn/art/2023/10/27/art_2218_97189.html。

② 参见中国网：《高质量共建“一带一路”加快构建“双循环”新发展格局》，载中国网，http://ydyl.china.com.cn/2023-10/19/content_116759514.shtml。

③ 参见新华社研究院：《“一带一路”发展学——全球共同发展的实践和理论探索》，载新华网，http://www.news.cn/world/2023-10/19/c_1129924747.htm。

④ 参见国际商报：《“一带一路”投资合作呈现新亮点》，载中国服务贸易指南网，http://tradeinservices.mofcom.gov.cn/article/ydyl/yaowen/gnyw/202403/162199.html。

级,实现了经济效益与环境效益的"双赢"。[①] 此外,合作区还在不断完善政策支持和服务体系,激发中小企业的创新活力。通过提供全面的政策支持和优质服务,满足企业不同成长阶段的需求,并通过建立创新创业示范基地,推动企业研发新产品、新技术,提升核心竞争力。这些举措共同为中小企业的发展创造了良好的生态环境。

三、"一带一路"中小企业合作区的价值功能

(一)优化营商环境的重要平台

营商环境是企业的生存发展环境,它直接影响资源的有效配置。好的营商制度环境,可以使企业家将更多时间精力投入生产活动而不是依靠政治、司法等领域的非生产性活动谋取利益。[②] "一带一路"中小企业合作区的建设,是通过构建多层次、全方位的服务体系,可以为企业提供"一站式"的服务平台,从投资项目咨询、登记注册、金融服务知识产权保护等方面为企业提供全方位服务,不断提高企业投资便利化程度,使中小企业在一个便利优化的营商环境下进行商业活动。作为全球经济新增长极,"一带一路"共建国家资源丰富,人口、GDP和贸易额分别约占世界的63%、30%和40%。这为中小企业的聚集发展提供了较为良好的基础,随着国际市场竞争的日趋激烈,我国出口产品的竞争优势正从成本优势向创新优势转变,出口产品结构升级正成为发展趋势,企业之间的竞争重点也由资源和资金等传统竞争要素转变为以技术、创新品牌、质量、服务为核心的综合竞争力。目前,中小企业是我国企业的主体,在创新驱动中发挥着重要作用,但中小企业自身存在的诸多问题导致其对自主创新能力的培育受到限制。"一带一路"中小企业合作区可以为我国中小企业提供专业化发展平台,促进我国中小企业与"一带一路"共建国家和地区企业开展深度合作,提高我国中小企业自主创新能力和国际市场竞争力。从经济全球化、信息化以及国际竞争合作的战略高度来看,提升区域产业竞争力需要"走出去"与"引进来"并重。需要通过国际合作与交流,充分利用各国优势资源和市场,"走出去"拓展市场空间、技术空间和资金空间,提高我国经济全球化和区域经济一体化水平,促进了相关产业发展。中小企业在推进区域产业发展中起到了关键作用,

---

① 参见《"十四五"促进中小企业发展规划》,载 https://www.gov.cn/zhengce/zhengceku/2021-12/17/5661655/files/b3a2c31e3ed44c7f8a120d1e9a8d4d53.pdf。

② 参见崔鑫生:《"一带一路"沿线国家营商环境对经济发展的影响——基于世界银行营商环境指标体系的分析》,载《北京工商大学学报(社会科学版)》2020年第3期。

也是提升区域产业竞争力的关键。因此“一带一路”中小企业合作区对我国中小企业参与国际竞争、提高国际市场竞争力具有重要的作用。

(二)助力区域经济发展的重要引擎

低质量的区域经济必然要协同域外符合自身需求的“创新驱动”的发展原理才能实现发展,以己之短、求人之长。[①]“一带一路”中小企业合作区以打造“一带一路”中小企业合作先行区为目标,围绕主导产业和特色产业,积极建设完善集产业链、供应链、价值链于一体的中小企业集聚区、中小微企业成长示范区和产业孵化示范区,培育特色突出、竞争力强的中小企业集群,形成一批具有竞争优势的中小企业集群。上合示范区“一带一路”中小企业合作区对接先进国家和地区的创新资源要素,搭建平台,通过招商引资、政策对接等形式,积极学习先进中小企业园区管理模式,推进企业管理、技术创新、人才培养等方面的对接和交流,一同探索打造“一带一路”中小企业合作共赢新模式,助力上合组织成员国中小企业融入全球经济,共享发展机遇,助力区域经济发展。

(三)增强企业竞争优势的重要阵地

“一带一路”中小企业合作区将是中国企业“走出去”的重要阵地。与欧美、日本等发达国家相比,我国的中小企业在生产技术、管理模式以及产品市场方面存在较大差距。中国中小企业如何利用自身比较优势,走出一条适合本企业发展的国际化道路,是摆在各大中小企业面前的重要课题。从目前的情况来看,我国中小企业要实现国际化发展,必须走“一带一路”倡议路线,利用国家政策支持来进一步扩大企业规模。

我国是“一带一路”倡议最早的倡议者和积极参与者,并已成为推动国际经贸合作、促进全球经济发展的重要力量,在中国积极推动“一带一路”倡议的过程中,我国中小企业是最重要的参与主体。“一带一路”倡议提出以来,我国企业不断加大“走出去”步伐,“一带一路”共建国家不仅为我国中小企业创造了机遇,同时也为我国中小企业走出国门提供了新的平台和空间。随着国内经济增长方式转型升级不断深化,传统制造业面临着技术更新加速、产品结构调整等挑战。当前中小企业也面临技术研发与市场拓展的双重压力,如何通过转型升级、提质增效来增强竞争力、提升竞争力成为当前中小企业发展必须思考的问题。“一带一路”中小企业合作区为青岛产业发展提供新动力。在中国提出

---

① 参见陈亮、倪静:《知识集成与产业集群:区域经济发展的协同机理与启示》,载《甘肃社会科学》2023年第2期。

"一带一路"倡议之后,青岛迅速抓住机遇,制定出台了一系列政策措施,加快推进国际贸易与投资、现代服务业三大重点产业发展,重点发展海洋渔业、现代农业、旅游文化、商贸物流等产业。随着"一带一路"倡议的不断推进,青岛的优势产业和特色产业正在逐步成长为国内的第一梯队和全球产业链上的重要节点。可以预见,在"一带一路"倡议的推进下,青岛作为"一带一路"共建国家重要节点城市的优势将得到进一步发挥。

第二节　法律渊源

一、国际层面

国际方面关于中小企业合作区的规定并没有一个统一、具体的法律文件或条约。不过,可以从多个国际组织和协定中找到与中小企业合作区相关的原则和指导。

世界贸易组织的规则和协定对国际贸易活动有着广泛的影响,其中也包括中小企业参与的合作区。世界贸易组织致力于促进全球贸易的自由化和规范化,其规则涉及关税减让、非关税壁垒的削减、服务贸易自由化等方面,这些都为中小企业合作区的发展提供了有利的国际环境。《关税与贸易总协定》是一个多国政府间达成的关于关税和贸易准则的协议。其核心宗旨在于通过降低关税和减少其他贸易壁垒,来消除国际贸易中的不平等现象,从而推动全球贸易的自由化,更有效地利用全球资源,并扩大商品的生产与流通范围。《关税与贸易总协定》所制定的管理商品贸易的规则,主要集中在跨境贸易的产品处理方面。此外,其规则体系还拓展至包括境外消费、商业存在以及自然人存在在内的3种额外供应模式,同时也涉及服务提供者及其工作人员的待遇问题。尽管《关税与贸易总协定》在促进国家间贸易方面发挥了重要作用,且主要受益者为大型跨国企业,但中小企业常因自身规模和经济实力限制,难以充分利用国际贸易资源,甚至面临参与国际贸易的障碍。例如,《关税与贸易总协定》第18条允许成员作出"积极"额外承诺,如采用国际标准或特定的竞争规则,以期推动与中小企业相关政策的实施。然而,除电信行业外,该条款在实践中对中小企业的实际作用有限。

具体而言,首先,《关税与贸易总协定》在部门划分、市场准入和国民待遇等方面对中小企业产生影响。多数成员国根据《关税与贸易总协定》的部门分类清单来安排其承诺,该清单细分为约 160 个子部门,并归属于 12 个“超级部门”。[①] 由于这一安排的非强制性,成员国可以选择性地排除某些部门,尤其是那些通常由中小企业提供服务的部门,从而保留采取自认为必要措施的权利,包括直接禁止外国企业进入。例如,部分发展中国家将酒店服务的承诺限定在豪华类别,以保护本地规模较小、更为温和的设施免受外来竞争的压力。在市场准入方面,有关规模限制的内容也可觅得踪迹。在自然人存在的情况下,加勒比地区的某些国家保留了为国民提供“一些小型商业机会”的权利,因此政府仍可依据《服务贸易总协定》第 16 条的规定实施限制,以保护本国的中小企业。虽然从总体上看,以电子为基础的贸易方式为小企业开辟了新的市场机遇,但其具体发展仍深受国家法律环境的影响。

其次,联合国及其下属机构,如联合国工业发展组织(UNIDO)等,也发布了一系列与中小企业发展相关的指导和建议,如每年一度的工业发展报告。[②] 这些文件强调中小企业在经济发展中的重要性,提倡通过政策支持和合作来促进中小企业的创新和发展。虽然这些文件并不直接针对中小企业合作区,但其中的原则和建议对合作区的建设和发展具有指导意义。此外,一些区域性的经济合作组织,如亚太经济合作组织(APEC)[③]、欧盟等,也在其框架内推动了中小企业合作的发展。这些组织通过制定区域性的贸易和投资规则、举办中小企业合作论坛和活动等方式,为中小企业合作区提供了更多的合作机会和平台。总的来说,虽然国际方面没有专门针对中小企业合作区的具体规定,但可以从多个国际组织和协定中找到相关的原则和指导。这些原则和指导为中小企业合作区的建设和发展提供了有利的国际环境和政策支持。同时,各国政府也需要在遵守国际规则的前提下,根据本国实际情况制定具体的政策和措施来促进中小企业合作区的发展。在大型自由贸易协定的讨论中,中小企业议题对于《跨大西洋贸易和投资伙伴关系协定》的谈判具有举足轻重的地位。2008 年国

① 参见《服务部门分类(MTN. GNS/W/120)》(中译版),载 https://www. tid. gov. hk/sc_chi/aboutus/tradecircular/ntss/2020/files/ntss202001_a10_c. pdf。

② 参见《2024 工业发展报告》,载 https://www. unido. org/sites/default/files/unido-publications/2024-02/IDR24-Overview-CN. pdf。

③ 参见深圳商报:《APEC 中小企业合作发展报告(2022)发布:区域合作更显活跃》,载中国中小企业发展促进中心官网 2023 年 1 月 10 日,https://www. chinasme. org. cn/html/mcms/daohang/zhongxingailan/neishejigou/xuanchuanbaodao/meitiliebiao/difangmeiti/1612709796439007234. html。

际金融危机的冲击导致世界经济和多边贸易谈判陷入停滞,为了推动经济增长、创造更多就业机会,并提升欧美企业在全球市场的竞争力,欧盟和美国于2011年决定探索双边贸易和投资的进一步增长。这一决策为2013年启动的《跨大西洋贸易和投资伙伴关系协定》谈判铺平了道路。鉴于欧盟超过99%的企业为中小企业,且这些企业在国内生产总值(占比为61%)和就业(占比为70%)方面贡献卓著,同时美国中小企业也占据国内生产总值和就业的半壁江山,并成为近年来新增就业的主要动力,因此《跨大西洋贸易和投资伙伴关系协定》必须充分考虑到中小企业的利益和需求。① 除了降低关税外,《跨大西洋贸易和投资伙伴关系协定》还将致力于解决市场准入和监管法规、非关税壁垒以及市场规则等核心议题,以期重振经济活力,并推动中小企业更积极地参与全球贸易的发展。

欧盟国家援助法旨在确保欧盟对各成员国国家援助措施的有效监督与控制。该法主要目的是防止政府利用援助措施破坏市场竞争的公平性,同时维护欧盟一体化进程的顺利推进。通过制定国家援助规则,欧盟期望营造一个公平的竞争环境,让企业能够高效、公平地展开竞争。这些规则严禁成员国利用国家资源为特定竞争对手提供不当优势。然而,欧盟委员会已经认识到,中小企业在获取资金和信息方面面临诸多困难。鉴于此,国家援助规则为中小企业提供了一定程度的优待,允许成员国通过拨款等方式,帮助中小企业克服不利条件,实现更好的发展。

欧盟委员会特别强调,尽管中小企业在创造就业和促进经济发展方面发挥着重要作用,但它们在获取金融资源和信息方面仍面临诸多挑战。为了解决这些对中小企业影响最为显著的市场失灵问题,欧盟制定了一套特别制度,鼓励成员国在不违反国家援助规则的前提下,为中小企业提供必要的援助。中小企业在国家援助体系中的有利地位在修订后的《一般集体豁免条例》(GBER)中得到了进一步凸显。自2014年7月1日起生效的《一般集体豁免条例》②为国家援助提供了豁免类别,成为SAM改革的重要基石之一。其强化措施旨在更好地运用国家援助,以惠及整体经济,并为中小企业提供更多获取国家援助的

---

① See Iza Lejárraga and others, *Small and Medium-Sized Enterprises in Global Markets: A Differential Approachfor Services*? (OECD Trade Policy Papers No. 165, 2014) 9, http://dx. doi. org/10. 1787/5jz17jtfkmzt-en> accessed 20 January 2017.

② See *General Block Exemption Regulation* (GBER), https://eur-lex. europa. eu/EN/legal-content/summary/general-block-exemption-regulation. html.

机会。修订后的立法特别认识到，在当前经济环境下，中小企业面临两大主要障碍：获取风险资本和获取信息。为此，修订后的《一般集体豁免条例》试图通过扩大中小企业在通知豁免的范围和水平上的资金获取途径来解决这些障碍。此外，国家援助（由国家或通过国家资源提供的援助）通常需要遵守《欧洲联盟运行条约》（TFEU）的规定，包括事先通知欧盟委员会并获得其批准，或者获得豁免这些要求的特殊待遇。在援助法案中，详细规定了在援助中小企业时应考虑的各种因素，包括是否符合规定的国家援助范围、是否符合豁免条件以及能否获得批准等。

二、上合组织法律文件对中小企业合作区的支持

在《上海合作组织二十周年杜尚别宣言》[①]中，各成员国深刻强调了支持中小企业发展对促进经济增长、扩大就业的重要性。成员国一致认为，中小企业作为经济的活跃细胞和创新的源泉，其健康成长对于推动各成员国乃至整个区域的经济发展具有举足轻重的意义。为了实现这一目标，各成员国纷纷表示将大力支持建立并保持经济实体与实业界之间的直接联系。这不仅包括通过举办经济和商业论坛等形式促进信息交流与经验分享，更重要的是，通过这些平台推动中小企业之间的合作，共同开拓市场、应对挑战。宣言中还特别提到，应定期举办上合组织创业论坛和创新创业大赛等活动。这些举措旨在鼓励青年人群积极参与到创新创业的热潮中来，充分发挥他们的智慧和才能，为中小企业的发展注入新的活力。通过这些活动，不仅能够发现和培养一批有潜力的创业项目和人才，还能进一步推动各成员国在创新创业领域的深度合作。此外，宣言还着重指出了在保护知识产权领域开展合作的现实意义。各成员国一致认为，知识产权是激励创新、推动科技进步和经济发展的重要基石。因此，成员国承诺将在保护知识产权和发展知识产权制度方面加强交流与合作，共同打击侵犯知识产权的违法行为，为中小企业营造一个公平、公正、有序的市场环境。这不仅能够激发中小企业的创新活力，还能进一步提升整个区域的经济竞争力。

三、国内法层面的政策与法规支撑

在顶层设计上，我国精心构建了“1+1+1+1+N”的法律政策体系，以全面促

---

① 参见《上海合作组织二十周年杜尚别宣言》，载 https://www.gov.cn/xinwen/2021-09/18/content_5638153.htm。

进中小企业的发展。"一法"是指《中小企业促进法》。这部法律不仅是我国首部专门针对中小企业的法律,更是推动中小企业发展工作的根本法律依据和指引。它于2002年首次通过,并在2017年进行了修订。该法明确了国家促进中小企业发展的方针和政策,界定了政府扶持和引导中小企业发展的职责,并提出了一系列法律举措,如减税降费、优先进入政府采购等。同时,它也加强了对中小企业的知识产权保护和金融服务支持,为中小企业创造了更加优越的发展环境。"一条例"即《保障中小企业款项支付条例》。这一条例为依法预防和解决拖欠中小企业款项问题提供了重要的制度保障,成为维护中小企业合法权益的有力工具。"一标准"是指《中小企业划型标准规定》。这一标准为研究和实施中小企业政策提供了基础,有助于对中小企业工作进行宏观指导、分类管理和科学决策。"一规划"则是《"十四五"促进中小企业发展规划》。该规划为"十四五"时期中小企业的高质量发展提供了明确的工作指南。最后的"N"代表近年来陆续出台的各项综合性政策文件。这些文件包括中共中央办公厅、国务院办公厅联合发布的《关于促进中小企业健康发展的指导意见》,17部门共同印发的《关于健全支持中小企业发展制度的若干意见》,以及国务院促进中小企业发展工作领导小组办公室发布的《提升中小企业竞争力若干措施》等。这一系列政策文件围绕落实"1+1+1+1+N"的顶层制度体系,各部门各地区也相继出台了众多支持中小企业发展的具体政策。

此外,在推动中小企业合作区的高质量发展方面,为了进一步提升中小企业产业集群的专业化、特色化和集群化发展水平,工业和信息化部于2022年发布了《促进中小企业特色产业集群发展暂行办法》①。这一办法与《国民经济和社会发展第十四个五年规划和2035年远景目标纲要》、《关于推进以县城为重要载体的城镇化建设的意见》以及《"十四五"促进中小企业发展规划》相呼应,共同为中小企业的繁荣发展注入了新的活力。

---

① 参见工业和信息化部:《工业和信息化部关于印发〈促进中小企业特色产业集群发展暂行办法〉的通知》,载中国政府网,https://www.gov.cn/zhengce/zhengceku/2022-09/14/content_5709725.htm。

第三节 上合示范区“一带一路”中小企业合作区制度创新的举措

一、上合示范区“一带一路”中小企业合作区制度创新的举措

随着全球经济一体化的不断深入,中小企业在推动经济增长、扩大就业等方面的作用日益凸显。为了进一步响应国家“一带一路”倡议,促进中小企业在更大范围、更广领域、更深层次上的开放合作,工业和信息化部于2020年11月18日正式批准在上合示范区设立“一带一路”(青岛)中小企业合作区。这一重要举措不仅标志着青岛市在对外交流合作方面迈出了新的步伐,更为山东半岛地区乃至全国的中小企业提供了前所未有的发展机遇。

(一)制定并推进实质性落实方案

为了确保合作区的健康、有序发展,上合示范区管委会经过深入研究,精心制定了《“一带一路”(青岛)中小企业合作区建设实质性推进落实方案(2021—2025年)》。该方案从合作区的发展目标出发,明确提出了拓展多元合作领域、优化空间发展布局、搭建高效平台载体以及健全各项保障措施等四大主要任务。每一项任务都配备了具体的实施细则和考核标准,确保各项举措能够落到实处,真正为中小企业的发展提供有力支撑。

(二)全方位强化政策支持体系

为了进一步提升合作区的吸引力,政府正在积极研究并制定《关于加快“一带一路”(青岛)中小企业合作区建设发展若干政策》。这套政策体系将从土地利用、招商引资、产业发展、人才引进等多个方面入手,为入驻合作区的中小企业提供全方位、“一站式”的政策支持。通过降低企业运营成本、优化营商环境、提升服务效率等措施,努力将合作区打造成为中小企业发展的政策高地和成本洼地。

(三)精心规划与优化空间发展布局

在空间布局方面,合作区充分考虑了产业发展的特点和未来趋势,精心规划了国际物流产业园、智能家居产业园、装备制造产业园等多个特色产业园区。每个园区都明确了主导产业和发展方向,并通过内外联动、以投促引的方式,积

极鼓励入园企业开展与“一带一路”共建国家的经济合作。特别是国际物流产业园，依托完善的交通网络和先进的物流设施，已经建立起了覆盖全球多个国家和地区的跨境供应链服务体系，为中小企业的国际贸易提供了便捷、高效的物流通道。

（四）搭建多元化、高层次的发展平台

为了进一步扩大合作区的影响力，吸引更多的国内外企业参与合作，上合示范区积极搭建多元化、高层次的发展平台。通过成功举办上合组织国际投资贸易博览会暨上合组织地方经贸合作青岛论坛等一系列国际性活动，合作区不仅展示了自身的发展成果和合作潜力，还促成了大量的采购交易和意向合作。同时，合作区还积极参与中国国际中小企业博览会等国内外知名展会，通过线上线下相结合的方式，全方位、多角度地宣传推介合作区及其中小企业，有效提升了合作区的知名度和美誉度。

二、创新效果显著，合作区建设取得初步成果

经过几年的建设和发展，“一带一路”（青岛）中小企业合作区已经取得了显著的创新效果。在联东U谷·青岛胶州国际企业港举行的挂牌仪式上①，合作区正式向外界展示了其建设成果。该港区作为合作区的重要组成部分，总投资高达10亿元，已经成功吸引了36家优质企业入驻。这些企业中既有国内知名的上市公司、外资企业，也有掌握核心技术的高新技术企业。更令人欣喜的是，其中有14家企业已经与“一带一路”共建国家建立了稳定的贸易往来关系，11家企业则与上合组织国家开展了深入的经贸合作。据统计，这些企业的年贸易总额已经达到了惊人的2.7亿元，为合作区的发展注入了强劲的动力。这一成果的取得充分证明了合作区在促进中小企业国际合作方面的独特优势和巨大潜力。

三、“一带一路”中小企业合作区的发展困境

当前，“一带一路”中小企业合作区仅在青岛、长沙和祁县三地设立，其覆盖范围相对有限，尚未在全国范围内形成广泛影响。未来，若欲在上合组织成员国之间推广并深化此类合作，仍面临多重阻碍。在国际经济格局中，中小企业

---

① 参见金胶州：《联东U谷·青岛上合国际企业港项目加速推进》，载金胶州网，http://jzrm.jiaozhou.gov.cn/html/2022-07/13/content_73209_15039734.htm。

所占比重不高，部分原因在于它们多集中于贸易活动较少的行业。此外，一些小企业主往往不将增长作为首要目标，从而错失国际扩张的良机。然而，更值得关注的是，中小企业相较于大型企业更易受到贸易壁垒的冲击。成功的出口业务要求企业不仅拥有具备竞争力的产品或服务，还需顺利进入外国市场、寻找合适的合作伙伴与客户、熟练掌握贸易流程与要求、确保款项顺利回收，以及妥善处理各类责任问题。进口业务亦涉及诸多类似环节。受内外部障碍共同影响，中小企业在此类活动中常处于不利地位。① 内部障碍主要源于中小企业的固有特性和局限性。由于生产规模较小，它们难以实现规模经济，导致成本上缺乏竞争力。因此，中小企业必须寻求利基市场、不断创新，并提供更优质的产品。同时，规模限制还引发了一系列资源约束问题，如信息不对称、人力资源匮乏以及金融资源紧张。

外部障碍则存在于企业外部环境之中，可能与地理、文化、市场环境或政府政策与实践密切相关。一些障碍源于国内环境的不完善，如宏观经济不稳定、基础设施薄弱、透明度不足、技能和资本可用性有限、法规繁重、商业行为不公、知识产权保护不力，以及行政和执法效率低下等。这些壁垒并非出于保护主义目的，而可能是国内与目标市场条件之间的差异，如地理、语言、文化或“管制距离”所引发的商业阻碍或国际贸易影响。另一些障碍则与贸易和投资制度直接相关，如关税、配额、原产地规则以及其他区分国内外货物或服务供应商的非关税措施。虽然这些障碍对所有企业均构成影响，但中小企业由于缺乏内部资源和无法将外部障碍的固定成本分散至大规模业务上而承受更大压力。例如，进入外国市场的信息收集成本与潜在销售额无直接关联，可能会阻碍小企业探索国外机会。为遵守外国技术法规、处理文书工作和海关事务、执行合同或保护知识产权所产生的额外费用通常需要进行额外的产品测试或认证，这些都会增加固定成本，降低中小企业找到有利可图交易的可能性。即使是从价关税也可能对运营规模较小、利润率较低的小企业产生更大影响。当给予关税减免或豁免但伴随严格的原产地规则和高昂的产品国籍证明文件成本时，中小企业仍可能无法享受这些优惠措施。

综上所述，“一带一路”中小企业合作区虽在平台建设、空间布局及政策支

---

① See Lucian Cernat, Ana Norman-López & Ana Duch T-Figueras, *SMEs Are More Important Than You Think! Challenges and Opportunities for EU Exporting SMEs* (September 2014), 3 DG TRADEChief Economist Note 9, http://trade.ec.europa.eu/doclib/docs/2014/september/tradoc_152792.pdf, accessed 20 January 2017; Lejárraga and others (n1).

持方面取得了一定进展，但中小企业所面临的核心问题仍未得到根本解决。如何充分发挥政府主导的平台优势以助力中小企业在合作区内实现更大发展仍需进一步深入研究和优化。

第四节　国外先进中小企业工业园对“一带一路”中小企业合作区建设的启示

中小企业在全球各地经济和社会发展中的影响力日益凸显。目前，促进中小企业成长已被世界上多数国家和地区视为关键的经济策略。然而，不同国家和地区在扶持中小企业方面的政策力度和手段存在差异。就力度而言，发达国家往往更为强劲，而发展中国家则相对较弱。从扶持方式来看，这些政策涵盖了税收优惠、财政补贴、贷款支持（如担保、贴息、低息贷款、保险和风险资本投入等），同时也鼓励直接融资，并提供技术、管理以及信息方面的援助。总体来看，美国、日本和欧洲等发达国家在推动中小企业发展方面已经形成了较为成熟的政策体系。

一、美国硅谷工业园

硅谷被誉为美国信息社会的“杰出典范”和“世界微电子之都”，是美国最辉煌的高新技术开发区之一。其重要性不仅在于开辟了新的产业领域，更在于为高新技术产业发展塑造了一种全新的模式，涵盖风险投资、孵化器、股份期权以及科技园等多个层面。硅谷不仅代表了美国西部经济的二次崛起，更成为全球各地在高新技术开发领域的楷模。它的崛起标志着美国社会由工业时代向信息时代的华丽转身，率先引领人类社会迈入知识经济的新纪元。硅谷作为全球闻名的高科技产业聚集地，汇聚了众多高新技术企业和创业投资机构。这里不仅代表着科技发展的最前沿，更引领着全球技术革命和金融创新的潮流。深入剖析硅谷的成功经验，对于我国来说具有深远的意义。它将有助于我国高科技与尚处于成长阶段的创业资本更紧密地结合，进一步推动我国产业结构的升级和资本市场的成熟。

（一）运作环境分析

硅谷的成功运作得益于其独特而综合的环境构建。在知识层面，众多顶尖的高等院校和科研机构如斯坦福大学、麻省理工学院及波士顿大学等汇聚于此，持续产出前沿科技成果，为硅谷提供了坚实的技术支撑和丰富的创新资源。这些机构不仅拥有全球最新的科技发明专利，还以极快的速度推动着技术的更新迭代，成为引领未来技术革命的重要力量。[①] 在资本方面，硅谷同样展现出了强大的吸引力。大量的创业投资机构集中于此，年投资规模庞大，为创新项目提供了充足的资金支持。这些资本主要源于风险承受能力较强、追求高回报的民间机构和个人，并由具备专业技术和丰富投资经验的经理进行高效管理，从而确保了资金的有效利用和回报的最大化。更为重要的是，硅谷形成了一种独特的产业化环境。在这里，创业资本与先进技术成果得以紧密结合，大量创新企业和产品不断涌现，推动了科技产业的蓬勃发展。这种活跃的产业化环境不仅为硅谷带来了持续的经济增长和就业机会，还进一步巩固了其作为全球科技创新中心的地位。综上所述，硅谷的成功运作得益于其知识、资本和产业化环境的相互融合与共同促进。这种独特的环境构建为硅谷的创新发展提供了强大的动力支持，也使其成为全球范围内备受瞩目的科技创新高地。

（二）运作的机制

硅谷的成功，根本在于其全面市场化的运作机制。这一机制根据投资机构的业绩来进行投融资活动，有效地将技术专家与创业资本商通过市场规则紧密联系在一起。在此基础上，硅谷实现了最优资本与最新技术等资源的优化配置，通过组合投资方式在投资技术、阶段、区域上的全面运用，市场化地规避投资风险。同时，依靠创业板、产权交易市场和兼并收购等市场化运作，硅谷成功实现了资本的顺畅退出。

硅谷的组织机制同样值得称道。众多技术创新企业和创业投资商在这里聚集，经过相互选择、配合，形成了一个高效运作的组织体系。这一体系充分发挥了多个创业资本对多个高科技企业的组织性“孵化器”作用，通过内部的竞争与协作关系，促进了企业与资本的优化组合，从而推动了高科技产业的快速发展。在投资机制方面，硅谷的创业资本通常采用股权性投资方式，占受资企业总股本的一定比例，但并不谋求控股权，也不作任何担保和抵押用途。这种投资方式充分考虑了创新企业培育和成长过程中的不确定性，使投资周期更加灵活。同时，创业投资商还积极参与受资企业的经营管理，提供增值服务，助力企

① 参见任泽平团队：《美国发展高科技的机制与启示：以硅谷和半导体为例》，载中文互联网数据资讯网 2022 年 3 月 16 日，https://www.199it.com/archives/1404190.html。

业发展,并为其上市融资提供协助。硅谷的激励机制也是其成功的重要因素之一。技术创新企业广泛采用股票期权激励制度及职工持股计划等,以吸引和留住优秀人才。这些激励机制的创新设计,使得技术人才能够在硅谷的高科技企业中安居乐业,为企业的持续发展贡献力量。

最后,硅谷的失败机制同样值得借鉴。创业投资具有高风险性,失败在所难免。然而,硅谷的发展理念是允许失败、接受失败,并将少数成功建立在众多失败的基础之上。这种宽容的失败氛围,使创业者和投资者更加勇于尝试和创新,从而有望获得巨额的利润回报来补偿之前的损失。

(三)运作的背景

硅谷的运作背景融合了多元且相互支持的因素。在开放的信息社会背景下,硅谷作为信息资源的汇聚地,每天处理着海量的信息流动与整合。这种快速的信息传递与高度共享,为创新企业和创业资本提供了优质的匹配环境,是推动硅谷成功的关键因素之一。

同时,政府的间接支持也为硅谷的蓬勃发展提供了坚实基础。政府对教育和研发的重视,通过立法手段建立创业投资基金、完善知识产权保护制度,以及将高新军事技术转化为民用技术等措施,都在不同程度上加速了硅谷的发展进程。此外,政府在法律、税收和政府采购方面的相应调整,也进一步营造了有利于高科技和创业投资发展的环境。美国已经构建了一套健全的法律体系,既鼓励创新,又保护创新,其中涵盖了《专利法》《商标法》《版权法》《反不正当竞争法》等重要法律,并辅以《拜杜法案》等特定政策。这一系列法律和政策的落地实施,为硅谷的科技创新活动奠定了坚实的制度基础,为其提供了全方位的制度保障,从而有力地推动了硅谷在科技创新领域的发展。① 硅谷的企业文化则是其独特魅力的另一体现。这里的企业倡导不断竞争和选择,新技术在多家企业间同时研发,工程师和创业投资机构都拥有广泛的选择空间。这种创新式的企业文化与流动的选择机制相结合,再加上开放的办公环境、进取的工作态度和忘我的敬业精神,共同塑造了技术、人才和资本在硅谷的完美融合。值得一提的是,“硅谷”文化的包容性及其推崇创业、宽容失败、鼓励冒险的社会文化观念,极大地激发了人们的创新和奋斗精神。这种文化氛围为硅谷企业注入了强大的活力,吸引了来自全球各地的创新人才。最后,硅谷的社区文化也对其发

① 参见王磊、中国国防科技信息中心等:《美国硅谷科技创新的基本经验与启示》,载搜狐网 2016 年 8 月 18 日,https://www.sohu.com/a/111136316_465915。

展起到了积极的推动作用。这里汇聚了众多知名的创新企业家和创业投资家，他们在宽松自由的环境中交流思想、碰撞火花，共同探讨技术创新、资本吸纳与投放等问题。这种社区文化不仅提供了休息的场所，更加强了信息的沟通与交流，为硅谷的发展注入了源源不断的动力。

二、意大利工业园

在欧洲，中小企业扮演着举足轻重的角色，有超过 9000 万人受雇于中小企业，[①]尤其是在意大利，其数量之多令人瞩目。据统计，意大利拥有超过 370 万家中小企业，这一数字位居欧洲非金融业务中小企业数量之首。这些企业不仅为意大利经济贡献了 80%的就业机会和 70%的附加值，还在出口方面表现出色，占据了意大利总出口的 53%，远超欧盟其他国家。鉴于此，意大利政府高度重视中小企业的发展，并采取了一系列措施来促进其成长。

其中，中小企业园的建设成为意大利政府和私人部门共同关注的焦点。他们通过提供资金支持、营造有利的营商环境、建立创新生态系统、提供专业咨询和指导以及加强与国际市场的联系等多元化策略，为中小企业的发展注入了新的活力。值得一提的是，政府还通过改进企业融资政策，特别是针对欠发达地区的中小企业，提供了有力的资金支持，以推动这些地区的经济发展。

然而，尽管意大利中小企业在多个方面取得了显著成就，但最近欧盟发布的数据却显示，他们的数字化水平仍落后于其他国家。为了弥补这一差距，意大利政府已将提升中小企业的数字化水平作为未来的工作重点。为此，政府计划从提高数字化意识和能力、解决供需匹配差距以及加强信贷可用性等方面入手，全面提升中小企业的数字化实力。

意大利工业园区的发展模式，尤其是以中小企业为主体的特色，对于中国那些以中小企业为主的传统制造业集聚区而言，具有重要的参考意义。意大利作为中小企业工业园区的发展先驱，其工业园区以中小企业为主导，并由商会进行主要管理。这些园区的显著特点是产品和企业管理方式上的同业行会特性，以及鲜明的地域文化色彩。[②] 从意大利中小企业工业园区的发展历程与成功经验中可以看出，通过政府与中小企业协会的共同合作，构建以大型领军企

---

① Muller P, Devnani S, Julius J, Gagliardi D, Marzocchi C, op. cit, 2016.

② 参见陈笑天、赵芸芸等:《盘活中小企业工业园区的意大利经验》，载澎湃新闻网 2019 年 10 月 12 日，https://www.thepaper.cn/newsDetail_forward_4644615。

业为核心、汇聚同行业中小企业的工业园区,能够显著推动中小企业的成长和发展。具体来说,政府将建立一个为中小企业量身定制的信息系统,整合各方资源,以帮助他们更好地理解和应用数字技术。同时,政府还将利用大型企业和政府采购的影响力,推动中小企业加速数字化进程。此外,为了解决供需匹配问题,政府将打造一个公平的机制,并可能赞助创建一个集成的数字化平台,以促进数字解决方案的需求和供应的有效对接。最后,在融资方面,政府将通过银行体系加强针对中小企业数字化和创新项目的信贷支持,例如扩大欧洲投资银行(EIB)的中小企业主题线,以涵盖意大利的数字化和创新需求。这些举措的实施有望进一步提升意大利中小企业的国际竞争力和影响力。

三、对我国"一带一路"中小企业合作区建设的启示

在运作环境上,"一带一路"中小企业合作区应深化"科教兴国"战略实践,不断增加教育和科研的投资力度,推动我国科技创新体系日臻完善。这要求合作区以提升研发投入为核心,构筑一个多元化、灵活的融资体系,有效结合国家财政、民间及国外资本,进而拓宽资本来源,为我国科技创新产业营造优渥的资本土壤。同时,合作区必须关注高新技术的实际应用,促进科技与资本的深度融合,从而提升产业整体素质与科技含量。

在运作机制上,"一带一路"中小企业合作区应秉承市场导向原则,减少对科技转化与资本运作的不必要行政干预,充分激活市场活力。这意味着合作区需积极借鉴国际先进经验,培育专业的投资人才队伍,并通过优化企业股权结构,设计符合国情的激励机制,来进一步释放企业的创新潜能。此外,鼓励创新思维,勇于实践,建立健全风险投资机制,也是合作区走向成熟、提升竞争力的重要步骤。

在运作支持层面,"一带一路"中小企业合作区应响应"信息化社会"的号召,建立完善的科技与金融信息服务平台,加强信息的流通与共享,打破信息壁垒。政府在此过程中应发挥关键作用,通过修订法规、完善监管,为技术创新型企业保驾护航。同时,合作区应积极探索金融创新,如设立二板市场,并完善知识产权保护制度,以实际行动支持科技创新成果的转化与销售。最后,合作区还应致力于打造开放、包容的环境,鼓励企业间的技术交流与人才互动,从而提升整个区域的知识服务水平和创新能力。这些举措将为"一带一路"中小企业合作区的可持续发展注入不竭动力。

第五节 “一带一路”中小企业合作区的未来发展趋势

一、国际化趋势

“一带一路”中小企业合作区的未来发展趋势，在国际化方面，将展现出多个鲜明的特点。随着全球经济的深度融合，合作区将更加主动融入国际经济体系，与“一带一路”共建国家共同探索合作新模式，加强贸易往来，拓宽投资渠道，共同开拓国际市场。[①] 这不仅有助于提升合作区的国际影响力，也将为“一带一路”共建国家带来更多的发展机遇。同时，在绿色发展理念引领下，合作区将致力于推动绿色产业和清洁能源的发展，加强环保技术的研发与应用，与“一带一路”共建国家共同构建绿色经济体系，实现经济、社会和环境的协调发展。科技创新作为引领合作区发展的核心动力，将吸引更多国际科技组织和科研机构参与合作。通过共建联合实验室、技术转移中心等平台，合作区将加速科技成果的转化和应用，推动“一带一路”共建国家科技创新能力的提升。在健康卫生领域，合作区将深化与“一带一路”共建国家的合作，共同应对全球性卫生挑战。通过加强医疗卫生技术交流与合作，合作区将助力“一带一路”共建国家提升医疗卫生水平，为保障人民健康福祉贡献力量。综上所述，“一带一路”中小企业合作区的未来发展趋势将呈现出更加开放、包容、创新的国际化特征，为“一带一路”共建国家和世界经济发展注入新的活力。

二、创新和技术升级

中小企业在“一带一路”倡议中扮演着至关重要的角色，而技术升级和创新则是其应对各种挑战的关键。随着科技和互联网领域的持续突破，中小企业将不断从中获取新机遇，并借助数字化、智能化的力量推动自身的快速发展。国务院及相关部委为促进中小企业发展，连续推出一系列支持政策。其中，特别提出了“中小企业数字化促进工程”，旨在全面推动中小企业实现数字化转型和

---

① 参见工业和信息化部：《两部门关于开展支持中小企业参与“一带一路”建设专项行动的通知》，载中国政府网，https://www.gov.cn/xinwen/2017-08/04/content_5215990.htm。

数字产业化发展。[1] 这一工程不仅有助于提升中小企业的数字化水平，还为其提供了坚实的基础服务，确保中小企业在数字化浪潮中稳健前行。通过这些政策的实施，中小企业能够更好地适应数字经济时代的需求，为国家的经济发展注入新的活力。[2] 例如，智能制造的兴起为相关行业企业提供了全新的生产模式，大大提高了生产效率；而互联网和电子商务等平台软件的普及，则为中小企业打开了一个又一个新的市场，让产品和服务能够更加便捷地触达全球消费者。

为了进一步提升技术升级和创新能力，中小企业需要从以下几个方面发力：一是转变思维方式和治理手段。树立创新的生态观念至关重要，要认识到中小企业在科技创新中的重要作用，它们是创新生态中的关键主体。同时，应逐步放宽市场准入，特别是针对垄断性行业和高新技术产业，以监管替代过去的管制方式，为中小企业创造更好的发展环境。

二是聚焦于人力资源的开发与激励。科技创新的核心在于人才[3]，既要打牢创新发展的人才基础，又要通过优化人才梯队的结构和完善激励机制，使科技人才能够并愿意积极投身于科技创新活动。此外，发挥人才评价制度的引导作用，改革科研机构创新体制，并建立激发创新潜能的人才评价体系，以提升科技产出的质量和效率。

三是各地区需结合实际情况推进专项服务。地方政府应转变工作方式，变被动为主动，深入了解企业需求并提供精准的政策支持，例如为重点企业提供包括税收、金融、科技等在内的全方位服务。此外，通过构建鼓励和保护中小企业发展的政策体系，并将中小企业的发展情况纳入政绩考核，以进一步激发地方的创新创业活力，推动传统中小企业成功转型为"专精特新"企业。

三、重视基础建设投入加强平台构筑力度

一方面，需要聚焦于原始创新，采取"集中力量办大事"的策略来强化基础研究。基础研究是整个科学体系的根基，加快构建和强化基础研究的长效机制至关重要，以实现前瞻性和原创性的重大突破，为新的发展格局奠定坚实的科

---

① 参见中小企业局：《〈"十四五"促进中小企业发展规划〉解读》，载工业和信息化网站 2021 年 12 月 17 日，https://wap.miit.gov.cn/zwgk/zcjd/art/2021/art_83154adae53d40778b6b4d93d9a7f21b.html。

② 参见吕程成：《中小企业数字化转型现状、影响因素及对策》，载《企业科技与发展》2022 年第 3 期。

③ 参见董志勇：《科技创新与现代化经济体系》，载《经济科学》2018 年第 6 期。

学基础。这要求充分发挥新型举国体制在基础研究中的关键作用,集结优势力量以攻克关键技术和前沿引领技术,从而打破国外的技术封锁。[①] 同时,必须增强对科学意识的认知,构建科技创新的长效机制,为培养和支持“看似无用”的基础研究提供肥沃的土壤。与此同时,应以国际前沿为标杆,洞悉全球科技发展的趋势,进一步加大对基础研究的投入,并提前进行科研布局,以争取掌握全球科技标准的制定权。利用我国庞大的市场规模和完善的产业体系,提高创新速度和大规模应用能力,有效连接应用基础研究与产业化,实现科研创新从样品到产品,再到商品的顺利转化。

另一方面,加速科技成果的转化应用机制同样重要,以构建一个充满活力的创新生态体系。应用研究是推动产业进步的重要驱动力,它依赖于一个多样化的创新生态体系。因此,应重视科技创新协作平台的建设,以提升科技成果的转化效率,并实现创新链与产业链的有效对接。一个具有活力的创新生态体系,其关键在于良好的体制和机制,同时,保持创新主体的多样性也是至关重要的。为了构建一个充满活力的创新生态系统,需要提供开放共享的服务平台,并营造自主演化的环境。企业在创新中的主体地位不容忽视,应以市场为导向,营造公平竞争的环境,并通过财税优惠等措施来重点扶持处于关键“生态位”的企业和组织,从而增强创新生态的稳定性和竞争力。此外,公共服务示范平台的建设和完善也应受到重视,利用其强大的资源汇集能力,包括资金、人才、技术和数据等,充分发挥平台效应,激发各创新主体的活力。

---

① 参见董志勇、李成明:《“专精特新”中小企业高质量发展态势与路径选择》,载《改革》2021 年第 10 期。

第七章　深化 Handle 标识解析系统实现数据国际化共享互换

第一节　概　　述

上合示范区作为上合组织的自由贸易示范区，致力于推进经济一体化和贸易自由化，以实现共同发展繁荣。在这个背景下，青岛上合示范区提出了基于区块链技术的 Handle 标识解析系统，以解决传统贸易中存在的诸多问题。Handle 标识解析系统在建立统一的标准、完善贸易流程、降低交易成本等方面取得了显著成效，成为上合示范区的一项重要创新举措。然而，Handle 标识解析系统的推广应用仍有改进和完善的空间，需要进一步探索和尝试。完善系统的功能、提高数据的质量和安全性等方面的努力，可以使其在自贸区数字化转型中发挥更加重要的作用。同时，也需要在跨境数据交流、知识产权保护等方面加强国际合作，促进数字经济发展。因此，本章旨在通过分析上合示范区 Handle 标识解析系统的创新举措，探讨如何将其推广应用于其他自贸区和内陆地区，促进中国自贸区数字化转型和经济发展。同时，也为全球数字经济发展提供了一些借鉴和启示。

一、Handle 标识解析系统的概念

Handle 原本是指一个单纯的计算机科学术语，用于表示指向特定对象或数据结构的引用或标识符。在计算机程序中，我们经常需要使用对象或数据结构，而 Handle 就是用于

表示这些对象或数据结构的标识符。通常情况下，Handle 是一个整数或指针，可以通过它来访问或修改对象或数据结构的属性。Handle 在计算机程序中扮演着重要的角色，它可以帮助程序员管理和操作内存中的对象或数据结构。在面向对象编程中，对象的创建和销毁都需要使用 Handle 来进行管理。而在操作系统中，Handle 用于表示打开的文件、网络连接、进程等资源的标识符，可以通过它来进行操作和管理。

随着数字化和互联网技术的快速发展，越来越多的数字对象被创造和共享，需要更加高效和精确的标识和管理。Handle 最初作为计算机科学领域中的概念，被提出并广泛应用于数字对象的唯一标识和管理。因此，Handle 识别解析系统作为一种新型的数字对象标识和管理体系应运而生。它的作用是提供一种可扩展的、可靠的、全局唯一的标识符体系，使得数字对象可以在全球范围内被唯一标识和管理。Handle 标识解析系统采用了分层的命名结构，将数字对象的标识信息按照层级关系进行组织，可以有效地解决数字对象标识冲突和管理复杂度的问题。同时，它还提供了丰富的元数据描述和访问控制机制，使得数字对象可以被更加精细地管理和应用。Handle 标识解析系统的成功应用和普及，得益于工业互联网的迅速发展和数字化转型的加速推进。工业互联网中的各种智能设备和物联网系统，需要对海量的数字对象进行精准的标识和管理，以支持各种智能化的应用场景和业务模式。Handle 标识解析系统正是为满足这一需求而生的。

随着工业互联网的快速发展和推广，标识解析体系成为工业互联网建设和应用中的关键技术和基础设施之一。作为国际最主流的标识解析体系，Handle 在工业互联网中具有极高的应用价值。它可以为工业设备、物料、零部件、产品等对象提供全球统一的、唯一的识别定位和信息查询，从而实现工业互联网上下游企业符合标识和信息管理的服务，打通设备接口、数据权限、产业上下游等各个环节的信息透明和无缝监管。

Handle 标识解析系统由标识编码和解析系统组成，可以与二维码、RFID、数据库、信息系统等有机融合，低成本实现与原有系统的无缝对接以及不同应用系统间低成本的互操作。Handle 全球根节点可以为企业提供标识解析服务，包括国际化标识注册、解析、数据管理和运行监测等服务，支撑国际、国内的多种形式数据共享交换，打造国际化数据共享交换服务体系。

总之，Handle 原本作为计算机编程中一个重要的概念，用于表示对象或资源的标识符，可以帮助程序员进行内存和资源的管理和操作。而现如今由于其具有高效、可靠、可扩展的数字对象标识和管理能力而变成工业互联网中一个关键的技术，为工业互联网中的数字化转型和智能化应用提供重要支撑。

二、Handle 标识解析系统的发展沿革

Handle 标识体系的历史可以追溯到 20 世纪 90 年代初，由 TCP/IP 协议联合发明人罗伯特·卡恩提出。[①] 最初，Handle 标准由 CNRI 运行管理，随着其在世界各国的应用不断扩张，Handle 标准成为互联网发展的关键性基础设施，交由全世界各个国家共同管理，并在世界多个国家部署根服务器，各国家拥有对自己国家的 Handle 标准运营和服务的自治权。Handle 标准自 1994 年发明至今，已经历了 20 年的应用与验证，共计在近 70 个国家部分行业局部应用，确定 Handle 标准是一项成熟、稳定、实用、安全的技术，并已具备了大规模应用推广的条件。

在中国，Handle 标识体系的研究自 20 世纪 90 年代末开始。2003 年，国家互联网管理中心（CNNIC）与 CNRI 合作，将 Handle 标识解析系统作为互联网资源标识技术，合作建立 Handle-DNS 名字服务系统。2004 年，国家图书馆将 Handle 作为全球数字资源唯一标识符，联合多家机构，实现了分布式数字资源的统一注册和管理的原型系统。2014 年，负责运营与管理全球 Handle 标准的组织多纳基金会在瑞士日内瓦正式注册成立，基金会由 CNRI 和国际电信联盟（ITU）共同发起，中国也成为创始成员之一。[②] 随着 Handle 标识解析体系成为推进我国互联网、大数据、人工智能和实体经济深度融合的重要基础设施。镇锡惠强调，在未来的发展中，Handle 标识解析系统具备广阔的应用空间和发展前景，能够有效地整合“信息孤岛”，实现跨界的信息共享和大规模的资源整合，是未来发展大趋势下不可或缺的关键技术。

Handle 标识体系已经成为我国物联网发展中的关键技术支撑。自全球 Handle 根系统 MPA 在中国部署之日起，其便得到了官方大力支持，国家发展和改革委员会将 Handle 选定为“国家物联网标识管理公共服务平台”的三大技术支撑，工业和信息化部建立了基于 Handle 标识解析系统的“食品质量安全信息

---

① 参见李淼、刘曼、韩倩倩：《互联网资源标识技术发展的重大机遇》，载《中国战略新兴产业》2015 年第 Z1 期。

② 参见李芊诺：《2023 世界工业互联网产业大会——DOA/Handle 工业互联网标识解析体系贯通主题论坛在青岛隆重举行》，载中国工业新闻网 2023 年 9 月 18 日，https://www.cinn.cn/p/273911.html。

追溯体系"①。目前,我国已经在医药行业、工业 4.0、现代服务业、食品安全等领域开展了基于 Handle 的项目,并计划在物流、互联网金融、汽车制造业、车联网、智慧城市等领域开展示范应用,使 Handle 标识体系成为未来数字经济的基石。

三、Handle 标识解析系统的优势

Handle 标识解析系统作为一种用于管理分布式资源的全球性标识符系统,被广泛誉为未来数字经济基石。各国通过使用 Handle 标识解析系统来实现数字资源的标识、解析和管理,以达到资源共享的目的。此外,Handle 标识解析系统还提供了安全可控的数据交换和共享机制,通过平台上的资源描述、标识、定位和获取等功能,为用户提供了便捷的数字资源服务,保障了数字资源的隐私和安全。因此,Handle 标识解析系统在数字资源管理和共享方面具备重要的作用,为数字经济的发展提供了有力的支持。Handle 标识解析系统具备以下作用。

(一)标识和解析作用

Handle 标识解析系统能够为数字资源提供唯一的标识符,并通过解析体系实现资源的精确定位和获取,方便用户使用和管理数字资源。Handle 标识解析系统作为一个全球化的标识解析体系,能够为全球用户提供标识的管理和解析服务,实现数据共享和交换。Handle 标识解析系统具有唯一性和持久性。Handle 标识解析系统中的标识符是唯一的,一旦分配就不会再次分配给其他资源。这种唯一性保证了数据资源的持久性,即使资源的位置发生改变,标识符也不会改变。Handle 标识解析系统的标识和解析作用具有以下特点。其一,可扩展性。Handle 标识解析系统支持各种类型的标识符,包括数字、文本、二进制数据等。这种可扩展性使 Handle 标识解析系统可以应用于各种类型的数字资源,并且可以随着技术的进步和需求的变化而灵活调整和扩展。其二,安全性。Handle 标识解析系统提供了一套完整的安全机制,包括身份验证、权限控制、数据加密等。这些安全机制保护了数字资源的安全和隐私,防止了未经授权的访问和使用。其三,可移植性。Handle 标识解析系统的标识符可以在不同的系统和平台之间进行移植和共享,这使不同组织和机构之间的数据资源可以进行共

① 参见李淼:《万物互联时代的挑战与机遇》,载《中国战略新兴产业》2015 年第 Z1 期。

享和交换,促进了数据的开放和互联。①

综合来看,Handle 标识解析系统的标识和解析作用为数字资源的管理和共享提供了有效的解决方案,具有广泛的应用前景和重要意义。

(二)数据交换和共享作用

Handle 标识解析系统提供安全可控的数据交换和共享机制,保障数字资源的隐私和安全,实现数字资源的跨机构、跨地区、跨领域共享。此外,Handle 标识解析系统还可以为数字资源的版本控制、元数据管理、著作权保护等提供技术支持,进一步提升数字资源管理的效率和精度。可以说,Handle 标识解析系统在数字资源管理、共享和交换方面具有广泛的应用前景,不仅在科学研究、教育教学、文化遗产保护等领域得到广泛应用,而且在企业、政府、医疗等领域也具有巨大的潜力。

例如,上合示范区国际化数据共享交换服务体系的构建和行业间数据共享交换的实例。一方面,Handle 标识解析系统能够支持国际化标识注册、解析、数据管理和运行监测等服务,对接上合组织成员国家及"一带一路"共建国家地区的相关行业资源,支持建设跨国 DOA/Handle 创新应用服务,逐步形成"国际化数据共享交换服务体系"。另一方面,上合示范区通过 Handle 标识解析系统实现行业间数据共享互换。Handle 全球根节点(青岛)食品行业信息公共服务平台作为试点已正式上线运营,打通制造端和贸易端、促进供应链和价值链重构,全面支撑食品企业数字化转型进程。网根科技(青岛)有限公司与山东港口产城融合集团签署战略合作协议,共同构建基于 Handle 的跨境冷链数字底座应用服务验证平台系统,提供可信的追溯、进出关、供应链等信息应用服务。

(三)资源管理作用

Handle 标识解析系统提供了数字资源管理平台,能够通过资源描述、标识、定位和获取等功能,为用户提供便捷的数字资源服务,同时也能对数字资源进行统一管理和维护。Handle 标识解析系统的资源管理功能主要体现在以下几个方面。

(1)资源描述。Handle 标识解析系统提供了丰富的元数据描述机制,可以为数字资源建立详细的描述信息,包括资源的名称、类型、作者、来源、关键词等

---

① 参见王合建、王栋、杨柯:《基于物联网标识技术的分布式光伏数据共享系统技术架构与平台建设》,载《电网与清洁能源》2019 年第 8 期。

多个方面，便于用户进行检索和使用。

(2)标识管理。Handle 标识解析系统为数字资源提供唯一的标识符，使得每个资源都有独立的身份，不会出现重复或混淆的情况，同时也为用户提供了标识的管理和维护机制。

(3)定位和获取。Handle 标识解析系统可以通过标识符实现数字资源的精确定位和获取，不受资源存储位置、网络环境等因素的影响，方便用户进行访问和利用。

(4)统一管理和维护。Handle 标识解析系统提供了数字资源的统一管理和维护平台，包括资源的创建、删除、修改等操作，能够为数字资源提供全生命周期的管理服务。

综上所述，Handle 标识解析系统的资源管理功能能够为数字资源的创建、存储、共享和维护提供全方位的支持，提高数字资源的管理效率和服务质量。

(四)技术支撑作用

Handle 标识解析系统提供了技术和管理规范层面上的支撑和保障，为全网络数据共享和数据交换体系的建设提供了重要技术工具。Handle 标识解析系统的技术支撑作用主要体现在以下几个方面。

(1)Handle 标识解析系统提供了一套完整的标识解析体系，为全球各个机构提供了标识的管理和解析服务，从而实现了数字资源的精确定位和获取。其技术规范和标准的统一性，使数据共享和交换变得更加容易和高效。

(2)Handle 标识解析系统采用了分布式的架构设计，通过各个节点之间的数据交换和共享，保证了数字资源的安全可控。这种分布式的架构设计不仅可以提高系统的可靠性和稳定性，同时也可以支持全球化的数据交换和共享。

(3)Handle 标识解析系统还提供了丰富的工具和接口，支持各种开发语言和平台的接入，为数字资源的应用和管理提供了广泛的技术支持。这些工具和接口的开放性和灵活性，可以帮助开发者快速地构建数字资源管理系统和应用程序。

(4)Handle 标识解析系统还采用了先进的安全技术，保障数字资源的隐私和安全。例如，采用了基于公钥加密算法的数字签名技术，可以保证数字资源的真实性和完整性，避免了数字资源被篡改或伪造的风险。

第二节　法律渊源

一、国际条约及规则

在数字贸易的快速发展和数字化转型的推动下，数字贸易的法律规定日益受到重视，出现了越来越多的国际条约和协议。在数字贸易领域，涉及数字对象的交易和管理，因此与知识产权有关的国际条约和协议也相对较多。Handle 标识解析系统作为一种数字对象管理方式，需要遵守相关的国际条约和协议，以保护知识产权的相关权利，同时也需要遵守有关数字贸易的规定。

（一）知识产权相关的条约

Handle 标识解析系统作为一种数字标识符，用于唯一地标识数字对象，包括文献、数据、软件、硬件等，这些数字对象可能包含知识产权内容，如专利、商标、版权等。因此，在使用 Handle 标识解析系统时，需要涉及知识产权的保护，以确保数字对象的知识产权得到合法保护。对于 Handle 标识解析系统的使用而言，其中涉及的数字标识符号，如数字对象标识符（DOI）和统一资源标识符（URI），其背后所代表的知识产权也需要得到相应的保护。同时，Handle 标识解析系统本身也需要保护其知识产权，如专利和商标等，以确保其在市场竞争中的合法地位。

使用 Handle 标识解析系统的相关行为需要符合有关知识产权的国际条约。具体来说，这意味着 Handle 标识解析系统的使用必须遵守知识产权法律，特别是需要遵守专利、商标、著作权等方面的规定。如果 Handle 标识解析系统的使用涉及未经授权的知识产权，可能会触犯这些法律，从而引发知识产权纠纷和法律风险。例如，在使用 Handle 标识解析系统时，如果处理的信息包含有他人拥有的专利技术，而该专利技术未经授权使用，那么可能会引发专利侵权纠纷。[①] 同样地，如果使用 Handle 标识解析系统处理的信息中包含他人拥有的

---

① 《专利法》第 65 条规定：未经专利权人许可，实施其专利，即侵犯其专利权，引起纠纷的，由当事人协商解决；不愿协商或者协商不成的，专利权人或者利害关系人可以向人民法院起诉，也可以请求管理专利工作的部门处理。

商标,而未经许可使用,可能会引发商标侵权纠纷。[①] 因此,在使用 Handle 标识解析系统时,需要遵守知识产权法律的规定,避免侵犯他人的知识产权,以免引起法律风险。例如,当一个创新的产生或一个作品的创作完成后,如果想要对其进行保护,可以通过申请知识产权进行保护。例如,专利是保护发明的一种知识产权,版权是保护作品的一种知识产权。在使用 Handle 标识解析系统时,如果使用了未经授权的专利或者版权受保护的内容,就会违反相关的知识产权规定,从而引发法律纠纷。例如,如果一个研究人员在使用 Handle 标识解析系统时,使用了另一家公司的专利技术而未经授权,这就可能侵犯了该公司的知识产权,引发侵权纠纷。同样地,如果在 Handle 标识解析系统中存储了未经授权的音乐、电影等版权受保护的内容,也可能会引发版权纠纷。

1.《建立世界知识产权组织公约》(WIPO Convention)

《建立世界知识产权组织公约》是世界知识产权组织成立的基础法律文书,于 1967 年 7 月 14 日在斯德哥尔摩签订,旨在促进全球知识产权的保护和发展。《建立世界知识产权组织公约》也是 Handle 标识解析系统的法律渊源之一,其中对 Handle 标识解析系统的法律规范首先就体现在第 2 条定义中,在定义中已经对 Handle 标识解析系统的权利作出了相关的规定。具体而言,知识产权包括有关下列项目的权利:文学、艺术和科学作品;人类一切活动领域内的发明;工业品外观设计以及在工业、科学、文学或艺术领域内由于智力活动而产生的一切其他权利等。该公约第 3 条第 1 项提到,世界知识产权组织的宗旨是:通过国家之间的合作并在适当情况下与其他国际组织配合,促进世界范围内的知识产权保护。这些都是关于知识产权和 Handle 标识解析系统之间的关联。并且,该公约鼓励各成员国加强技术转移和技术合作方面的合作。

因此,《建立世界知识产权组织公约》对 Handle 标识解析系统的法律渊源主要涉及技术合作和知识产权方面的规定,为 Handle 标识解析系统提供了法律规范和支持。

2.《与贸易有关的知识产权协议》

《知识产权权利保护的贸易相关知识产权协议》(以下简称《TRIPs 协议》)是 1994 年在世界贸易组织的组织下签署的国际贸易协议,旨在加强知识产权

---

① 《商标法》第 60 条第 1 款规定:有本法第 57 条所列侵犯注册商标专用权行为之一,引起纠纷的,由当事人协商解决;不愿协商或者协商不成的,商标注册人或利害关系人可以向人民法院起诉,也可以请求工商行政管理部门处理。

的保护和实施,促进国际贸易的自由化和公平竞争。《TRIPs 协议》中有关 Handle 法律渊源的具体部分主要体现在以下两方面。

一方面,《TRIPs 协议》对数字标识系统的保护和使用作出了规定。根据《TRIPs 协议》第 8 条的规定,成员国可采取适当措施防止权力持有人滥用知识产权,防止借助国际技术转让中的不合理限制贸易行为或消极影响的行为,只要该措施与《TRIPs 协议》的规定一致。同时,《TRIPs 协议》第 10 条还规定,无论以源代码还是以目标代码表达的计算机程序,均应作为《保护文学和艺术作品伯尔尼公约》(以下简称《伯尔尼公约》)1971 年文本所指的文字作品给予保护;数据或其他材料的汇编,无论采用机器可读形式还是其他形式,只要其内容的选择或安排构成智力创作,即应予以保护。上述条文也说明了 Handle 标识解析系统在《TRIPs 协议》中获得了肯定和保护。

另一方面,《TRIPs 协议》对数字资源的保护义务和执法提出了要求。根据《TRIPs 协议》第 41 条第 1 款规定,成员应保证本部分所规定的执法程序依照其国内法可以行之有效,以便能够采用有效措施制止任何侵犯《TRIPs 协议》所包含的知识产权的行为,包括及时的防止侵权的救济,以及阻止进一步侵权的救济。这些程序的应用方式应避免造成合法贸易的障碍,同时应能够为防止有关程序的滥用提供保障。

因此,《TRIPs 协议》对数字标识系统和数字资源的保护和管理提出了严格的要求,为 Handle 标识解析系统的法律渊源提供了重要的法律依据和保障。

3.《伯尔尼公约》

《伯尔尼公约》是国际上保护版权的基本公约,该公约的历史可以追溯到 1886 年,它规定了各国在版权保护方面的最低标准。该公约中与 Handle 标识解析系统的法律渊源有关的部分如下。

首先,《伯尔尼公约》第 2 条第 6 款规定:本条所提到的作品在本同盟所有成员国内享受保护。此种保护系为作者及其权利继承人的利益而行使。也就是说,符合《伯尔尼公约》的规定,自公约生效之日起,在缔约国享有原创性的作品,无论其出版地点在何处,都应享有与该缔约国国内原创性作品同等的法律保护。其次,《伯尔尼公约》第 2 条第 1 款规定,《伯尔尼公约》规定的"作品"包括:a. 书籍、小册子和其他文字作品;b. 演讲、讲话、演奏、演唱以及其他表演作品;c. 独立的艺术作品,如油画、素描、版画、雕塑、素描和光画;d. 摄影作品;e. 电影作品;f. 对于工业和科学用途而制作的插图、地图、设计图和立体作品等。其中,并没有提到计算机程序。但是《世界知识产权组织版权条约》第 4 条提到计算机程序作为《伯尔尼公约》第 2 条意义下的文学作品受到保护。此种保护适用于各计算机程序，而无论其表达方式或表达形式如何。[①] 可以看出，Handle 标识解析系统所涉及的数字资源，包括计算机程序，均属于《伯尔尼公约》保护范围内的"作品"，应享有与缔约国国内原创性作品同等的法律保护。

此外，《伯尔尼公约》第 9 条规定："受本公约保护的文学艺术作品的作者，享有授权以任何方式和采取任何形式复制这些作品的专有权利；本同盟成员国法律需要允许在某些特殊情况下复制上述作品，只要这种复制不损害作品的正常使用也不致无故侵害作者的合法利益；所有录音或录像均应视为本公约所指的复制。"根据《伯尔尼公约》的规定，可以解读为未经版权所有者许可，在以下情况下使用作品不属于侵犯版权行为：(1)在合理的范围内为私人使用或非商业性用途使用；(2)在为公众有利的情况下合理地引用某些作品；(3)为了报导事件或当作科学、文学或艺术研究的材料而使用某些作品。这意味着，在遵守版权法律保护的前提下，Handle 标识解析系统中的数字资源可以在合理的范围内为私人使用或非商业性用途使用，可以合理地引用某些作品，也可以作为科学、文学或艺术研究的材料使用。因此，在数字资源的交换、共享和管理过程中，需要严格遵守版权法律规定，尊重知识产权，保护数字资源的合法权益。

综上所述，在使用 Handle 标识解析系统时，必须遵守相关的知识产权法律规定，确保所使用的技术或内容不会侵犯他人的知识产权。在 Handle 标识解析系统的使用过程中，需要严格遵守相关的知识产权法律法规，并加强知识产权的保护，以保障各方的合法权益。可以借助专业法律团队或者知识产权保护机构进行法律风险评估，从而降低法律风险的发生概率。同时，也需要加强知识产权的保护意识，在 Handle 标识解析系统的应用过程中合理运用知识产权保护的相关措施，以促进数字经济的健康发展。

(二)数字贸易方面相关条约

数字贸易指的是利用数字技术开展的跨境电子商务活动，涉及的领域非常广泛，包括数字产品的生产、交换、分发和销售等方面。Handle 标识解析系统是一种用来标识和管理数字对象的方法，而数字对象可能包含有关知识产权、个人隐私和数据保护等方面的信息。在数字贸易中，如果未能遵守相关的国际条

---

① 《计算机软件保护条例》第 3 条第 1 项规定：计算机程序，是指为了得到某种结果而可以由计算机等具有信息处理能力的装置执行的代码化指令序列，或者可以被自动转换成代码化指令序列的符号化指令序列或者符号化语句序列。同一计算机程序的源程序和目标程序为同一作品。

约和国家法律,就可能会面临一些法律风险。

例如,跨境交易可能涉及不同国家的法律和贸易政策,如果未能遵守相关法律和政策,可能会被认为是违反贸易法规的行为,从而面临贸易壁垒、诉讼等法律风险。[①] 此外,数字贸易中处理和交换的大量数据涉及个人隐私和数据保护问题,如果未能妥善处理这些数据,就可能会面临数据泄露、滥用等法律风险。[②] 这也是为什么数字贸易需要遵守相关的数据隐私法规的原因。最后,数字贸易需要使用电子签名和认证等技术手段进行验证和认证,如果未能遵守相关法律规定,就可能会面临认证无效、交易无效等法律风险。这也是为什么数字贸易需要遵守相关的电子签名和认证法规的原因。[③]

同时,国际上也出台了一系列的条约和规范,旨在促进和规范数字贸易的发展。这些条约和规范涵盖了数字产品的知识产权保护、跨境数据流动、电子支付、电子认证等方面。而 Handle 标识解析系统作为数字标识符的重要工具之一,也在这些条约和规范中扮演了重要角色。因此,Handle 标识解析系统的法律渊源与数字贸易相关领域的条约存在着密切的联系。

1.《世界知识产权组织版权条约》和《世界知识产权组织表演和录音制品条约》(WIPO Performances and Phonograms Treaty,WPPT)

《世界知识产权组织版权条约》和《世界知识产权组织表演和录音制品条约》都是由世界知识产权组织于 1996 年制定的,旨在为数字化时代的版权和相关权利提供国际保护和协调。《世界知识产权组织版权条约》第 4 条提到计算机程序作为《伯尔尼公约》第 2 条意义下的文学作品受到保护。此种保护适用于各计算机程序,而无论其表达方式或表达形式如何。第 5 条规定数据或其他资料的汇编,无论采用任何形式,只要由于其内容的选择或排列构成智力创作,其本身即受到保护。这种保护不延及数据或资料本身,亦不损害汇编中的数据或资料已存在的任何版权。此条约可视为补充《伯尔尼公约》的内容。

这两个条约都包括了对技术保护措施的规定,以保护数字内容的版权和相关权利。在《世界知识产权组织版权条约》和《世界知识产权组织表演和录音制品条约》中,Handle 标识解析系统被视为一种技术保护措施,可以被用来保护数

---

① 参见单熙哲:《数字服务贸易壁垒的贸易抑制效应研究》,浙江大学 2022 年硕士学位论文,第 32 页。

② 参见郑伟、钊阳、郑亚松:《数据贸易:发展动因、主要障碍及我国路径选择研究》,载《国际贸易》2022 年第 11 期。

③ 参见崔彩周:《中国数字服务贸易便利化问题研究》,载《时代经贸》2022 年第 9 期。

字内容的版权和相关权利。具体来说,《世界知识产权组织版权条约》和《世界知识产权组织表演和录音制品条约》中规定,受版权保护的数字内容必须使用一种有效的技术保护措施进行保护,以防止未经授权的访问、复制、修改、分发和传输等行为。同时,这些条约还规定了合法使用和合理使用的标准,以确保数字内容的自由使用和信息的流通。在这种背景下,Handle 标识解析系统的作用是为数字内容提供标识、定位和获取的功能,可以被视为一种技术保护措施,从而帮助版权持有人保护数字内容的版权和相关权利。同时,Handle 标识解析系统也可以为数字内容的合法使用提供便利,促进数字内容的流通和交换。

总之,《世界知识产权组织版权条约》和《世界知识产权组织表演和录音制品条约》中有关 Handle 标识解析系统的规定,为数字化时代的版权保护和数字贸易的发展提供了重要的法律保障和支持。

2.《信息技术协定》

《信息技术协定》(Information Technology Agreement, ITA)是世界贸易组织下的一项协议,于 1996 年签署,旨在促进信息技术和服务的自由贸易。《信息技术协定》对于数字贸易领域有着重要的法律渊源,而 Handle 标识解析系统作为数字资源管理平台,也涉及数字贸易的相关领域。《信息技术协定》中主要与 Handle 标识解析系统相关的条款是在《信息技术协定》扩围产品清单中,其中的 item196B 就提到了给予存取、安装、复制或使用软件(含游戏)、数据、互联网内容物(含游戏内或应用程序内的内容物)、服务或电信服务(含移动服务)权利的印刷品。包括电子数据库、数字化文件、数字图像、数字音频、数字视频等。这些产品的数字资源需要有唯一的标识符和可靠的管理和维护机制,而 Handle 标识解析系统提供了这样的服务。具体来说,《信息技术协定》中规定了跨境电子交易的相关规则,强调了跨境电子交易应当遵守适用的国际法律和规定,并禁止采取一些特定的贸易壁垒措施。这些规则和措施旨在促进数字贸易的自由化和便利化,而 Handle 标识解析系统提供的数字资源管理平台,正好符合这样的需求。另外,《信息技术协定》中还规定了各成员国需要采取的技术标准和认证措施,以确保数字产品的质量和安全性。而 Handle 标识解析系统作为一个数字资源管理平台,也需要符合这些标准和措施,以保证数字资源的质量和安全性。

总之,《信息技术协定》的签署为数字贸易领域提供了法律框架和规范,而 Handle 标识解析系统作为数字资源管理平台,也在其中扮演着重要的角色。

3.《联合国国际合同使用电子通信公约》

《联合国国际合同使用电子通信公约》(United Nations Convention on the Use of Electronic Communications in International Contracts,以下简称《电子通信公约》)旨在推动国际电子交易的发展,确保电子交易的法律效力和合法性。在《电子通信公约》中,与Handle标识解析系统相关的法律渊源主要体现在以下两个方面。

第一,《电子通信公约》中强调了电子信息的认证和保全。在《电子通信公约》第8条中,规定当一方使用电子信息作为其合同内容的表达形式时,该电子信息不得因其电子形式而被否定其法律效力和合法性。为了保证电子信息的真实性和完整性,《电子通信公约》第9条要求当事人可以采用任何可行的方式进行电子信息的认证和保全,这包括使用数字签名和数字证书等技术手段,而Handle标识解析系统正是一种能够提供唯一标识和认证的数字标识解析体系,为电子交易提供了可靠的技术支持。

第二,《电子通信公约》中还强调了国际间的合作和协商。《电子通信公约》第20条规定,本公约的规定适用与订立或履行本公约缔约国已加入或可能加入的下列任何国际公约所适用的合同有关的电子通信的使用,比如《国际货物销售时效期限公约》《联合国国际货物销售合同公约》等。①

各国应加强国际合作,采取措施加强电子交易的发展,并在协商中协调各自的立法和政策,这其中包括数字标识解析体系的标准化和协调。Handle标识解析系统作为一种全球性的数字标识解析体系,其标准化和协调也需要得到各国的支持和合作,才能更好地为国际电子交易提供服务和保障。

在使用Handle标识解析系统进行数字对象的管理和交易时,需要注意遵守上述国际条约和协议中有关知识产权和数字贸易的规定,以避免法律风险的发生。同时,也需要关注相关国家和地区的法律法规,以确保Handle标识解析系统的合法使用,防止出现法律风险。

---

① 《电子通信公约》第20条列举的公约分别是:《承认及执行外国仲裁裁决公约》(1958年6月10日,纽约);《国际货物销售时效期限公约》(1974年6月14日,纽约)及其议定书(1980年4月11日,维也纳);《联合国国际货物销售合同公约》(1980年4月11日,维也纳);《联合国国际贸易运输港站经营人赔偿责任公约》(1991年4月19日,维也纳);《联合国独立担保和备用信用证公约》(1995年12月11日,纽约);《联合国国际贸易应收款转让公约》(2001年12月12日,纽约)。

二、上合组织成员国合作文件

Handle 标识解析系统在国际法律体系中的法律渊源不限于知识产权领域的条约和协定，也涉及其他领域的国际合作文件。虽然上合组织成员国宣言及相关文件并没有直接涉及 Handle 标识解析系统，但是其中提到的数字经济和数字化合作方向，也为 Handle 标识解析系统在数字资源管理和标识解析方面的应用提供了合作和发展的机遇。

（一）《上海合作组织成员国保障国际信息安全政府间合作协定》

2020 年 11 月上合组织成员国共同发表了《上海合作组织成员国元首理事会关于保障国际信息安全领域合作的声明》以支持全面落实《上海合作组织成员国保障国际信息安全政府间合作协定》。在声明中，成员国呼吁国际社会在信息领域紧密协作，共同构建网络空间命运共同体，包括预防利用信息通信技术引发的冲突，确保信息通信技术用于经济发展和民生改善。而 Handle 标识解析系统可以提供数字对象的全球唯一标识符，促进数字对象的全球共享和交流，进而促进国际社会在信息领域的合作和共同构建网络空间命运共同体。因此，可以认为 Handle 标识解析系统与国际信息合作和网络空间命运共同体的建设目标有一定的关系。并且各国应为新技术利用合力营造公平、公正、非歧视性的营商环境，在国际专业机构框架内制定信息安全领域的公认技术标准。《上海合作组织成员国保障国际信息安全政府间合作协定》第 3 条第 10 项规定"制定并实施统一政策和组织技术管理程序，实现在跨国信息交流中使用电子签名和信息保护"。而 Handle 标识解析系统则提供了一种机制来管理数字对象的访问控制，从而保障数字对象的安全性和可信度。因此，在上合组织成员国保障国际信息安全政府间合作中，制定并实施统一政策和组织技术管理程序，实现在跨国信息交流中使用电子签名和信息保护的同时，可能也会考虑使用 Handle 标识解析系统来管理数字对象的标识符和访问控制，以确保数字对象的安全性和可信度。

（二）《上海合作组织成员国元首理事会关于数字经济领域合作的声明》

《上海合作组织成员国元首理事会关于数字经济领域合作的声明》是 2018 年在中国青岛召开的上合组织成员国元首理事会上通过的文件，是上合组织在数字经济领域的重要法律文件之一。在该声明中，与 Handle 法律渊源相关的具体部分主要包括以下几点。

(1)声明中提到“开展工业、交通、农业、卫生、教育、旅游、能源、贸易、金融和海关领域数字化和信息通信技术合作”。鼓励成员国加强数字基础行业建设,推动数字经济的发展,这其中就包括数字资源标识和管理等方面的建设。

(2)声明中提到“研究在尖端数字技术、人工智能、机器人、物联网、创新集群和科技园区开发、初创企业孵化和发展、在国家治理和政府服务中应用现代信息通信技术领域开展科研和规划合作的可能性”。倡导在数字经济领域加强技术创新,建立数字经济合作机制,共同推动数字化进程,包括数字化内容的科研创新和标识等方面。

(3)声明中提到“研究实施建立新型数字化企业项目的可能性,包括在中小型企业、人员培训等领域”。提倡加强数字经济领域的人才培养,推动数字技术的创新和发展,包括数字资源标识和管理等方面的后备人才的培养。

(4)支持开展数字经济领域的多边合作,积极参与国际数字经济合作,加强数字资源标识和管理等方面的国际交流和合作。

从上述具体内容可以看出,Handle 标识解析系统作为数字资源标识和管理方面的技术工具,在数字经济领域发挥着重要的作用。该声明秉持着互信、互利、平等、协商、尊重多样文明的“上海精神”,鼓励成员国加速推进数字化进程,加强资源标识和管理方面的建设,并倡导在数字经济领域加强合作,积极缩小经济发展的数字鸿沟。同时,该声明还提倡加强数字经济领域的人才培养和技术创新,为 Handle 标识解析系统在数字经济领域的应用提供了法律支持和保障。

三、国内法

在国内法层面,Handle 标识解析系统的使用也需要遵守相关的法律规定,例如《中华人民共和国网络安全法》《中华人民共和国电子签名法》《中华人民共和国电子合同法》等。这些法律规定了数字化领域的行为规范,以及相应的法律责任和追究机制。具体来说,Handle 标识解析系统的使用需要遵守以下法律规定。

1.《中华人民共和国电子商务法》

《电子商务法》规定了电子商务经营者应当遵守的诸多规定,其中包括关于电子商务平台经营者的要求。例如,《电子商务法》第 27 条第 1 款规定,电子商务平台经营者应当要求申请进入平台销售商品或者提供服务的经营者提交其身份、地址、联系方式、行政许可等真实信息,进行核验、登记,建立登记档案,并定期核验更新。此外,第 30 条第 1 款要求电子商务平台经营者应当采取技术措施和其他必要措施保证其网络安全、稳定运行,防范网络违法犯罪活动,有效应对网络安全事件,保障电子商务交易安全。《电子商务法》第 32 条规定,电子商务平台经营者应当遵循公开、公平、公正的原则,制定平台服务协议和交易规则,明确进入和退出平台、商品和服务质量保障、消费者权益保护、个人信息保护等方面的权利和义务。

在 Handle 标识解析系统的应用过程中,如果涉及电子商务交易,那么必须遵守《电子商务法》中的相关规定,包括对商品信息、交易安全、个人信息等方面的保护。

2.《中华人民共和国电子签名法》

《电子签名法》是我国电子签名领域的基本法律,主要规定了电子签名的有效性、使用和管理等问题。例如,《电子签名法》第 3 条第 2 款规定,当事人约定使用电子签名、数据电文的文书,不得仅因为其采用电子签名、数据电文的形式而否定其法律效力;第 13 条规定说明了电子签名同时符合法律规定条件的,视为可靠的电子签名;并且第 14 条规定,可靠的电子签名与手写签名或者盖章具有同等的法律效力。

Handle 标识解析系统中的电子签名需要遵守《电子签名法》的相关规定,采取安全可靠的电子签名方式,保障电子签名的真实性和有效性。

3.《中华人民共和国网络安全法》

《网络安全法》是我国网络安全领域的基本法律,主要规定了网络基础设施、网络运营者、网络产品和服务等方面的安全要求和保障措施。例如,第 22 条第 1 款规定,网络产品、服务应当符合相关国家标准的强制性要求。网络产品、服务的提供者不得设置恶意程序;发现其网络产品、服务存在安全缺陷、漏洞等风险时,应当立即采取补救措施,按照规定及时告知用户并向有关主管部门报告。

在 Handle 标识解析系统的应用过程中,需要采取必要的安全措施,保障网络安全,防止网络安全事件的发生。

4.《中华人民共和国个人信息保护法》

《个人信息保护法》是我国个人信息保护领域的基本法律,主要规定了个人信息的收集、使用、处理、保护等方面的规定。例如,《个人信息保护法》第 51 条规定,个人信息处理者应当根据个人信息的处理目的、处理方式、个人信息的种类以及对个人权益的影响、可能存在的安全风险等,采取法律规定的措施确保个人信息处理活动符合法律、行政法规的规定,并防止未经授权的访问以及个人信息泄露、篡改、丢失。此外,该法还规定了对于违反《个人信息保护法》的行为,将会面临行政处罚、民事赔偿等法律责任。

与 Handle 标识解析系统的应用相关,例如在 Handle 标识解析系统中,涉及大量的个人信息收集、存储、使用等环节。因此,需要遵守《个人信息保护法》的相关规定,采取必要的措施保护个人信息安全,并且严格控制信息收集和使用的范围,避免超出必要范围。Handle 标识解析系统的相关企业和机构应该对系统的运营过程进行全面的风险评估和合规检查,确保符合《个人信息保护法》的规定。如果发现违反规定的行为,应该及时进行整改,以避免法律风险。

5.《中华人民共和国著作权法》

《著作权法》规定了对著作权作出的保护措施,保护著作权人的利益。在 Handle 标识解析系统中,可能会涉及一些数字作品的交易或传输,如音乐、电影、软件等,这些数字作品受到《著作权法》的保护。如果未经著作权人同意进行交易或传输,可能构成侵权行为,需要承担相应的法律责任。

例如,根据《著作权法》第 3 条的规定,《著作权法》所称的作品,是指文学、艺术和科学领域内具有独创性并能以一定形式表现的智力成果,包括了计算机软件。根据《著作权法》第 10 条的规定,著作权包括信息网络传播权、摄制权、改编权、翻译权、汇编权等,以上条文都说明了 Handle 标识解析系统在知识产权领域中的"合法性"。《著作权法》第 13 条规定,改编、翻译、注释、整理已有作品而产生的作品,其著作权由改编、翻译、注释、整理人享有,但行使著作权时不得侵犯原作品的著作权。

为了遵守《著作权法》,Handle 标识解析系统的相关交易应当经过著作权人许可或者依据法律规定的例外情况进行,否则可能会导致著作权侵权行为的发生。

6.《中华人民共和国商标法》

《商标法》规定了商标的注册和使用要求,保护商标权人的合法权益。在 Handle 标识解析系统中,商标可能涉及数字产品的品牌、商标等信息,如未经授权使用商标,将可能构成商标侵权行为,需要承担相应的法律责任。

例如,根据《商标法》第 57 条的规定,未经商标注册人的许可,在同一种商品上使用与其注册商标相同的商标的;未经商标注册人的许可,在同一种商品上使用与其注册商标近似的商标,或者在类似商品上使用与其注册商标相同或者近似的商标,容易导致混淆的,均属侵犯注册商标专用权。而根据《商标法》

第 58 条的规定,将他人注册商标、未注册的驰名商标作为企业名称中的字号使用,误导公众,构成不正当竞争行为的,依照《反不正当竞争法》处理。

为了遵守《商标法》,Handle 标识解析系统的相关交易应当避免使用未经授权的商标,尽可能使用自己的商标或者与授权商签订合法的使用协议。

7.《中华人民共和国专利法》

《专利法》规定了对发明、实用新型和外观设计的保护措施,保护专利权人的权益。在 Handle 标识解析系统中,可能会涉及一些数字产品的发明、实用新型或外观设计,如未经授权使用或侵犯专利权,将可能构成专利侵权行为,需要承担相应的法律责任。

最后,《著作权法》规定了知识产权保护的范围和内容,对于 Handle 标识解析系统中可能存在的知识产权侵犯问题,该法提供了一定的保护。特别是对于 Handle 标识解析系统中可能涉及的软件著作权、数据库著作权等问题,该法都作出了明确规定。此外,对于使用 Handle 标识解析系统的用户而言,也需要注意遵守相关的知识产权法规,避免因为侵权行为而面临法律风险。

同样地,《商标法》和《专利法》也分别规定了商标和专利的保护范围和内容,对于 Handle 标识解析系统中可能涉及的商标和专利问题,这两部法律也提供了保护。使用 Handle 标识解析系统的企业或个人需要遵守相关法规,保护自己的商标和专利权益,同时避免侵犯他人的商标和专利权益,避免面临法律风险。

第三节　上合示范区 Handle 标识解析系统的创新举措

在数字化时代,信息资源的管理和利用已经成为全球共同面临的重大问题。数字化的信息资源具有无限延伸性和可复制性,为数字资源的管理和利用带来了挑战。如何对数字资源进行唯一标识、精确定位和获取成为数字资源管理的重要问题。因此,标识和解析体系的建立和完善对于数字资源的管理和利用具有重要意义。

Handle 标识解析系统的出现填补了数字资源管理的空白,为数字资源提供唯一的标识符,并通过解析体系实现资源的精确定位和获取,方便用户使用和管理数字资源。与传统的 URL 相比,Handle 标识解析系统更具灵活性和可扩展性,可以处理不同类型的资源,并允许用户进行更多自定义设置。此外,

Handle 标识解析系统作为一个全球化的标识解析体系，能够为全球用户提供标识的管理和解析服务，实现数据共享和交换，具有重要的国际标准化价值。

在青岛上合示范区的实践中，Handle 标识解析系统得到了广泛应用，推动了数字化管理和资源共享的发展。通过 Handle 标识解析系统的标识和解析，青岛上合示范区实现了数字资源的统一管理和共享，提高了数字资源利用的效率和水平。此外，Handle 标识解析系统的应用也为青岛上合示范区数字化转型和智慧城市建设提供了有力支持。Handle 标识解析系统是一个用于全球唯一标识符管理的系统，它可以帮助企业在跨行业、跨地区的数据共享与交换过程中实现标识符的统一管理和运用。青岛上合示范区的 Handle 标识解析系统主要在基础能力建设、食品行业信息公共服务平台建设，以及基于 Handle 的冷链园区底座建设 3 个方面取得了显著成效。

一、基础能力建设方面

1. 成立 DOA/Handle 全球根节点（青岛）运营管理中心

为了构建可良性运转的运营管理中心及管理体系，将青岛市打造成为 DOA/Handle 全球重要的标识解析网络枢纽之一，成立了 DOA/Handle 全球根节点（青岛）运营管理中心。

2021 年 4 月 28 日，Handle 全球根节点（青岛）在数字工业高层论坛开幕式上正式启动发布；7 月 16 日，负责 Handle 全球根节点（青岛）运营的网根科技（青岛）有限公司注册成立，公司进入运营阶段。这表明 Handle 全球根节点（青岛）项目建设已经取得了阶段性的成果。

Handle 全球根节点还可以制定工业互联网标识解析方案，让世界工业互联网界听懂“青岛话”。[①] 通过引入 Handle 标识解析体系，可以解决企业多以自有编码进行管理、编码标识不统一、效率极低、难以实现信息、数据的准确关联和自动获取等问题，实现工业互联网万物互联、数据共享、国际通用的目标。因此，在数字化转型和工业互联网的背景下，Handle 的重要性和价值得到了进一步的提升和丰富。

2. 打造国际化 DOA/Handle 标识解析服务平台

Handle 全球根节点（青岛）将依托上合示范区，打造国际化 DOA/Handle 标

---

① 参见曹森、张艺馨：《Handle 全球根节点是个啥？竟能让工业互联网界听懂“青岛话”》，载大众网，http://qingdao.dzwww.com/qingdaonews/202104/t20210429_8427043.htm。

识解析服务平台。该平台将提供跨国工业数据信息链整合、数据确权、跨国文旅交流数据共享、跨境贸易数据管理和信息互认等服务，面向国内外企业及跨国节点，对接上合组织成员国家及“一带一路”共建国家和地区的行业资源，形成“国际化数据共享交换服务体系”。同时，该系统在安全运行监测平台、基础系统和国际标识服务平台等方面已经开启了建设流程，并与国内外行业企业资源对接，将与上合组织成员国家及“一带一路”共建国家和地区进行数据共享和交换。该系统已经开始实现其既定目标，也展示了该系统在处理跨国工业数据信息链整合、数据确权、跨国文旅交流数据共享、跨境贸易数据管理和信息互认等方面的潜在价值。这些都将有助于促进国际间的经济合作，提升数据的流通性和透明度，进而推动数字经济的发展。①

3. 建设标识解析创新应用总部基地

青岛将建设标识解析创新应用总部基地，开展成果孵化、企业和项目引进工作，构建 Handle 标识创新应用生态环境。青岛上合示范区建设标识解析创新应用总部基地，是为了促进 Handle 系统的应用和推广，提升数字经济领域的创新力和竞争力。该基地的主要创新措施包括：基地将对 Handle 系统的创新应用进行孵化和培育，为有潜力的项目提供资金和技术支持，加速其落地和商业化进程。基地将积极引进国内外 Handle 系统相关企业和项目，建立合作机制和伙伴关系，共同推动 Handle 系统的应用和发展。基地将建设 Handle 系统创新应用的生态环境，包括技术研发、人才培养、产业链协同等方面，为 Handle 系统的应用和推广提供全方位的支持。

通过建设标识解析创新应用总部基地，青岛上合示范区将为 Handle 系统的创新和应用提供有力的支持和保障，推动数字经济领域的创新发展。

二、食品行业信息公共服务平台建设方面

在食品行业信息公共服务平台建设方面，Handle 全球根节点（青岛）食品行业信息公共服务平台全面启动建设，胶州市食品行业信息公共服务平台作为试点已正式上线运营，以试点企业标识解析体系为抓手，打通制造端和贸易端，促进供应链和价值链重构，全面支撑食品企业数字化转型进程。② 这一服务平台

---

① 参见刘娟、朱琳等：《山东省胶州市：打造数字经济新引擎　赋能数字产业新动力》，载《中国科技产业》2022 年第 5 期。

② 参见青岛市人民政府新闻办公室：《青岛：聚力城市数字化转型》，载《中国商报》2022 年 3 月 4 日，第 4 版。

的建设，不仅促进了食品行业内部的信息共享与交流，同时为跨行业、跨地区的数据共享与交换提供了重要的基础支撑。

该平台面向国内外企业及跨国节点提供国际化标识注册、解析、数据管理和运行监测等服务，支撑国际国内的多种形式数据共享交换，对接上合组织成员国家及“一带一路”共建国家和地区的相关行业资源，支持建设跨国DOA/Handle 创新应用服务，逐步形成“国际化数据共享交换服务体系”。

同时，完成根节点安全运行监测建设，使得具备工业互联网标识数据安全采集与管理、身份认证与权限管理、日志审计、平台监测、威胁监测与态势感知、接口管理等功能。完成根节点综合服务管理平台建设，实现工业互联网标识解析根节点综合管理与公共服务，实现日志管理、监控管理、统计分析等功能，支持对下级节点的运行状态监控和状态管理。这些能力的建设，为后续的食品行业信息公共服务平台建设和基于 Handle 的冷链园区底座建设提供了重要的基础。

三、基于 Handle 标识解析系统的冷链园区底座建设

基于 Handle 标识解析系统的冷链园区底座建设是一个创新的应用案例。通过将冷链产业全链条涉及的企业、机构、软件、设备、数据与 Handle 体系对接，提供可信的追溯、进出关、供应链等信息应用服务，实现了跨行业、国际间的数据共享互换。这一项目的全面启动建设将有助于促进冷链产业的数字化转型进程，提高冷链物流的效率和安全性，进一步推进冷链产业的发展。

在基于 Handle 标识解析系统的冷链园区底座建设方面，网根科技（青岛）有限公司与山东港口产城融合集团签署战略合作协议，双方将共同构建基于 Handle 的跨境冷链数字底座。开展基于 Handle 的园区数字底座建设，实现冷链行业互联互通。目前正在搭建的园区数字底座，以 Handle 技术和区块链技术为支撑，借助 Handle 全球标识解析体系架构将园区内物理空间的所有物理对象（如涉及的企业、机构）和数字空间中的所有数字对象（如数据）赋予全球永久唯一的“数字身份证”——Handle 标识，形成了包括原材料、生产制造、海关进出口、销售售后等各个环节的跨境冷链信息服务与应用服务平台系统。① 据悉，相关企业、园区通过平台可以获取可信的追溯、进出关、供应链、金融与贸易等信息与应用，实现上下游企业、园区之间的互联互通，从而实现产品全生命周期

① 参见曾诗钦：《基于区块链的工业互联网标识解析系统设计与实现》，北京邮电大学 2021 年硕士学位论文，第 75 页。

管理。

总的来说,通过基础能力建设和创新应用、食品行业信息公共服务平台建设,以及基于 Handle 的冷链园区底座建设 3 个方面的探索,Handle 标识解析系统在国际数据共享交换方面已经取得了初步成效。未来,随着 Handle 标识解析系统的逐步完善和应用拓展,相信它将在全球范围内发挥更为重要的作用,为数字经济时代的发展和进步作出贡献。

第四节　推广 Handle 标识解析系统在其他地区的可行性方案

随着数字经济时代的到来,数据资源的重要性越来越受到关注。在这个背景下,Handle 标识解析系统的出现为数字资源的管理和交换提供了一种创新的解决方案。青岛上合示范区的 Handle 标识解析系统应用和推广成功的经验,对于其他自贸区或内陆地区也具有借鉴和推广的价值。因此,本节将重点探讨 Handle 标识解析系统在其他地区推广的必要性、值得推广的创新做法以及推广到地区的可行性分析。通过对 Handle 标识解析系统的推广和应用,可以促进数字经济的发展,提高数据资源的管理和交换效率,为数字经济时代的发展注入新的活力。

一、推广 Handle 标识解析系统的必要性

推广 Handle 标识解析系统的必要性在于其可以帮助各个领域的企业、组织、政府等实现数字化转型和数字化治理,从而提高效率和服务质量,降低成本和风险,增强竞争力和创新力。具体来说,推广 Handle 标识解析系统有以下几个方面的必要性。

首先,推广 Handle 标识解析系统可以帮助各个领域更好地管理和保护知识产权。[①] 知识产权是当今经济发展的重要驱动力之一,也是数字经济的重要组成部分。Handle 标识解析系统作为一种基于数字标识的知识产权管理和保护工具,可以为各个领域提供更加全面、准确、高效的知识产权管理和保护方案,

---

① 参见童忠勇、李志尧、孙秀萍:《国家数字图书馆数字资源唯一标识符系统的设计与实现》,载《图书馆学研究》2013 年第 21 期。

有效地打击知识产权侵权和盗窃行为，为知识产权的创造、传播、应用和保护提供更好的支持。

其次，推广 Handle 标识解析系统可以促进数字化转型和数字化治理。[①] 当前，各个领域都在积极推进数字化转型和数字化治理，但是由于数据标识和管理的问题，数字化转型和数字化治理还面临着一些挑战和困难。而 Handle 标识解析系统作为一种全球通用、可扩展、安全可靠的数字标识系统，可以帮助各个领域实现数字化转型和数字化治理，提高效率和服务质量，降低成本和风险。

最后，推广 Handle 标识解析系统可以促进数字经济的发展。[②] 数字经济是当今世界经济发展的重要方向之一，也是各个国家实现经济转型和提高竞争力的重要手段。而 Handle 标识解析系统作为一种数字标识系统，可以为数字经济的发展提供更好的支持，促进数字经济的发展和应用，打造数字经济的新生态和新引擎。

综上所述，推广 Handle 标识解析系统具有重要的现实意义和长远意义，是各个领域实现数字化转型和数字化治理、保护知识产权、促进数字经济发展的必要手段。

二、青岛上合示范区 Handle 标识解析系统值得推广的创新做法

对于其他自由贸易区，青岛上合示范区的 Handle 标识解析系统中的一些创新做法可以提供参考和借鉴。具体而言，以下几个方面值得其他地区借鉴。

1. 强化数字化建设，提升贸易便利化水平

在 Handle 标识解析系统中，数字化建设和信息化技术的应用是其成功的关键因素之一。其他地区可以学习借鉴 Handle 标识解析系统的数字化建设，加强自身的信息化技术应用，提升自身的贸易便利化水平。

首先，数字化建设可以优化贸易流程，提高交易效率。Handle 标识解析系统利用物联网、云计算、大数据等信息技术手段，实现了货物、资金、信息的互联互通和实时监控，极大地简化了贸易流程，提高了贸易效率。

其次，数字化建设可以提升信息透明度和安全性，降低贸易成本。Handle 标识解析系统采用数字化技术实现了企业、政府、金融机构之间的信息共享和

---

① 参见高振刚：《数字对象体系架构：打造新型基础设施的"神经系统"》，载《中国经贸导刊》2020 年第 14 期。

② 参见刘娟、朱琳等：《山东省胶州市：打造数字经济新引擎　赋能数字产业新动力》，载《中国科技产业》2022 年第 5 期。

交流,确保了信息的准确性和安全性,降低了信息交流的成本。同时,数字化技术还能够提高贸易的可追溯性和风险控制能力,有效避免了不良交易和违法行为的发生,降低了交易的风险和成本。

最后,数字化建设还可以提升贸易服务的水平,增强市场竞争力。Handle 标识解析系统利用数字化技术实现了贸易服务的个性化、定制化和智能化,提高了贸易服务的效率和质量。数字化技术不仅可以实现物流、金融、商务等服务的集成和协同,而且还可以根据客户需求和市场变化进行实时调整和优化,增强了市场竞争力和适应性。

2. 加强监管和服务,推进政务服务的数字化转型

Handle 标识解析系统的建设不仅是为了提高贸易的效率,也是为了加强监管和服务。系统通过数字化的方式对进出口贸易进行了全过程监管,并对贸易过程中的信息进行了精准分析和数据挖掘,使得政府部门可以实时了解贸易情况,从而更加精准地实施监管和服务。

具体而言,Handle 标识解析系统的数字化建设为政府部门提供了更加便捷、高效的监管和服务方式。例如,系统中实现了信息共享和联合执法机制,多个部门之间可以通过数字化的方式共享信息,从而实现高效协同工作;同时,系统也支持企业在线申报和自助办理,降低了政务服务的门槛,为企业提供更加便利、高效的服务。

这些创新做法可以为其他地区提供参考和借鉴。通过加强数字化建设和推进政务服务的数字化转型,其他地区也可以实现贸易监管和服务的数字化升级,提高政府服务的效率和水平。

3. 推进国际标准化,提高贸易便利化水平

Handle 标识解析系统是一种基于分布式数据库技术的标识解析系统,可以实现全球范围内唯一的、持久的、可管理的数字标识符的分配、管理和解析。在国际贸易中,中外企业之间的信息不对称是一个普遍存在的问题,这主要是双方使用不同的标识符、命名方式、单位、计量标准等造成的。因此,通过建立国际标准化的标识解析系统,可以大大降低中外企业间的信息不对称问题,提高贸易便利化水平。

Handle 标识解析系统采用了一种全球唯一的标识符分配方案,即采用了类似于互联网域名的方式,通过在一个全球唯一的命名机构(CNRI)下注册,分配全球唯一的标识符。这样一来,无论在哪个国家、哪个领域,都可以通过这个唯一的标识符来查找、访问相应的资源,避免了使用不同的标识符的问题。其他

地区可以借鉴 Handle 标识解析系统的国际标准化创新做法，积极推进国际标准化进程，提高贸易便利化水平。这将有助于消除贸易壁垒，提高贸易效率，促进国际贸易的发展和繁荣。

三、Handle 标识解析系统推广到地区的可行性分析

1. 其他自由贸易区

中国拥有 21 个自由贸易区，这些区域通过推进贸易便利化、金融创新、政策创新、营商环境改革等方面的积极探索，逐渐形成了各自的特色和优势。这些自由贸易区不仅在国内发挥着重要作用，也吸引着国际企业的关注和投资。因此，推广 Handle 标识解析系统等创新做法，进一步提升自贸区建设的水平和质量，具有重要意义。

自由贸易区有着较高的自由度和开放性，因此推广 Handle 标识解析系统需要针对不同的自由贸易区进行有针对性的调整。在此过程中，可以借鉴上合示范区 Handle 标识解析系统的经验，结合各自的特点和需求，制定出适合自身的自由贸易区运作模式。同时，在推广过程中注重国际合作和交流，积极引入外资，为自由贸易区的产业发展提供更广阔的国际市场空间。

自由贸易区还具有政策灵活性和政策创新性的特点。因此，推广 Handle 标识解析系统等创新做法时，可以充分利用自由贸易区政策优势，为企业提供更灵活、创新的服务和政策支持，推进企业的发展和自由贸易区的繁荣。此外，建立数据共享机制、完善金融服务、提升营商环境等方面的创新探索，也是推进自由贸易区建设和发展的重要手段。

总之，推广 Handle 标识解析系统等创新做法，需要根据自由贸易区的实际情况，制定有针对性的策略。结合自由贸易区的特点和需求，注重实践经验的总结和分享，积极推进自由贸易区的建设和发展。在推广 Handle 标识解析系统的创新做法时，需要针对自由贸易区的开放自由和国际化程度进行具体的分析和实践，以实现更好的效果。

2. 中国内陆地区

对于内陆较为不发达的地区，为了推动贸易便利化和自由化，可以借鉴青岛上合示范区的 Handle 标识解析系统的创新做法。可以从建立交易平台、简化通关流程、提升监管水平和建立服务中心等方面进行推广。

首先，可以借鉴 Handle 标识解析系统的交易平台模式，建立适合本地区的交易平台，以提升贸易便利化水平。例如，可以建立一个本地的跨境电商平台，

为本地企业提供跨境电商服务，同时吸引国外商家来本地开展业务。其次，在内陆地区，通关流程常常复杂烦琐，需要大量时间和费用。可以借鉴 Handle 标识解析系统的通关流程优化做法，简化本地的通关流程。例如，可以建立一个通关一体化平台，整合各个部门的通关服务，实现通关手续的一次性申报，缩短通关时间。再次，内陆地区的监管体系常常薄弱，容易出现假冒伪劣商品等问题。可以借鉴 Handle 标识解析系统的智能监管模式，建立本地的智能监管平台，对进出口商品进行实时监管，提高监管水平和效率。最后，可以借鉴 Handle 标识解析系统的服务中心模式，建立本地的服务中心，为企业提供"一站式"服务。例如，可以建立一个贸易服务中心，提供贸易咨询、法律咨询、税务咨询等服务，为本地企业提供全方位的支持。

总之，针对内陆较为不发达的地区，可以根据本地实际情况，逐步推广青岛上合示范区的 Handle 标识解析系统的创新做法。同时，也可以向青岛上合示范区请教经验，通过合作推进内陆地区的贸易便利化和自由化。

3. 上海合作组织的其他国家

在推动 Handle 标识解析系统在上合组织的其他国家和地区推广的问题上，我们需要根据当地的实际情况来制定相应的推广策略。对于上合组织的其他成员国，如哈萨克斯坦、吉尔吉斯斯坦、塔吉克斯坦、乌兹别克斯坦和巴基斯坦等国家，可以考虑将 Handle 标识解析系统作为自由贸易区建设的创新制度进行倡导和推广。这些国家在自由贸易区建设方面存在一些问题，如海关监管不规范、贸易投资便利化程度低等问题，因此，引入 Handle 标识解析系统可以解决这些问题，提高自由贸易区的运行效率。

对于其他地区，如东盟国家、中东欧国家等，可以借鉴上合示范区 Handle 标识解析系统的经验，开展类似的自由贸易区建设，以提高其经济贸易合作水平。特别是在中国提出的"一带一路"倡议中，Handle 标识解析系统可以作为一种新型的贸易投资便利化机制，帮助"一带一路"共建国家加强经贸合作。此外，推广 Handle 标识解析系统还可以促进全球自由贸易的发展，通过吸引其他国家和地区参与上合组织的自由贸易区建设，进一步促进自由贸易区之间的合作与融合。

因此，我们可以通过推介上合示范区 Handle 标识解析系统的经验，吸引其他国家和地区参与自由贸易区建设，共同推动全球自由贸易的发展。同时，在推广 Handle 标识解析系统的过程中，也需要根据当地实际情况和需求，制定具体的推广策略，以确保其能够得到有效的应用和推广。

第五节 上合示范区 Handle 标识解析系统的创新前景

随着数字经济的迅猛发展,物流行业的数字化转型已成为大势所趋。上合示范区 Handle 标识解析系统作为数字化智能物流服务平台的代表,旨在通过信息共享、业务协同和高效运转等手段提高物流服务质量、降低物流成本和环境污染。然而,这一系统在实际应用中还存在一些亟须完善之处,例如信息安全和数据隐私保护问题以及与不同国家法律、规章制度、行业标准的不兼容性等。因此,本节将针对这些问题,初步探讨上合示范区 Handle 标识解析系统的完善方案,并展望其创新发展的前景。在这个数字化、智能化、全球化的时代,上合示范区 Handle 标识解析系统的创新发展必将为物流行业和全球贸易发展注入新的活力和动力,同时也需要各方共同努力应对面临的机遇和挑战。

一、上合示范区 Handle 标识解析系统的亟须完善之处

(一)上合示范区的 Handle 标识解析系统仍需要人工干预和处理

Handle 标识解析系统作为一种新兴的贸易投资便利化机制,的确可以有效提高上合示范区的运行效率。但是,我们需要认识到,在当前技术水平下,Handle 标识解析系统仍然需要一定的人工干预和处理。

例如,在进口货物的检验检疫等环节中,仍然需要相关人员进行实地检查和确认。虽然 Handle 标识解析系统可以对货物进行快速识别和追踪,但是对于一些特殊的商品,如易燃易爆、生物制品等,需要更加严格的检验检疫,这就需要相关人员进行实地检查和确认。因此,Handle 标识解析系统仍然需要人工干预和处理,以确保货物的质量和安全。在跨境贸易的协调管理中,仍然需要相关人员进行协调和处理。[①] 虽然 Handle 标识解析系统可以对货物的流转情况进行实时监控和跟踪,但是在实际操作过程中,仍然需要相关人员进行协调和处理。例如,在跨境贸易中,可能会出现货物滞留、货物丢失等问题,这就需要相关人员进行协调和处理,以保证货物能够按时按量到达目的地。因此,Handle 标识解析系统仍然需要人工干预和处理,以确保跨境贸易的顺利进行。

---

① 参见杨雅铄、曹建海:《数字贸易竞争力提升对跨境贸易"降本促效"的影响——基于我国与"一带一路"沿线国家的研究》,载《商业经济研究》2023 年第 6 期。

(二)上合示范区的 Handle 标识解析系统门槛较高

上合示范区的Handle标识解析系统门槛较高,这是由于该系统需要一定的资金和技术支持才能进行使用。首先,该系统需要对数据进行标识和解析处理,这需要投入一定的技术成本。其次,该系统需要对企业的管理模式和运营流程进行改变和优化,这也需要一定的资金和人力成本。因此,该系统目前主要面向大型企业和贸易商,而对于小微企业和个体经营者来说,使用门槛较高。

为了降低使用门槛,需要采取一些措施。首先,可以推广相关的技术和知识,提高企业和个体经营者对该系统的认知度和使用能力。其次,可以采取政策扶持措施,如减免相关的费用和税收等,以鼓励更多的企业和个体经营者使用该系统。此外,可以通过与金融机构合作,提供相关的金融支持和信用担保,以降低使用门槛和风险,吸引更多的企业和个体经营者参与。

(三)上合示范区的 Handle 标识解析系统需要进一步加强与国际贸易规则的衔接

上合示范区的Handle标识解析系统虽然在提高贸易效率和降低贸易成本方面取得了显著成效,但是在与国际贸易规则的衔接方面仍有待完善。首先,该系统需要与国际贸易规则相一致,以满足国际贸易的要求。例如,数据要求、处理流程等方面需要与国际通行的贸易规则相一致,以便更好地服务于国际贸易。其次,该系统需要加强与其他国家和地区的贸易互联互通,以实现更高效便捷的贸易流通。当前,该系统主要应用于上合组织内部的贸易流通,但是在面对全球贸易时,需要与其他国家和地区的贸易平台进行对接和互通,以实现跨境贸易的无缝对接和高效流通。因此,需要加强该系统与国际贸易规则的衔接,以便更好地服务于全球贸易的需求。

二、上合示范区 Handle 标识解析系统的完善方案初探

针对上合示范区 Handle 标识解析系统的不足之处,应从技术、管理和政策等多个方面进行完善和优化,以下是一些建议。

(一)技术方面

可以引入更加先进的技术手段,例如人工智能、物联网等,提升系统的智能化和自动化程度,减少人工干预的可能性,进一步提高系统的准确性和可靠性。一方面,优化 Handle 标识解析系统的性能。Handle 标识解析系统的性能对于用户的使用体验和系统的可靠性都非常重要。因此,需要优化 Handle 标识解析

系统的性能,包括提高系统的响应速度、提高数据的传输速度、减少系统的故障率等,以提升系统的性能和可靠性。另一方面,扩大 Handle 标识解析系统的应用范围。目前上合示范区主要是将 Handle 标识解析系统用于数据共享和数据存储方面。但是,Handle 标识解析系统还可以应用于更广泛的领域,如科学计算、文化遗产保护、数字出版等。因此,可以考虑扩大 Handle 标识解析系统的应用范围,以更好地满足不同领域的需求。

(二)管理方面

加强对 Handle 标识解析系统的管理,Handle 标识解析系统的管理对于数据的安全性和完整性非常重要。因此,需要加强对 Handle 标识解析系统的管理,包括对用户的权限进行管理、对数据进行备份和恢复、对系统进行监控和维护等,以保障 Handle 标识解析系统的正常运行和数据的安全。[①] 加强对系统运营和数据监管的管理,建立更加完善的安全风险评估机制,健全应急预案,确保系统的安全稳定运行。同时,可以加强对参与方的管理和监督,确保参与方遵守相关规定,维护系统的公平性和透明度。

(三)政策方面

可以加强对参与方的引导和激励,例如提供优惠政策和奖励措施,吸引更多的企业和机构加入系统。此外,可以进一步促进国际合作,扩大系统的覆盖范围,加强与其他国际组织和自由贸易区的合作和交流,推动上合示范区 Handle 标识解析系统的全球化发展。这样有助于提高 Handle 标识解析系统的用户使用率。目前 Handle 标识解析系统的用户使用率还比较低,需要进一步宣传和普及 Handle 标识解析系统的使用。可以通过向用户提供更加友好的接口、提供更加丰富的功能和培训等方式,来吸引更多的用户使用。

总之,为了完善上合示范区 Handle 标识解析系统,需要技术、管理和政策等多方面的改进和优化,以进一步提高系统的准确性、可靠性和安全性,为参与方提供更好的服务和支持,同时推动系统的持续发展和扩展。

三、上合示范区 Handle 标识解析系统创新发展的前景

从目前的发展情况看,上合示范区的 Handle 标识解析系统已经初步取得了一定的成效。作为一种数字化的智能物流服务平台,它通过各种信息技术手

---

① 参见陈超、段茹茹等:《标识解析应用中数据权限的控制方法》,载《工业控制计算机》2023 年第 4 期。

段,实现了信息共享、业务协同和高效运转等目标。同时,这一系统还可以实现物流企业的服务质量和运营效率的提升,降低了物流成本和环境污染。

随着上合示范区 Handle 标识解析系统的不断推广和发展,它在未来将有广泛的应用前景。[①] 首先,它可以为上合组织各成员国提供高效、安全、可靠的物流服务,促进物流行业的现代化发展。其次,它可以促进上合组织内部和外部市场的互联互通,促进贸易往来,为各国经济发展注入新的动力。此外,随着"一带一路"倡议的不断推进,上合示范区 Handle 标识解析系统也有望在"一带一路"共建国家得到推广和应用,从而进一步拓展市场和提升影响力。

上合示范区 Handle 标识解析系统在未来的发展中也将面临一系列挑战和难题。例如,信息安全和数据隐私保护问题是一个重要的考验,必须加强技术研发和政策制定。此外,与上合组织其他成员国和"一带一路"共建国家的法律、规章制度、行业标准等方面的差异也需要加以解决。

上合示范区 Handle 标识解析系统的创新发展为物流行业提供了新的思路和实践经验,具有广阔的应用前景和推广价值。对于上合组织成员国和"一带一路"共建国家来说,加强合作,共同推进这一系统的发展,将会为双方的互利合作和共同发展注入新的活力和动力。另外,上合示范区 Handle 标识解析系统的创新发展还面临着许多机遇和挑战。一方面,随着数字经济和智能制造技术的不断发展,Handle 标识解析系统将有更多的应用场景和发展空间。另一方面,全球贸易保护主义的抬头和国际贸易规则的不断变化也给 Handle 标识解析系统的应用带来了一定的风险和挑战。因此,如何更好地抓住机遇,应对挑战,推动 Handle 标识解析系统的创新发展,需要各方共同努力。

总体来说,上合示范区 Handle 标识解析系统的创新发展前景广阔,它不仅是中国数字经济发展的重要组成部分,也为上合组织成员国的经济发展提供了新的思路和途径。随着该系统不断完善和推广,相信它将在推动全球贸易发展、促进经济全球化进程等方面发挥越来越重要的作用。

---

① 参见孙红桃、李向东等:《工业互联网环境下企业标识服务研究》,载《数字通信世界》2021 年第 3 期。